民国时期的保甲与乡村社会治理

——以浙江龙泉县为中心的分析

Baojia and the Rural Social Governance during the Period of Republic of China

肖如平 等 著

社会科学文献出版社
SOCIAL SCIENCES ACADEMIC PRESS (CHINA)

教育部人文社会科学研究青年基金项目成果（10YJC770102）
浙江省社科规划课题成果（14YSXK04ZD－2YB）

目　录

绪 论

一 问题的提出

在传统社会里，国家政权在乡村社会的治理，由于管理成本的限制，其较为健全和正规的系统设置实际上只达到县一级。对此，马克斯·韦伯指出："中国的治理史乃是皇权试图将其统辖势力不断扩展到城外地区的历史"，但事实上，"正式的皇权统辖只施行于都市地区和次都市地区"。[①] 国家政权对乡村社会的控制对于整个社会而言，更多的是象征性的意义。"事实上，老百姓与官府之间的交涉，亦只有纳粮、涉讼两端。"[②] 至于乡村社会的公益活动、文化教育和地方治安，基本上是以自治的形式，由地方士绅来完成。[③]

南京国民政府建立后，面对中共农村革命的挑战，力图在乡村社会建立一套符合中国实际的治理模式，以有效实现其对乡村社会的控制和管理，既达到重建乡村社会秩序，巩固和扩大其统治基础，又能改善乡村民众的生存环境，提高乡村民众的素养，促进乡村经济发展的目的。为了实现这一目标，南京国民政府先是在乡村社会推行地方自治，之后又改为保甲制度，先谋自卫，再求自治。新县制后，又将保甲融入地方自治之中，利用保甲组织推行地方自治，并逐步形成了一套治理乡村社会的基本模式。与传统中国的乡村治理不同的是，这一治理模式是由政府主导，运用行政的强制手段自上

① 马克斯·韦伯：《儒教与道教》，洪天富译，江苏人民出版社，1995，第 109 页。
② 梁漱溟：《梁漱溟全集》第 3 卷，山东人民出版社，1990，第 158 页。
③ 张仲礼：《中国绅士——关于其在 19 世纪中国社会中作用的研究》，李荣昌译，上海社会科学院出版社，1991，第 48 页。

而下推行，并以军事化形式组织和训练民众，辅以联保连坐和保甲规约，强化对乡村社会的户籍管理和人口控制，提高政府征赋、征役的效率，维护社会治安，同时又利用保国民学校、保民大会、保合作社等自治组织动员乡村民众积极参与乡村社会的政治、经济、教育等各项地方建设活动，并力求管、教、养、卫全方位的推进，既有一定的施政规划和目标，也有相关的法规政策和实施的步骤。这一乡村治理模式在乡村社会是如何进行实际操作的？它的推行给乡村社会带来哪些变化？对国民政府在乡村的政治统治产生了哪些影响？是哪些因素导致它的失败？为了回答这些问题，本课题以民国浙江龙泉县为个案，利用龙泉县的档案资料对民国时期龙泉的保甲与乡村社会治理进行深入的考察与分析。

二　研究现状

1949 年以前，有不少研究保甲制度的论著出版，代表性的成果有闻钧天的《中国保甲制度》（上海商务印书馆，1935），黄强的《中国保甲实验新编》（正中书局，1935），李宗黄的《现行保甲制度》（中华书局，1943）等。这些研究除了对保甲制度的起源、沿革进行叙述外，着重对国民政府如何实施保甲提出了各自的看法和建议。1949 年以后，保甲制度长期被学者所忽视。直到 20 世纪 80 年代后，学术界才重新关注保甲制度，开始有专门著作探讨。其代表性的有朱德新的《二十世纪三四十年代河南冀东保甲制度研究》（中国社会科学出版社，1994），该书主要是对民国时期河南、冀东地方保甲（包括当时的日伪保甲）的建设、结构与人员进行了研究，并以河南、冀东地方保甲为例，对共产党（如何利用保甲）、统治者、农民与保甲的关系做了深入探讨。冉绵惠、李慧宇的《民国时期保甲制度研究》（四川大学出版社，2005）对民国时期保甲制度的历史渊源、推行原因、推行过程，以及各省市办理情况做了简要概述。2010 年，冉绵惠又出版了《民国时期四川保甲制度与基层政治》（社会科学文献出版社，2010）一书。该书利用大量的保甲档案资料和地方报刊资料，对民国时期四川保甲制度的渊源，川政统一后和新县制时期四川保甲制度的不同特点，四川乡镇保甲各级民意机构的建立，乡镇保甲长群体、袍哥、士绅与四川基层权力运作的关系，四川保甲的职能、作用及其失败的原因等问题进行了探讨。除了专著外，也有大量博士、硕士学位论文和期刊论文，从多角度、多地域、多层次研究民国保甲制度，并取得较大成就。按其研究的重点，大致可以分为以下几个方面。

1. 保甲制度推行的原因

保甲制度是中国传统的人口管理制度，也是中国历史上应付战乱，统制民力，实行人口管理军事化的一种制度。源于西周，完备于宋代，明清时期有较大发展，民国初年一度被废除。20 世纪 30 年代，南京国民政府开始在全国范围推行保甲制度。关于南京国民政府推行保甲制度的原因，学者已有较多的研究成果。王骏云认为，强化基层统治，稳定社会秩序是南京国民政府推行保甲的直接原因，而社会发展对基层社会组织建设的客观要求则是保甲制度的兴起客观原因。① 徐腊梅通过对江西保甲制度的考察，认为南京国民政府于 1931 年 7 月在江西最早推行保甲的根本原因是厉行“剿共”，其次是推行征兵制度的需要。② 冉绵惠认为，民国时期保甲的最初实行是为配合对中共领导的革命根据地和红军的“围剿”而举办的。而当时，江西、湖北、安徽、河南四省是中共领导的革命根据地和红军发展的主要地区，也是国民党蒋介石“围剿”中共和红军的主要地区，国民党在这些地区推行保甲制度也较早。③ 1932 年，保甲制度在赣鄂皖豫等“剿共”省份相继推行之后，取得了相当的成效。自 1934 年起，其他省份纷纷效仿，推行保甲制度。对于非“剿匪”省份推行保甲制度的原因，学者一致认为，主要是由于南京国民政府早期推行的地方自治面临困境。王先明还进一步指出，国民政府在推行保甲制度时采取了“以自治为体，保甲为用”的策略。④

---

① 王骏云：《民国保甲制度兴起的历史考察》，《江海学刊》1997 年第 2 期。

② 徐腊梅：《民国时期保甲制度推行的原因考察》，《福州大学学报》（哲社版）2007 年第 3 期。

③ 冉绵惠：《民国时期保甲制度在赣鄂皖豫四省的前期推行》，《天府新论》2005 年第 3 期。

④ 李伟中：《南京国民政府的保甲制新探——20 世纪三四十年代中国乡村制度的变迁》，《社会科学研究》2002 年第 4 期；曹成建：《20 世纪 30 年代中前期南京国民政府对地方自治政策的调整》，《四川师范大学学报》（社会科学版）2003 年第 5 期；肖如平：《从自治到保甲：20 世纪 30 年代江苏省基层政治的演变》，〔日本〕《近邻》2007 年 11 月；王先明：《从自治到保甲：乡制重构中的历史回归问题——以 20 世纪三四十年代两湖乡村社会为范围》，《史学月刊》2008 年第 2 期。

2. 保甲长的研究

保甲长上承政府，下达民众，是政府与民众之间联系的重要纽带，是保甲制度推行成败的关键性人物。因而，学术界历来重视对保甲长的研究。1940年代，胡庆钧通过对云南基层政权的考察，认为近代国家政权渗透至基层组织时，绅权逐渐减弱，甚至附于政府权力之下，导致公正绅士引退，"担任保长的并不是属于绅士这一流人物"，而大多是"介乎农民和绅士之间的人物：可以是比较清正的小学教师，也可以是专爱打听是非，脱离农作的闲人，也可以是做小本买卖的行脚商人"。[①] 王奇生通过对1930年代江苏省的区乡行政进行研究，认为在国民政府的权力系统中，保长地位低微，职责繁重，有钱有势，有地位或洁身自好之士不愿充任。"一般说来，保长在乡村中大都具有中等经济地位，小地主和富农居多，但也间或有穷人担任者"，"当保长的一般比较能说会道，有一定的活动能力和办事能力，有的是流氓地痞，有相当文化和社会地位的人是不屑当的"。置身于官民两大系统之间的保甲长面临着两种选择："一是顾及和保护乡土民众利益，保持自己在村民心目中的声望和地位，拒绝充当政府的'扒手'；二是彻底投身于政府的怀抱而不顾及村民利益，并从国家对村民榨取资源的过程中徇私舞弊，揩油自肥。"[②] 朱德新通过对河南保甲长的考察，认为官方在推行保甲之初，虽然非常重视保甲长人选，保甲长的产生程序也很严格，但依然有不少"农村土劣趁建保甲之际钻入保甲权力机构，借此作威作福，鱼肉乡民"。[③] 程郁华对浙江桐乡、新昌等地保甲人员的贪污进行研究，认为乡保行政人员的贪污与暴力行为，除了因为他们低劣的素质外，更为重要的原因是制度的缺陷与社会权力与经济结构的瓦解。[④] 杨焕鹏对战后杭州的保长和保干事进行研究，认为抗战后杭州政府为恢复加强对基层政治的渗透与控制，对保长与保干事在保甲制度中的地位与职权不断进行变动，国家抛开原来的地方精英，利用考选的方式在保甲基层造就了一批国家公职人员（保干事），从而使国

① 胡庆钧：《两种权力夹缝中的保长》，载吴晗、费孝通编著《皇权与绅权》，上海观察社，1948，第135页。

② 王奇生：《战前中国的区乡行政：以江苏省为中心》，《民国档案》2006年第1期。

③ 朱德新：《三十年代的河南统治者与保甲行政人员》，《史学月刊》1999年第1期。

④ 程郁华：《二十世纪三四十年代乡保行政人员贪污与暴力现象研究——以桐乡、新昌两县30件案件为例》，华东师范大学硕士学位论文，2004。

家直接深入基层。这是国家政权向现代转变的一种重要方式。国家一步步加强了对保干事的控制，使其纳入国家的公务人员管理体系当中。同时逐步扩大保干事在保甲机构中的职能，使其取代保长而成为保甲事务的承担者，成为国家政令在基层畅通无阻的执行者，国家通过控制保干事把保甲牢牢控制在自己的手中。[①]

3. 保甲与自治的关系

南京国民政府推行保甲之后，保甲与自治的关系也成为学术界极为关注的问题。早在 1936 年，陈柏心就指出保甲与自治性质不同，功能各异。他认为保甲的功用是安定社会秩序，自治则是地方人民参政的阶梯，是整个地方政府体制上的变革；保甲是辅佐官治的制度，保甲人员虽然由户长甲长推选，但最后选委大权操在政府之手，自治则是整个宪政系统中的基层组织，一切自治人员均由人民公选。“概括地说，保甲是消极的，为暂时的救急之策；自治是积极的，是长久的百年大计。而其涵义的广狭万不能相提并论。”[②] 武乾对民国时期的保甲与自治的关系做了较为全面的论述，认为民国保甲制度与地方自治的关系演变可分为四个时期，即“保甲制度依附于地方自治制度——村（里）间邻制度而存在”“保甲与地方自治相分离——优先发展保甲，停办自治”“保甲制度与自治的部分兼容”“保甲制度与自治的全面融和”。国民党政权将保甲制度融于地方自治的实质是试图以集权化的手段来自上而下地推行地方自治，其结果却是导致地方自治与中央集权的双重失败。[③] 魏光奇从“自治”和“官治”的角度对民国时期地方自治与保甲制度的关系进行分析，认为“剿匪”区域的保甲实质上是“官治”，而新县制下的保甲介于“自治”与“官治”之间。[④] 王先明以两湖乡村社会的基层政权演变为例，探讨了国民政府时期乡村社会由自治到保甲复归的原因，认为 20 世纪前期的乡制变迁形成的两种结果看似迥异，其深层原因实质相同：

---

① 杨焕鹏：《论战后杭州地区保甲运作中的保长与保干事》，《历史档案》2004 年 4 期。

② 陈柏心：《地方自治推行问题》，《地方自治》第 1 卷第 1 期，1936。

③ 武乾：《南京国民政府的保甲制度与地方自治》，《法商研究》2001 年第 6 期；范国权：《论新县制时期的保甲制度》，《档案与史学》1999 年第 2 期；杨焕鹏：《战后乡镇自治运动中的保甲制度——以嘉兴县为例》，《中国农史》2004 年第 3 期；肖如平：《理想与现实的两难：论国民政府的地方自治与保甲制度》，《福建论坛》（人文社科版）2004 年第 12 期。

④ 魏光奇：《官治与自治：中国近代的县乡行政体制》，《中国改革》2002 年第 11 期。

无论是“自治”历史中形成的地方豪绅专权，还是民国保甲制强行推展的步履艰难，都是现代化进程中权力体制建构的失范所致。由自治取代保甲和以复兴保甲来推进自治这一看似回旋的历史过程，深深地烙印着传统皇族国家与社会结构崩解后，近代民族国家与社会结构重建的复杂性和探索性特征。近代乡村体制的多变性和反复性，是在中国传统体制文化资源和西方现代体制文化资源双重作用下，不同权力主体不断寻求最适宜自身需求的历史实践的结果。① 李德芳认为，乡村保甲与自治性质不同，前者为自卫制度，后者则是体现直接民权原则的乡村根本制度。保甲通过新县制正式融入乡镇自治制度体系，宣告了以行政村为单位的乡村自治制度的终结。新县制下的乡镇自治制度根本背离了孙中山的直接民权思想。② 曹成建也认为国民政府将保甲容纳于自治之中，使原本在地方自治开始实行法、建国大纲以及一系列自治法令法规中所包含的一些民主自治思想遭到了极大的损害。国民政府最初创办保甲，根本就不是出于推行自治自身的需要，而是以自治之名，行保甲之实，目的是为了从上到下地监控民众，稳固地方的统治秩序。③

4. 保甲制度的评价

保甲制度的推行，对国民政府的基层政治统治产生了重要影响。学界在研究保甲制度的同时，也从不同角度对它予以评价。费孝通认为，“保甲制度本来是有意成为基层的自治单位，从这点起筑起一条公开的自下而上的轨道。然而，其结果却是官民两套在基层社会开始纠缠”，保甲制度的实施使基层行政僵化。④ 1949 年之后的很长时期，大陆学者对保甲制度评价基本持否定态度，认为保甲制度是蒋介石政权实行法西斯独裁统治的产物，是其加紧搜刮财物、挽救财政危机、维持反动统治的重要手段，也是其铲除异己，统制民众，“消灭”共产党，进而“一统天下”的反动政策的要求。⑤ 1990

---

① 王先明：《从自治到保甲：乡制重构中的历史回归问题——以 20 世纪三四十年代两湖乡村社会为范围》，《史学月刊》2008 年第 2 期。

② 李德芳：《民国乡村自治问题研究》，人民出版社，2001，第 162 页。

③ 曹成建：《20 世纪 30 年代中前期南京国民政府对地方自治政策的调整》，《四川师范大学学报》（社会科学版）2003 年第 5 期。

④ 费孝通：《基层行政的僵化》，《乡土中国》，上海观察社，1948，第 50 页。

⑤ 谢增寿：《国民党南京政府保甲制度述论》，《南充师院学报》（哲学社会科学版）1984 年第 4 期。

年代后，对保甲的评价相对多元化。学者在否定其反共防共的同时，也肯定保甲制度对经济文化建设的作用，“在保甲组织的基础上，人们在兴修水利、整顿交通、农商合作、防御灾害等方面都作了许多有益的工作”①。对于保甲制度在统制民力、动员民众方面的作用，有学者认为“民国时期的保甲制度，为国民政府对于地方进行统制与动员的一个重要方式，它对于‘剿共’、增强地方自卫，抗战动员都具有积极意义”②。“抗战时期，保甲组织在清查户口、组织民众，尤其是在征兵征工等方面所做的努力，为充实中国抗战力量起到了一定的积极作用。”③新县制实施后，政府利用保甲推行地方自治，在乡村建立保国民学校推行国民教育，在基层社会设立保民大会作为民众参与地方事务管理的民意机关，创设保合作社推广农业合作和农业生产，从而一定程度获得乡村民众的欢迎和支持。④ 即使沦陷时期上海的保甲组织也“并非一律遭到社会的排斥。一些保甲组织在查禁毒品和防治社会治安险情等方面发挥了一定的功效，得到居民的肯定”⑤。

三 研究的思路与方法

浙江为国民政府统治的核心区域，龙泉县又未曾被日军占领，故其推行的保甲制度有自身特色，与“剿匪”区域鄂豫皖湘赣和抗战时期沦陷区的保甲均有较大区别。本书主要利用龙泉市档案馆的民国档案，以民国浙江龙泉县保甲为研究对象，对龙泉推行保甲的概况，乡镇保甲长的职能、人员构成、选拔、任免与奖惩进行考察，探讨政府如何利用保甲组织实施人口调查和人事登记，如何通过保国民学校、乡镇民大会、保民大会、乡镇保合作社

---

① 王云骏：《民国保甲制度兴起的历史考察》，《江海学刊》1997 年第 2 期。

② 金世忠：《民国保甲制度之研究：以抗战前后的四川省为例，1935～1945》，台湾大学硕士学位论文，1990。

③ 肖如平：《从自卫到自治——论国民政府的保甲制度》，《历史档案》2005 年第 1 期。

④ 赵泉民《政府·合作社·乡村社会——国民政府农村合作运动研究》，上海社会科学院出版社，2007；肖如平：《论抗战时期的江西保学教育》，《抗日战争研究》2007 年第 2 期；沈成飞：《广东抗战时期的保民大会与基层民众动员》，《中山大学学报》（社会科学版）2007 年第 6 期；魏本权《农村合作运动与小农经济变迁：以长江中下游地区为中心（1928～1949）》，人民出版社，2012。

⑤ 张济顺：《沦陷时期上海的保甲制度》，《历史研究》1996 年第 1 期。

进行乡村政治动员，推动乡村经济建设和文化教育，又是如何利用保甲实施征税、征役的，从而分析政府、保甲与乡村社会之间的复杂关系，以及保甲在乡村社会治理中的角色。为此，本书的框架和基本内容如下。

绪论部分主要就本课题的研究意义、海内外保甲制度研究的现状、本课题研究的思路与方法，以及本课题的资料来源做了简要的概述。

第一章 民国保甲制度的演变。重点对国民政府推行保甲的起因、经过及其制度的演变做了概述。全章分为地方自治的困境、“剿共”时期的保甲制度、抗战前保甲制度的推广、新县制下保甲制度的演变以及龙泉县保甲实施概括五个部分。通过本章的论述，可以了解国民政府为什么会由地方自治改行保甲制度，又为什么会将保甲融入地方自治之中。

第二章 新政用新人：乡镇保甲长。重点从三方面进行论述：一是从制度层面了解国民政府对乡镇保甲长的资格、产生方式、职能的规定；二是对龙泉县乡镇保甲长的学历、社会经历、年龄结构等进行了深入的考察，分析了乡镇保甲长的素质；三是对龙泉县乡镇保甲长的训练、考核、改选和辞职进行了论述。全章共分为乡镇保甲长的资格、乡镇保甲长的产生方式、乡镇保甲长的职能、乡镇保甲长的训练与考核、乡镇保长的群体分析、淘汰与改选六个部分。通过本章的论述，可以了解国民政府在推行保甲制度时，试图在基层社会培植新式干部，使乡镇保甲长成为乡村社会治理的领导者。

第三章 社会控制：乡村保甲户籍的重建。重点对保甲户籍制度的建立、浙江保甲户籍的管理和抗战时期龙泉保甲户籍的具体实施进行了考察，从清查户口、保甲规约、联保连坐、户口异动登记等方面探讨了保甲与户政之间的关系。通过本章的论述，可以了解国民政府在乡村社会建立的保甲户籍，除继承了传统中国的联保连坐、编钉门牌等内容外，还吸收了西方国家的户口查记和人事登记办法，以掌握乡村人口的数量、职业、婚姻、教育、分布、构成、迁徙与流动等情况，从而实现对乡村社会的控制。

第四章 保甲体制下的新学：保国民学校。本章重点对龙泉县保国民学校推行的概况及成效与弊端进行了考察，分析了保长、校长与士绅在办理新学过程中的关系。全章分保国民学校的设立，经费与师资，受教育的权利与义务，保长、校长与士绅，新学与乡村社会的变迁五个部分。通过本章的论述，可以看出保国民学校把政治的力量和教育的功能结合起来，在普及科学知识的同时，对民众也实施了政治教化，一定程度上提高了政府对乡村的调控和整合能力。

第五章　基层民意机关：乡村治理的民主化。重点对龙泉县的保民大会和乡镇民大会进行考察，全章分为基层民意机关之缘起、基层民意机关的组织职权、保民大会的运作、乡镇民大会的运作、成效与弊端五个部分。战时基层民意机关的设立，一方面在制度上为保甲制度增添了民主色彩，对推行地方自治、提高民众的政治素养具有积极意义，但另一方面也为政府向乡村社会吸取资源提供了新的工具。

第六章　合作与保甲：乡镇保合作社的建立。重点对新县制下的乡镇保合作社进行了考察，全章由合作事业的兴起、乡镇保合作社的建立、龙泉合作事业的发展三个部分组成。新县制下的龙泉合作运动以乡镇合作社为重心，辅以保合作社，将合作社的业务区域与保甲行政区域合二为一，使合作与保甲相结合，乡镇保甲人员成为合作事业推行的领导者和重要骨干，但同时也为乡镇保长把持合作事业提供了机会。

第七章　催粮、征粮与借粮：保甲与战时粮政。重点对抗战时期龙泉县的粮食生产、粮食管理和军粮、公粮与田赋征实进行考察。为确保军粮、公粮和民食的基本供应，龙泉县遵照命令实施粮食管制，一面积极开展粮食节约和扩大生产运动，一面加大征粮、借粮和购粮的力度。在这些活动中，保甲组织与乡镇保甲人员扮演了重要角色，成为战时粮食生产与管制的重要力量。

第八章　保甲与兵役：抗战时期的征兵。重点对抗战时期的征兵进行考察。全章由保甲与兵役组织、保甲与战时征兵、保甲长与兵役舞弊、征兵对乡村社会的影响四个部分组成。抗战时期，龙泉县先后征集了近万名的新兵，成为战时浙江征兵的模范县。在征兵过程中，基层兵役机关与保甲组织相辅相成，互相配合，保甲长参与征兵的全过程，对征兵制的推行起了重要作用。但由于种种原因，保甲长在征兵中常出现强征、包庇、徇私舞弊等妨害兵役的行为，一定程度上影响了征兵制的实施成效，激化了乡村社会的矛盾。

第九章　合作与冲突：乡镇保长、政府与民众。重点分析了龙泉县乡镇保长与政府之间、乡镇保长与民众之间的合作与冲突。本章认为大部分乡镇保长既能与上级政府沟通，又能与基层民众协调，在尽可能完成政府布置的任务同时，也会尽最大能力维护本乡镇保的利益。就是恶劣的乡镇保长，也并非完全可以为非作歹，他们一定程度上也受到法律和民意的监督和约束。乡镇保长、政府与民众三者之间既合作又冲突。

结语部分从保甲经费、乡镇保甲长的待遇、政府对保甲组织的运用、战争的特殊环境等方面分析了保甲在乡村社会治理中的困惑。国民政府企图把保甲制度与西方民主自治制度结合起来，实现对基层社会的控制和整合，并运用保甲组织实施地方自治，推动乡村建设。然而，在战争特殊环境下，保甲组织推行的地方自治，不但无法救济农村、建设农村，反而由于摊派各种自治经费，以及政府过度的征粮、征兵、征役，使保甲沦为国家榨取地方资源的工具。

研究方法：①运用历史学的方法进行实证研究，即充分利用龙泉档案，对龙泉保甲进行系统深入的考察，除对保甲的制度进行论述外，重点考察其实际运作。②宏观考察与个案研究相结合。一方面从历史环境下宏观考察保甲制度推行的概况，另一方面利用龙泉档案的优势，对保长、保国民学校、征兵、征税等进行个案分析，探讨保甲人员在行使保甲职能中的角色与变异。③借鉴政治学的方法分析保甲，即分析保甲在动员民众、控制基层社会、吸取社会资源、巩固基层统治、推动地方自治、沟通国家与社会之间关系方面的作用。

四　资料的来源

龙泉是抗战时期浙江省少数未曾被日军占领的县市之一。龙泉市档案馆现存民国时期的档案文献，不仅数量庞大，而且系统完整。经整理可查阅的就达11万余件，时间跨度自1912年至1949年。其中与保甲直接相关的档案达3479件，时间跨度从1934年至1949年，是浙江省民国保甲资料保存最完整的县市。其内容包括龙泉县保甲法令、各乡推行概况、保甲人员的任免与奖惩、保民大会记录、保国民学校、民众教育、壮丁与兵役、赋税、保甲经费、地方自治、合作社等。除龙泉市档案馆资料外，浙江省档案馆也保存大量有关保甲方面的资料。这些档案资料是本书最基本的材料。此外，民国时期的报刊资料也是重要来源。

第一章　民国保甲制度的演变

20 世纪初，国家处于内忧外患，新旧体制交替之际，政府为了从社会吸取更多资源，一方面竭力将国家权力向基层社会延伸，企图加深并加强其对乡村社会的控制。[①] 另一方面为了扩大资源的来源，又不得不与民休息，改善基层社会的生存环境。在这两难的处境中，政府势必寻求一种既能扩大资源来路又能控制乡村的基层统治模式。南京国民政府建立后，在统治区域推行地方自治，在县以下建立"区—乡镇—闾—邻"的自治组织，以达到控制和重建乡村，为宪政奠定基础之目的。然而，地方自治"陈义过高，徒具形式，鲜有成效"。于是，南京国民政府转而推行保甲。保甲制度起源于西周，形成于宋代，是传统中国对基层社会实行有效统治的政治管理体制，清末民初曾一度被废弃。南京国民政府将保甲纳入地方自治，作为统治和管理基层社会的政权组织，既是其整合和控制地方社会，吸取地方资源的利益诉求，亦为其寻求基层政治突破的一种积极尝试。

一　地方自治的困境

地方自治始于清末，1908 年清政府颁布预备立宪《逐年筹备事宜清单》，规定地方自治的推行进程。1909 年清政府又颁布《城镇乡地方自治章程》，规定在各州县之下设立乡镇一级行政，各城、镇、乡设立自治议决机

---

① 杜赞奇认为在 20 世纪前半期的中国乡村，有两个巨大的历史进程值得注意，其中一个就是"国家竭尽全力，企图加深并加强其对乡村社会的控制"。"所有的中央和地方政权都企图将国家权力伸入到社会基层，不论其目的如何，它们都相信这些新延伸的政权机构是控制乡村社会的最有效的手段。"〔美〕杜赞奇：《文化、权力与国家：1900—1942 年的华北农村》，王福明译，江苏人民出版社，2003，第 2～3 页。

构议事会，议员由选民互选产生。[①] 这一自治方案虽因清政府的灭亡、1914年袁世凯下令停止地方自治，而未能真正实施，但已开启了地方自治的先河。袁世凯复辟帝制失败后，地方自治再度兴起。1919年起，北京政府先后颁布《县自治法》《市自治法》和《乡自治法》，令各省分期实行。

南京国民政府建立后，遵从“总理遗教”，开始实行“训政”。根据孙中山的“军政、训政、宪政”三阶段论，地方自治为训政时期的中心工作。为此，国民政府在基层社会大力推行地方自治。1928年9月15日，南京国民政府公布《县组织法》，规定县为国家最基层的行政单位，下设区、村（里）、闾、邻四级自治组织。5户为邻，25户为闾，100户以上乡村为村，100户以上市镇为里，20村（里）以上为区。区、村（里）、闾、邻之议决机关分别为区民大会、村（里）民大会、闾居民会议和邻居民会议，其执行机关则分别为区公所、村（里）公所、闾长和邻长。区长、村（里）长、闾长、邻长及其副职分别由各级议决机关选举产生。

1929年，国民政府又对《县组织法》进行修改，将村改为乡，将里改为镇，并规定每县按其户口及地形划分为若干区，每区由10~50乡镇组成，区设区公所；区下设乡镇，凡百户以上之村庄为乡，百户以上之街市为镇，分别设乡镇公所。同年，国民政府又先后颁布了《县自治法》《乡镇自治实行法》《区自治实行法》等一系列自治法规，并规定每县按其户口及地形划分为若干区，每区由10~50乡镇组成，区设区公所。区下设乡镇，凡百户以上之村庄为乡，百户以上之街市为镇，分别设乡长镇长，他们由乡民或镇民大会选举或罢免；乡镇以下为闾邻，25户为闾，设闾长1人，5户为邻，设邻长1人，分别执掌闾邻自治事务。闾长、邻长由本闾、本邻居民会议产生，闾邻居民会议对于闾长、邻长有罢免、改选之权。区乡镇都设有监察委员会，由区乡镇民大会选举了3人或5人组成，向民众大会纠举区乡镇长违法失职等事。[②]

1930年5月，国民政府又颁布《市组织法》，规定市下设区、坊、闾、邻，邻以5户、闾以5邻、坊以20闾、区以10坊为限。并分别设立民意机

---

① 故宫博物院明清档案部编《清末筹备立宪档案史料》下册，中华书局，1979，第731页。

② 中国第二历史档案馆编《国民党政府政治制度档案史料选编》下册，安徽教育出版社，1994，第524~529页

关参议会、区民大会、坊民大会和居民会议。无论男女，在市区域内连续居住在6个月或有住所达1年以上，年满20岁者，均有资格出席区坊间邻民众大会。区乡镇都设有监察委员会，由区乡镇民大会选举3～5人组成，向民众大会纠举区乡镇长违法失职等事。[①] 至此，自晚清以来规划的地方自治最终成形，确立了在县以下建立“区—乡镇—闾—邻”的自治构架，从而逐步建立起一套完整的地方自治体制。地方自治的实施，在扩大乡村参与国家管理的同时，也使国家权力进一步深入乡村。

作为国民政府统治的核心区域和政策的忠实执行者，江苏、浙江是较早举办自治的省份。1928年12月，江苏省制定了《江苏省各县自治区域划分办法》，依面积、地形、户口、经济、民性五项标准划分自治区域，每县设5～15区，每区以设10～50乡镇。区下设乡镇，百户以上之村庄为乡，百户以上之街市为镇。乡镇居民以25户为闾，5户为邻。1929年《县组织法》修正后，江苏省又颁布《县组织法施行法》，规定江苏应于1929年10～12月完成县政府及各局之组织，于1929年11～12月完成区公所之组织，于1929年11月至1930年3月完成乡镇公所之组织，于1930年4～6月完成闾邻之组织。至1930年底，江苏61县已全部完成地方自治的划分，共分600区，18106乡，2988镇，238996闾，1181514邻。[②]

1928年6月，浙江省政府颁布政令，要求各县市4个月内完成自治区域的划分，实行街村制。[③] 国民政府颁布《县组织法》后，浙江省遂将街村制改为村里制，并组织了区公所。1929年《县组织法》修正后，浙江省又奉令将村里制改为乡镇，将区公所改为乡镇公所。至1932年底，全省才完成区乡镇闾邻的划分。[④] 然而，地方自治的实践却并不乐观，制定的自治方案无法实施，自治法令在地方流于形式，各地地方自治成了“官样文章”。由于中央对地方自治制度划分屡次变更，“由街村以至乡镇，由设区以至废区，

① 中国第二历史档案馆编《国民党政府政治制度档案史料选编》下册，安徽教育出版社，1994，第524～529页。

② 《江苏省保甲总报告》，《江苏保甲》第2卷第6、7期合刊，1936，第5页。

③ 浙江省民政厅编印《浙江民政年刊》，1929，第11页。

④ 潘振球：《浙江地方自治之检讨》，《浙江民政》第5卷第1期，1935，第47页。

各地只见制度之变更，人员之调换，殊鲜实际效能之表现”，“一般人民心目中均以为自治一事，不过制度之变更而已，对于自治之实质与功效反无明白之认识”。[①]

据内政部《地方自治改革方案》报告，到1931年底，苏、浙、皖、冀、黔、察等7省已划定自治区、委任区长，赣、湘、豫、鲁、辽、闽、热、青8省也开始办理，滇、桂、蜀、宁4省还未能举办，粤、晋、新3省则根本不上报。由于区、乡、镇、间的组织“层级过多、机构庞大、叠床架屋，各县之人力财力，两有不及，行政效率，反而停顿”[②]。对此，时人认为“以理论而言，自治组织层次井然，系统分明，似无可訾议。惟就事实论，其政令之传布，由县而区，由区而乡镇，已徒成具文，由乡镇而间邻，则具文亦难求矣。以致政令不达，上下扞隔。且其组织上之最大缺点，在邻以下虽以户为单位，但户与户之间不发生任何关系，一盘散沙，若不相涉”[③]。

各级民意机关的成立情况也与所规划的相去甚远，“民意机关，采直接选举，而民众未经训练，人口未经调查，亦不免陈义过高，故县参议会参议员之选举，各省始终未能举行，而区民大会，乡镇民大会，以全区全乡镇公民出席，直接行使民权，聚数百人或数千人于一堂开会，事实上有不可能。结果法文所规定者，为空头支票一纸”[④]。其他自治事务，如户口调查、土地清丈、教育、建设、卫生等，由于受种种制约也步履维艰。1935年11月，国民党第五次全国代表大会不得不承认地方自治的失败，“回顾过去成绩，全国一千九百余县中，在此训政将告结束之际，欲求一达到建国大纲之自治程度，能成为一完全自治之县者，犹查不可得，更遑言完成整个地方自治工作”[⑤]。对此，大会将原因归咎于：“（1）自训政开始之后，内忧外患，接踵而来，全党精力，悉用于救亡图存，无暇及于训政工作。故至训政时期届

① 潘振球：《浙江地方自治之检讨》，《浙江民政》第5卷第1期，1935，第50页。

② 《中央地方自治计划委员会议记录》，内政部档案，中国第二历史档案馆藏，档案号：12-6-9480。

③ 彭百川：《昆山县运用保甲推行自治事业实施方案》，《江苏民政》第1卷第2期，1935，第22页。

④ 黄右昌：《新县制之回顾与前瞻》，《新政治》第4卷第2期，1946。

⑤ 中国第二历史档案馆编《中国国民党第五次全国代表大会重要决议案》，《中华民国史档案资料汇编》第五辑第二编，政治（一），江苏古籍出版社，1998，第499页。

满，而地方自治未能如期完成。（2）政府只注重书面应付，而忽略实际工作，每借口剿匪关系，或经济无着，以因循敷衍，奉行故事，徒有自治之名，而无自治之实。”① 1936年，江苏省民政厅在检讨地方自治时认为：“自治组织虽能完成，自治实效尚鲜表现”，“比年以来，各县迭受军事政治之影响，水旱风灾之洊至，人民流离，百业凋敝，以致农村破产，自治事务之进行，益感困难，训政六年之期限瞬届，而本省自治之完成，则遥遥无期”。②浙江的地方自治除了兰溪实验县的成绩引人注目外，其他各县市都不理想，“自治名不符实，乡镇组织空洞”。③

二　“剿共”时期的保甲制度——以江西为例

在地方自治举步维艰时，蒋介石开始在“剿匪”省份办理保甲。自1928年起，中共在赣、鄂、豫、皖的广大农村开展土地革命，严重威胁了国民党的统治。为了扑灭中共在农村的革命势力，1930年到1931年初，南京国民政府对中央苏区进行了两次大规模的军事“围剿”，但都遭受惨败。在检讨失败的原因时，国民党人认为：“夫匪患之何以不能肃清？其最大关系，在于过去专恃军事，忽视民力，以致民众不能强调其自己力量。”④ 政府应该“厉行保甲以严密民众组织，充实自卫力量，张天罗、布地网，促‘匪共’无托足之区”⑤。

深受传统思想影响的蒋介石对保甲也非常重视，认为“欲绝匪之根株，仍宜由举办保甲，清查户口入手”⑥。1931年6月，他命令“剿匪”总司令部所属党务委员会设立地方自卫处，以研究保甲制度，草拟法规，先在江西修水等43县“剿匪区”试办“编组保甲、清查户口”。1932年，蒋介石接受“剿匪”总司令部秘书长杨永泰的“剿匪要用三分军事，七分政治”的

① 《中国国民党第五次全国代表大会重要决议案》，《中华民国史档案资料汇编》第五辑第二编，政治（一），第499页。

② 《江苏省保甲总报告》，《江苏保甲》第2卷第6、7期合刊，1936，第1页。

③ 经贯之：《浙江自治总检讨》，《浙江自治》第1卷第1期，1936。

④ 闻钧天：《中国保甲制度》，商务印书馆，1933，第525页。

⑤ 黄强：《中国保甲实验新编》，正中书局，1935，第160页。

⑥ 李宗黄：《现行保甲制度》，中华书局，1933，第167页。

建议。并对“三分军事，七分政治”加以发挥，认为“三分军事”就是要“发挥军事的力量，来摧毁土匪的威力”，而“七分政治”则要“加倍地运用种种办法，积极地摧毁土匪所有一切组织及其在民众中的一切潜在势力，尤其是匪化的心理更应设法更变……尤其是教化一般民众，使他们倾向于我们的主义，以巩固我们在民众中的精神壁垒”①。为此，保甲就开始在“剿匪”省份正式推行。

江西是国民党“反共剿匪”的前沿阵地，因此成为保甲制度的首选试行基地。保甲制度实施之前，江西实行区、乡、镇、闾邻制度，但“省、县、区、乡、闾邻之间，脉络阻滞，遂致精神涣散，形式差池”②。这种弊端使国民党在江西的统治难以深入基层，导致中共领导下的红军在江西得到迅猛发展，国民党虽多次“围剿”也未能奏效。为了加强基层统治，消灭中共在江西的势力，1931 年 7 月 1 日，国民党陆海空军总司令部南昌行营在江西境内划出修水等 43 县作为“剿匪区域”，规定“剿匪区域”内原有的区乡镇闾邻组织一律停办，遵照行营颁发的保甲条例改编保甲。1931 年 12 月，熊式辉出任江西省政府主席后，提出江西情形特殊，非厉行保甲制度不足以清匪源，并极力在江西推行保甲制度。1932 年 3 月，江西省政府参照《保甲条例》制定了《修正江西保甲条例》，在全省推行保甲制度。①编组保甲，清查户口。保甲以户为单位设户长，十户为甲设甲长，十甲为保设保长。②制订保甲规约，强制民众遵守。③推行联保连坐。同甲各户长及甲长须共具联保连坐切结，声明无通匪、窝匪、从匪，私藏枪械，吸食或贩卖鸦片、毒品等。④确立保甲长推选办法及其职权。甲长由本甲内各户长公推，保长由本保内各甲长公推。保长要辅助区长，监督甲长，协助军警搜捕匪犯，告诫住民不得窝匪、从匪，督率保内应办的公事、经费收支及预决算编制等。甲长要辅助区长检查甲内奸宄，辅助军警及保长搜捕匪犯等。⑤保长联合办事处的设立及其职权。一乡或一镇编成二保以上，需设保长联合办事处，负责督促各保长执行保甲条例及现行法令所规定的事项，联合各保联防清剿。⑥保甲经费的筹集。地方原有公款得优先拨为保甲经费，不足由保甲内的住民征

---

① 蒋介石：《剿匪技能之研究》，《国闻周报》第 10 卷第 21 期，1932。

② 闻钧天：《中国保甲制度》，商务印书馆，1933，第 516 页。

集。⑦编练壮丁队和义勇队。[①] 至1933年9月，江西全省除中共控制的兴国、永新、莲花、宁冈、宁都等12县，以及广东粤军控制的大余等县外，其余62县大体完成了保甲编制，从而使国民党在江西的统治大为加强。为国民政府推行军事围剿奠立了组织基层。1934年10月，红军长征后，南昌行营立即颁发整理保甲方案，要求江西把保甲制度推行到原中央革命根据地及周围地区，借以摧毁革命的依托。至1935年12月，除庐山外，全省84县市，共划分461区、2423乡镇，25294保、256624甲。

表1－1　1935年度江西省保甲概况

县别	乡镇数	保数	甲数	经费数	县别	乡镇数	保数	甲数	经费数
武宁	21	235	2306	38460	定南	20	148	139	14976
修水	36	400	4890	38576	寻乌	14	195	2055	17064
铜鼓	15	143	1324	13536	安远	22	205	2109	15973
奉新	14	287	3087	26400	浮梁	23	283	2923	20376
靖安	17	171	1702	19296	婺源	34	321	3366	34488
安义	19	195	1719	18756	德兴	24	130	1276	14544
永修	21	130	1377	13896	乐平	38	383	3410	35784
新建	38	503	4231	35868	鄱阳	40	456	4476	41472
南昌	49	697	5435	36372	都昌	37	237	2745	25056
进贤	25	315	3473	28080	彭泽	30	158	1570	17856
萍乡	52	629	762	71700	湖口	27	265	2789	24144
宜春	44	644	6329	141960	九江	39	472	4886	42408
万载	25	269	2675	24768	星子	17	133	1584	13248
分宜	16	188	1990	14352	德安	18	113	1047	12024
上高	20	274	2863	24048	瑞昌	17	255	2522	31056
宜丰	30	205	2072	22176	上饶	55	605	5727	43440
新喻	27	346	3836	30744	广丰	32	479	4968	72000
高安	29	667	7053	53736	玉山	38	369	4091	36576

① 徐腊梅：《国民政府时期保甲制度在江西的推行及其影响》，《南昌大学学报》（人文社会科学版）2008年第4期，第106页。

续表

县别	乡镇数	保数	甲数	经费数	县别	乡镇数	保数	甲数	经费数
新淦	15	137	1752	16128	横峰	18	143	1179	
清江	30	246	3133	17748	铅山	21	247	2274	27360
丰城	42	704	7347	77951	弋阳	18	212	2142	17424
吉安	50	470	5013	52272	贵溪	24	355	3656	30816
吉水	31	310	2987	22248	余江	29	207	2215	18384
峡江	13	76	818	8928	万年	32	237	2145	21120
永丰	42	308	3159	33726	余干	36	457	3983	40536
泰和	35	370	3832	42591	南城	29	245	2419	34272
万安	19	180	1713	19224	南丰	30	253	2473	60144
遂川	28	362	3260	24480	宜黄	24	148	2006	47856
宁冈	9	65	629	5136	乐安	30	260	2614	27960
永新	33	375	3409	40357	崇仁	22	274	2697	30216
莲花	16	196	2023	23184	临川	68	723	8218	162564
安福	27	191	1870	31200	东乡	30	240	2200	25463
赣县	48	636	6764	56160	金溪	24	252	2548	25092
南康	36	381	4627	32640	资溪	15	64	631	9276
上犹	20	201	2094	6348	光泽	24	122	1293	13968
崇义	24	157	1714	15408	黎川	26	239	2306	31032
大庾	27	143	1551	3432	广昌	56	598	1678	18528
信丰	22	306	5004	22332	宁都	29	298	2627	50004
全南	10	129	1231	11448	石城	21	239	2411	11856
龙南	46	239	2405	16704	瑞金	28	329	3155	29736
兴国	26	472	5296	43560	会昌	31	254	2631	16992
南昌市	34	156	2740	45624	于都	52	583	5925	31440
庐山					总计	2423	25294	256624	2603940

资料来源：《江西保甲办理情形》，《内政部民政篇》第四章地方自治，档案号12－6－10332。

增强地方自卫，协助政府“剿共”，是江西推行保甲制度最直接的目的。首先，政府通过保甲，对民众实施户口清查，联保连坐，严格控制民众的行踪，使中共无法匿藏于保民之中，压缩中共和红军在乡村生存与发展的空间。其次，地方通过保甲组织壮丁队、“铲共义勇队”等，极大地增强了地方的自卫力量。再次，政府通过保甲强行征派兵役，使壮丁从事向导、侦探、守碉、放哨、输送军需、保护交通、构筑工事等工作，增强了国民党军事“围剿”的能力。这种保甲制度被江西当局从“安全区”逐步推进到“邻匪区”，再到“匪区”，逐步缩小中共革命根据地的范围。随着保甲制度在江西的推行普及，国民党对基层社会的控制大为加强。

根据江西经验，1932 年 8 月，蒋介石发布了《鄂豫皖三省剿匪总司令部施行保甲训令》，称“现当大举剿匪之时，被匪区域，悉属水深火热，非先充实民众自卫力量，不能肃清之功；非急严密民众之组织，不能充实自卫之力”，“现行地方自治法令复杂繁密，不但行使主权之民众无法了解，承办自治自卫之人员恐亦茫然，且当大举剿匪之时，被匪区域百业凋零，农村破产，人才经济均感困难，实无同时举办自治自卫之能力”[①]。并要求“剿匪区”豫鄂皖三省原有一切自卫组织，均应依据《剿匪区内各县编查保甲户口条例》改编为保甲，以“严密民众组织，彻底清查户口，增进自卫能力，完成剿匪清乡工作”[②]。根据豫鄂皖三省“剿匪”总司令部颁发的《剿匪区内各县编查保甲户口条例》及《完成保甲编组限期进度表》，安徽省、河南省、湖北省分别于 1932 年 9 月开始编组保甲，至 1936 年已基本完成。

三　保甲制度的推广——以江浙为例

豫鄂皖三省推行保甲制度后，成效显著，“其他各省，亦以环境需要，相率仿行”[③]。1934 年 10 月，国民党中央政治会议第 432 次会议决议：“地方保甲工作，关系地方警卫，为地方自治之基础，应由行政院通令各省市政府提前办理。”[④] 于是，“江苏、浙江、福建、陕西、甘肃、四川等省先后仿照推行，保甲成了组训民众、清乡剿匪的自卫组织与推行一切政令之骨

① 《中央地方自治计划委员会议记录》，内政部档案，中国第二历史档案馆藏，档案号：12－6－9480。

② 《豫鄂皖三省剿匪总司令部施行保甲训令》，内政部档案，中国第二历史档案馆藏，档案号：12－2－253。

③ 方扬：《地方自治新论》，教育图书出版社，1947，第 158 页。

④ 《中国国民党第五次全国代表大会内政部工作报告》，秦孝仪主编《革命文献》第 71 辑，台北，中国国民党中央委员会党史委员会，1977，第 263 页。

干”[①]。至1936年，赣、鄂、豫、皖、湘、陕、闽、浙、苏、甘、宁、绥、川13省和北平、南京两市都已推行建立了保甲制度。

表1-2 各省办理保甲的时间

省份	举办保甲时间	省份	举办保甲时间	省份	举办保甲时间
江西	1932年3月	江苏	1934年4月	绥远	1935年1月
河南	1932年9月	福建	1934年5月	甘肃	1935年4月
湖北	1932年9月	浙江	1934年8月	青海	1935年8月
安徽	1932年9月	宁夏	1934年10月	南京市	1935年1月
陕西	1933年2月	湖南	1935年1月	北平市	1935年3月

资料来源：《各省办理保甲情形》，《内政部民政篇》第四章地方自治，档案号：12-6-10332。

其实，早在1933年，江苏省就呈请国民政府在南通、淮阴、盐城、东海等地试办保甲。江苏省政府认为“本省地方自治之不能完成，枝节原因固多，根本则由于人民之散漫无组织。自治组织重在发挥自由平等精神，以权利义务相劝勉。不知国人素不习惯于团体生活，自治义务既有所规避，公民权利亦不复重视。尤其是在江北多匪之区，民众于创痛危惧之中，只有自卫安宁之急切要求，绝无享受自治幸福之奢望。故过去本省自治组织，深感其空疏而不切实际，徒存其名，亟思有以变通之”，“本省与其行不着实际之自治，不如先完成自卫之保甲。再由保甲之组织，促进地方自治之完成”。[②] 1933年10月，江苏省政府委员会议决议“将形式上不着实际之自治组织暂行停止，移地方自治经费之全部，为办理保甲之用”。[③] 1934年2月，江苏省颁布《江苏省清查户口编组保甲规程》，指定江北的南通、盐城、淮阴、东海、铜山5行政督察区所属各县自4月1日先行开始办理保甲。其步骤分为：首先是重新划分自治区域。江苏省民政厅长余井塘说：“过去江苏的区乡镇组织最大弊病，在于单位太多，一县内区的数目有七八个至二三十个之多，乡镇的数目有自二三百至七八百个之多，单位太多，就有种种毛病，一是运用不够灵活，二是经费困难，三是人才不敷。”[④] 正因如此，在推行保甲

① 王蔚佐：《新县制实施以后之保甲制度》，《政治建设》第8卷第1期，1943。

② 江苏民政厅编《江苏省保甲总报告》，江南印书馆，1936，第2页。

③ 江苏民政厅编《江苏省保甲总报告》，江南印书馆，1936，第2页。

④ 余井塘：《江苏办理保甲的经过及其现状》，《保甲半月刊》第4期，1935，第2页。

时，江苏省重新划分自治区域，尽量减少区、乡镇数，以节省办公经费。其次是编组保甲，清查户口。依据《江苏省清查户口编组保甲规程》的规定，保甲之编组以户为单位，设户长，10户为甲，设甲长，乡村以10甲为保，城区以25甲为保，设保长。编组保甲时应按居户挨次进行，并将各居户分为普通住户、船户、外人户、寺庙户及公共处所户五种。编组之后，由编查人员进行户口清查，填写户口调查表，钉木质门牌。再次是联保连坐切结。江苏省民政厅认为："保甲之旨，首在消弭盗匪，保卫地方。然盗匪之来，虽或啸聚于外，每多勾结于内。为正本清源计，非联保无以相劝，非连坐无以相纠。故联保连坐，为保甲制度精神之所在，必须严厉执行。"① 江苏各县编查户口后，即依照保甲规程规定，令各户户长联合甲内其他户长，至少5人，共具联保连坐切结。声明结内各户，互相劝勉监视，不为匪、通匪、纵匪。如有违反，他户即应密报。倘瞻徇隐匿，联保各户，实行连坐。其四是户口异动查报。办理户口查报，目的在于保持户口正确，维持保甲组织完整，并防止奸宄之匿迹。1934年8月江苏省公布《江苏省各县户口异动查报暂行办法》，规定户口异动之查报分为四种：一是出生，包括婚生及非婚生；二是死亡，包括自杀、他杀、老死、病死；三是迁入，包括娶入、入赘、离婚、归来、童养、入继、退继、归宗、收养、雇佣、分居、全家迁居、留家寄宿及家人归来；四是徙出，包括出嫁、出赘、离婚、别去、出继、退继、解雇、分居、全家徙出、戚友别去及家人外出。② 其五是订立保甲规约。保甲规约旨在劝导民众，其内容包括爱护党国、遵守秩序、改进生产、热心公益事业、注意卫生事业、实行互助、提倡勤俭、讲求和爱等方面。

自1934年10月国民党中央要求各省推广保甲后，江苏省政府认为"实有普遍推行于全省之必要"，于是决议江南及江都区所属各县，于1934年11月1日起一律举办保甲。③ 至1935年底，全省60县均已完成保甲的编组，共设449个区，8066个乡镇，编组68185保，715882甲，7362706户。④ 与自治时期相比，全省减少了150个区，乡镇数减少了一半多。

---

① 江苏民政厅编《江苏省保甲总报告》，江南印书馆，1936，第124页。

② 《内政部民政篇》，内政部档案，中国第二历史档案馆藏，档案号：12－6－10332。

③ 内政部编《全国各省市办理保甲概况》，《保甲统计》，1938，第1页。

④ 江宁县划为自治实验县，见江苏民政厅编《江苏省保甲总报告》，第9页。

浙江在1930年曾由省主席张静江试办过一次保甲。1929年，国民党第二届中央执行委员会第179次常会决定保甲运动为下级党部七项基本工作之一。浙江省根据中央规定，决心在全省推行保甲运动，通过了《肃清盗匪并实施保甲运动案》。相较于其他省份，浙江盗匪历年来为少，社会秩序较为安定，但自1929年以来，"各地盗匪频起，如苏浙之交有湖匪，浙赣之交有赣匪，闽浙之交则有闽匪，地方民众因盗匪之滋扰，农村秩序不易维持，生产日形荒废。为肃清全省盗匪，实有赖于保甲制度之实施"[①]。根据《肃清盗匪并实施保甲运动案》的规定，浙江省民政厅专门组织了保甲运动委员会，将全省各县划分为24个区，以三个月一期，每期办四区，六期办完。自1930年7月1日开始试办两区，以吴兴、长兴、安吉、孝丰为第一区，以嘉兴、嘉善、海盐、平湖为第二区。每区设指导员办事处，派遣保甲指导员驻各区办事处指导办理，重点从事户口清查和人事登记。然而，此次保甲推行的成绩不佳。1930年11月，张静江辞去省政府主席之后，浙江的保甲运动也就停办了。

1934年3月22日，蒋介石电令浙江省参酌鄂豫皖三省总部所颁布的编查保甲户口条例，由民政厅拟具办法，负责赶办保甲。1934年8月，浙江省遵照蒋介石的命令，开始筹办保甲事务，并参照"剿匪"区内编查保甲户口条例，根据本省内具体情形，制定了《浙江省保甲章程》及实施程序，要求"各县保甲之编组实施，分两期完成，第一期从1934年8月开始，1934年12月结束，包括江山、常山、开化、龙泉、遂昌、云和、庆元、景宁、瑞安、平阳、乐清、泰顺、玉环、临海、温岭、黄岩、天台、仙居、宁海、鄞县、慈溪、奉化、镇海、象山、余姚、嵊县、上虞、於潜、孝丰、安吉、长丰、龙游等44县。第二期从1934年11月开始到1935年3月结束，包括杭县、海宁、富阳、余杭、临安、新登、萧山、嘉兴、嘉善、海盐、崇德、平湖、桐乡、吴兴、德清、武康、绍兴、诸暨、兰溪、东阳、金华、义乌、永康、浦江、武义、汤溪、青田、缙云、丽水、松阳、宣平等31县"。[②] 由于浙江省民政厅认为，浙江推行地方自治已具有相当基础，所以决定在自治组

① 中国国民党浙江省执行委员会宣传部印《保甲运动丛刊》，1931，第28页。

② 《浙江省保甲实施程序及拟定乡镇保甲规则的训令等》，浙江省档案馆藏，档案号：L029－002－0026。

织下建立保甲制度，即保持原有的区乡镇，而将闾邻改为保甲，保甲长分别由闾邻长兼任。章程拟定之后，由浙江省政府呈送蒋介石核示。6 月 10 日，南昌行营治字第 7467 号指令浙江省政府，认为浙江省所拟保甲办法与保甲精神不符，应予修正。

1934 年 10 月，内政部长黄绍竑被任命为浙江省政府主席。黄绍竑本为保甲制度推行的始作俑者之一，主政浙江后，对保甲的推行更是不遗余力。他认为："本省今后以经济为中心之县政设施，尤须有民众组织力量为后盾。自治与保甲虽同具有组织民众之功用，然前者缺乏强制性与严密性，在民智闭塞、伏莽未靖之今日，殊难资以充实地方行政之机构，奠定下层民众之基础。保甲制度为今日组织训练民众唯一有效而合理之机构。一切安内攘外救亡图存之大业，非循此途径，皆难期彻底完成。"① 上任伊始，黄绍竑便主持省政府委员会会议通过并颁布了《修正浙江省保甲章程》和《浙江省整理保甲计划大纲》，并获得蒋介石的批准。为了督促各县市办理保甲，省民政厅派出保甲指导员 12 人，分别前往视察指导，要求各专员各县长负责保甲制度的推行，"各该县长办理保甲之成绩，为黜陟奖惩之根据"。② 自 1935 年 4 月，保甲制度正式在浙江全省推广。由于浙江省濒临东海，又与闽赣粤三省接壤的特殊地理位置和环境，因此一面整编壮丁，一面编组船户，进行水路联防。至 1935 年底，浙江省共编制 3997 个乡镇、46968 个保、464020 个甲。③

表 1－3　1935 年度浙江省保甲概况

县　别	乡镇数	保　数	甲　数	县　别	乡镇数	保　数	甲　数
杭　州	8	110	1865	仙　居	54	538	5330
杭　县	80	850	8228	温　岭	63	1116	10831
海　宁	21	845	8356	兰　溪	93	532	5412
富　阳	40	456	4457	东　阳	70	1186	11794
余　杭	40	319	3159	金　华	55	571	5541

① 黄绍竑：《浙省确立保甲制度之旨趣》，《浙江民政》第 5 卷第 2 期，1935，第 1 页。
② 徐其惠：《浙江保甲之检讨》，《浙江民政》第 5 卷第 1 期，1935，第 38 页。
③ 《浙江省办理保甲案》，内政部档案，中国第二历史档案馆藏，档案号：12－2－1549。

续表

县　别	乡镇数	保　数	甲　数	县　别	乡镇数	保　数	甲　数
临　安	35	197	1927	义　乌	78	659	6528
於　潜	26	149	1444	永　康	75	662	6717
新　登	10	148	1399	浦　江	22	255	3378
昌　化	27	164	1710	武　义	24	254	2565
嘉　兴	64	963	9518	汤　溪	24	283	2663
嘉　善	37	427	4291	衢　县	21	640	6244
海　盐	41	502	4988	江　山	24	550	5425
平　湖	43	576	5739	龙　游	21	378	3592
崇　德	49	432	4273	常　山	20	297	2928
桐　乡	26	368	3742	开　化	19	259	2506
吴　兴	109	1723	16967	淳　安	25	466	4628
长　兴	83	570	5708	建　德	53	260	2482
德　清	39	405	4119	遂　安	50	351	3361
武　康	27	158	1536	桐　庐	92	269	2669
安　吉	36	185	1847	寿　昌	10	146	1464
孝　丰	31	190	1908	分　水	20	96	970
鄞　县	88	1736	17021	永　嘉	159	1746	16626
慈　溪	60	685	6605	瑞　安	83	1138	11519
奉　化	52	715	6564	平　阳	104	1462	13481
镇　海	96	955	9332	乐　清	58	879	8527
定　海	57	977	9403	泰　顺	80	452	4445
象　山	64	520	5214	玉　环	50	344	3809
南　田	31	54	524	青　田	46	543	6016
绍　兴	135	2370	23127	遂　昌	50	275	2777
萧　山	44	1014	10143	龙　泉	47	351	3611
诸　暨	90	1214	11883	缙　云	73	566	5254
余　姚	65	1435	13940	庆　元	56	252	2320
嵊　县	43	1030	10213	景　宁	24	269	2648
上　虞	120	728	7154	丽　水	64	327	3329
新　昌	42	625	6170	松　阳	59	319	3290
临　海	40	1376	14006	云　和	29	176	1738
黄　岩	54	1189	11814	宣　平	37	200	1903
宁　海	80	828	8228				
天　台	41	713	7140	总　计	3997	46968	464020

资料来源：《浙江省办理保甲案》，内政部档案，中国第二历史档案馆藏，档案号：12－2－1549。

自晚清以来，地方基层政治经历了由自治到保甲的演变。虽然自治和保甲均不过是为提高国家的控制力，动员广大的乡村民众参与国家政治生活，提高政府吸取社会资源的手段，即通过国家权力的延伸，有效地实施征税征兵、维护治安、清查户口、丈量土地、兴办教育，改善乡村民众的生存环境等。但由于保甲的设计理念有别于自治，它强调运用行政的强制手段自上而下推行，并以军事化形式组织和训练民众，辅以联保连坐和保甲规约，从而使保甲组织能够发挥一定的作用。保甲在提高政府对基层社会的控制、防治盗匪、禁烟禁毒、征工浚河、强迫识字等方面产生了一定的作用。一是盗匪减少。保甲是以户为单位，以清查户口为基础，以联保连坐为手段，使民众互相监视，互相劝勉，因而令一般盗匪找不到保人无法容身于原有社会，外来的盗匪则更难藏身于保甲之下，绑来的肉票找不到窝藏之所，因而盗匪明显减少。苏北萧县地瘠民贫，风俗强悍，年来迭经变乱，遂成盗匪出没之区，每月平均司法案件100多起。自保甲办理后，地方匪人无法隐匿，治安明显好转，司法案件逐渐减少，每月平均不到40件。[①] 此外，壮丁队的组织训练，也充实了各保的自卫力量，对防御盗匪起着重要作用。1935年1月13日，宿迁县有匪徒十数人混入家境裕如的牛继云家，绑架人质。该乡长闻警后，即调壮丁队70人，围堵匪徒，击毙匪徒1人，其余匪徒抛弃肉票逃走。[②] 二是利用保甲推行识字教育。萧县地处苏北，教育极不发达，全县人口57万，十分之九为文盲。1934年全县108个乡镇，仅有义务学校112所。学龄儿童73000余人，入学者仅6200人。1935年保甲组织略具规模后，该县利用保甲实施义务教育，增设小学66所，强迫学龄儿童入学。同时，规定每保设立一所民众学校，校长由保长担任，教师由保内受过教育的人担任，令16~30岁的青年文盲入学，半年就肃清了1万余文盲。[③] 1935年，丹阳县利用保甲力量开办377个识字班，扫除文盲18850人。[④] 余井塘说："这要归结于保甲的功效，因为有了保甲，民众就有了组织，因为民众有了组

---

① 余井塘：《江苏办理保甲的经过及其现状》，《保甲半月刊》第4期，1935，第2页。

② 《宿迁通讯》，《保甲半月刊》第1期，1935，第16页。

③ 姚雪怀：《萧县运用保甲办理义教民教经过》，《江苏保甲》第2卷第11期，1936，第9页。

④ 吕师尚：《丹阳县一年来保甲工作之检讨》，《江苏保甲》第3卷第1期，1937，第8页。

织，所以推行识字教育如此容易。”[①]

值得注意的是，江苏、浙江等省的保甲与豫、鄂、皖、闽、赣等“剿匪”省份的保甲在功能上有所不同。豫、鄂、皖、闽、赣各省属于“剿匪”区，保甲的目的在于“剿匪”，强调“自治与自卫分开，先谋自卫之完成，再作自治之推进”。[②] 而江苏、浙江等地则将保甲纳入地方自治，利用保甲办理浚河、筑路、禁烟等地方公益事业。自 1935 年 4 ~ 7 月，武进县利用保甲检举烟犯 747 人，检举毒犯 193 人，征工 239135 人，浚河 134 里，挖土方 20123 立方。[③] 丹阳县利用保甲征工兴修水利、修筑公路，自 1935 年 10 月至 1936 年 3 月，征工 30 万，挑塘 500 余口，疏沟 140 余条，土方 50 余万立方，并新开一条长 20 里的吕城河。[④] 据统计，1935 年全省各县运用保甲设置守望所 11507 所，建筑碉堡 3931 座，编组巡逻队 5592 队，成立检查船户办公处 1397 处，各县保甲户长协助查缉匪案 2187 起，获匪 2340 名，运用保甲筑路征工 1459328 人，浚河征工 349768 人，造林植树 6830689 株，增设合作社 2541 处，劝导自新登记烟民 102076 人，检举烟犯 20058 人。[⑤]

不可否认，保甲制度的实施，对重建基层管理体系，规范和安定社会秩序，为社会改良和经济建设创造一个安定的环境起了一定作用。然而，由于保甲制度首先是在“剿匪”区开始实施的，又因南京国民政府过于片面地强调保甲组织的反共作用，使这一时期的保甲制度深深地打上了“反共防共”烙印。清查户口的出发点不是为了整理田赋，而是把民众严格地限制在各保各甲，成了严密监视民众的重要手段。为清除共产党，不惜把封建专制时代非人道的联保连坐也拿来对付普通民众。规定“各户户长应联合甲内他户户长至少五人，共具联保连坐切结，声明结内各户，互相劝勉监视，不为匪、通匪、纵匪，如有违反者，他户应即密报，徇瞻徇隐匿，联保各户实行连坐”[⑥]。编组壮丁队，训练民众，“拿军队组织的方法来部勒民众，以军队训

① 余井塘：《民众教育与保甲》，《江苏保甲》第 2 卷第 11 期，1936，第 1 页。

② 李宗黄：《现行保甲制度》，中华书局，1943，第 26 页。

③ 侯厚宗：《武进保甲之组织训练与运用》，《江苏民政》第 1 卷第 3、4 期合刊，1935，第 22 页。

④ 吕师尚：《丹阳县一年来保甲工作之检讨》，《江苏保甲》第 3 卷第 1 期，1937，第 8 页。

⑤ 江苏省民政厅编《江苏省保甲总报告》，第 268 页。

⑥ 《修正剿匪区内各县编查保甲户口条例》，中国第二历史档案馆编《中华民国档案资料汇编》第五辑第一编，政治（一），第 117 页。

练的精神来训练民众”[①]，实际上是以极为强制性的手段将民众牢牢地控制在固定的组织中，保甲也就变成了禁锢民众自由的工具。

编组保甲，使南京国民政府建立起一个自上而下的严密的基层网络，强化了国家权力对地方基层社会的控制，提高了政府的“剿共自卫”力量。但保甲替代地方自治，却吞噬了原有的建设与自治功能，违背了“总理遗教”。因而，保甲制度的实施，遭到了社会各方面的批评。“保甲是消极的，为暂时的救急之策；自治是积极的，是长久的百年大计。而其涵义的广狭万不能相提并论。”[②] 因为保甲是出于安定社会秩序的需要，是辅佐官治的制度。而自治则是地方人民参政的阶梯，是整个宪政系统中的基层组织。“保甲制度只有消极作用，没有几多积极作用。”“要真正改善各级行政机构，必须将现行行政机构的基础——束缚了人民全副手脚的保甲制度，加以彻底的变革，而代之以由民主原则组成而能尽量发挥民众力量的乡村自治制度。”[③] 南京国民政府内政部也承认“保甲制度之本身，与现行自治制度，不无抵触”。[④] 正因如此，当 1930 年代初各地纷纷仿效鄂豫皖三省，弃自治行保甲之际，内政部深感此举有违“总理遗教”，极易招致社会批评，遂提出了将保甲与自治融为一体的建议。1936 年 5 月，行政院长蒋介石主持召开的全国地方高级行政人员会议通过关于融保甲于自治中的地方自治议案。同年 8 月，国民党中政会正式决定融保甲于自治中，乡镇的编制为保甲。[⑤] 但还没来得及实施，全面抗战已爆发。因而真正把保甲融于自治，还是在新县制下进行的。

四　新县制下的保甲制度

新县制是以《县各级组织纲要》为依据建立起来的县政制度。这是继南京国民政府 1929 年颁布《县组织法》之后的又一次县政改革。全面抗战爆发后，华北、华中大片领土相继沦陷，国民政府失去了经济繁荣的沿海地区

① 张其昀主编《先总统蒋公全集》第 1 卷，台北，中国文化大学出版部，1984，第 863 页。

② 《地方自治推行问题》，《地方自治》第 1 卷第 1 期，1936。

③ 李宗黄：《现行保甲制度》，中华书局，1933，第 183 页。

④ 秦孝仪主编《革命文献》第 71 辑，台北，中国国民党中央委员会党史委员会印，1977，第 263 页。

⑤ 胡次威：《民国县制史》，上海大东书局，1948，第 116 页。

和大中城市，退守到大西南和大西北。而大西南大西北是国民党统治的薄弱环节，长期以来为地方各军阀所占据，政治黑暗、经济落后、基层组织混乱，以致各项工作“如征兵、征粮、征工、募债等重要政令及各项地方自治事业之推行，原有组织实不足以负荷如斯重任”。[①] 刚刚迁移过来的国民政府为了巩固其政权，加强对基层社会的控制，就必须在国统区重新建立一个强有力的政治网络，使其政令能够自上而下地得到贯彻。抗战进入相持阶段后，国民政府也面临巨大的困难。国统区的人口和资源大为减少，加上战争的消耗与破坏，使它财源困难、兵源不足。为了弥补战争消耗的人力、物力，扩大兵源，国民政府就得在基层建立一个强有力的组织，实施清查户口、组织民众，发动民众起来支持和参加抗战。同时，由于大西南大西北经济落后、民众贫困，急需对农村实施救济和改良，以推动农业生产的发展，振兴农村经济，改变农村积贫积弱的现状。再加上在抗日大潮中各抗日民主团体和民主人士纷纷要求政府实施宪政，中共则在抗日根据地进行减租减息政策，得到了广大民众的支持与拥护。这无疑是对国民政府提出了新的挑战。国民政府无论是出于抗战的需要，还是出于加强基层统治的需要，都非常有必要迅速建立起健全的基层统治机构。为此，国民政府决定实施新县制，以巩固其基层统治，动员民众参加抗战。

1939 年 9 月起，国民政府先后公布了《县各级组织纲要》，正式实施新县制，以期“唤起民众发动民众加强地方组织，配合长期抗战之需要，促进地方自治事业，奠定革命建国之基础”[②]。新县制最主要的内容就是实施地方自治，要求各地重新划分县，增强县政府职能，裁撤区署，建立乡镇公所，调整保甲，整理警卫，普及教育，以强有力的保甲组织来推行地方自治，将保甲融入自治，从而使保甲由“自卫”组织演化为“自卫”与“自治”并存的组织。

《县各级组织纲要》颁布后，国民政府要求各省将新县制的推行列入议

① 《各县实施各级组织纲要成绩总检讨》，秦孝仪主编《中华民国重要史料初编——对日抗战时期》第四编，战时建设（二），台北，中国国民党中央委员会党史委员会印，1988，第 2008 页。

② 《县各级组织纲要》，秦孝仪主编《中华民国重要史料初编——对日抗战时期》第四编，战时建设（二），台北，中国国民党中央委员会党史委员会印，1988，第 1990 页。

程，呈报核准。自1940年起，浙江、江苏、安徽、江西、湖北、湖南、四川、西康、福建、广东、广西、云南、贵州、山东、河南、陕西、甘肃、宁夏、青海共19省先后开始实施新县制，调整保甲组织，推行地方自治。至1941年12月，江苏、山东大部由于被敌伪占领，新县制未能真正推行；湖北、安徽、广东、浙江、河南、江西、广西等省由于部分沦陷或受战事的影响，新县制的推行未能普及；西康、青海、宁夏为新设省份，只在部分县试办。作为抗战大后方的四川成为新县制推行成绩最好的省份。据1942年5月内政部统计，全国已按新县制的要求调整县政府机构的县数有944个，裁撤区署782个，建立乡镇公所25069个，编整保甲378476保，设立中心国民学校21306所，保民国学校142595所，设立乡镇合作社1144个，保合作社5548个，有332个县设立了保民大会。①

表1-4 1942年各省实施新县制推行地方自治成绩总检讨概括

省份	实施新县制数	乡镇公所数	保办公处数	调整保数	设保民大会的县数	中心学校数	保国民学校数	保合作社数
浙江	76	3132	42971	42971	56	1291	7031	761
安徽	34	2018	23143	23780	34	2858	9279	750
江西	69	1847	18346	18346	—	905	3256	—
湖北	61	1381	32888	36543	2	466	8467	195
湖南	46	1609	20422	20422	—	1603	18819	502
四川	137	4638	62843	62843	—	3709	27838	66
西康	4	79	1086	2666	—	—	—	5
福建	64	1428	15514	15640	—	2318	8599	342
广东	39	2185	30898	59864	39	1664	13689	1819
广西	74	2343	23992	23992	74	2163	18534	719
云南	112	1424	13544	13544	60	1011	8328	—
贵州	12	278	15301	15301	—	609	830	102
河南	67	1212	6787	31930	67	1675	11433	—
陕西	74	884	6550	6550	—	502	4000	230
甘肃	18	246	2503	2503	—	532	2492	—

① 《各省实施新县制推行地方自治成绩总检讨》，《民国档案》2005年第3期，第39页。

续表

省份	实施新县制数	乡镇公所数	保办公处数	调整保数	设保民大会的县数	中心学校数	保国民学校数	保合作社数
宁　夏	13	131	642	642	—	—	—	57
青　海	11	234	937	937	—	—	—	—
江　苏	—	—	—	—	—	—	—	—
山　东	12	—	—	—	—	—	—	—
总　计	944	25069	318367	378474	332	21306	142595	5548

资料来源：《各省实施新县制推行地方自治成绩总检讨》，《民国档案》2005 年第 3 期。

1939 年 9 月，浙江省政府认为“各县同时举办，人才经费两感困难”，经省政府委员第 1099 次会议决定，“第一期先指定第三行政督察区之新昌、第四区之永康、第五区之龙游先行试办”。[①] 9 月 16 日，浙江省政府训令新昌、永康、龙游三县开始试办新县制。1940 年 1 月，浙江省正式向全省各县推行新县制。在推行之初，浙江省政府决定了三条原则：①全省各县无论敌后、敌前、后方同时开始办理，但依情况的不同，将全省 76 县分为三种地区。第一种是游击区，即县城沦陷或县城虽未沦陷而县境内有敌人的县份；第二种是接近游击区，即县境距敌人不足一百华里的县份；第三种是后方区，即其余的县份。各种县份虽同时实施新县制，而其工作重点不同。游击区县份是“巩固政权，打击敌伪”；接近游击区县份是“协助军事，准备应变”。后方县份是“发展生产，实现自治”。所有县政府的编制，行政计划与预算，均就各工作重点分别规定。②“管、教、养、卫”各项事业，由各主管机关同时规划进行。③各级组织的充实与调整自上而下，各事业的举办自下而上。[②]

自 1940 年至 1943 年，浙江省按新县制要求建立乡镇公所 4137 个，保办公处 49290 个，设立中心学校 1721 所，保国民学校 8748 所，设立乡镇合作社 678 个，保合作社 2432 个。由于浙江省自 1939 年就开始设立保民大会和乡镇民代表会，其办法与新县制所规定的基本相同，因此到 1943 年 9 月，

① 《县各级组织纲要浙江省实施总报告》，浙江省档案馆藏，档案号：L030 - 000 - 0058。

② 《浙江民政厅长阮毅成报告浙江实施新县制概括》，秦孝仪主编《中华民国重要史料初编——对日抗战时期》第四编，战时建设（二），台北，中国国民党中央委员会党史委员会，1988，第 2122 页。

全省已成立乡镇民代表会4134个，保民大会40290个，保民大会已经能达到协助政府推行政令的要求。户籍方面，自1940年至1943年，全省举办了两次户口总检查，一次户口复查，全省人口总数为12170414人，其中男性为6632836人，女性5537578人。训练各级乡镇保甲人员38745人。修筑县道1721公里，乡镇公路237公里。[①] 不过，由于浙东宁绍金等地区相继沦陷，新县制的推行也受到很大影响，尤其是县政府以及区署乡镇保甲人员忙于征兵、征工、征粮，协助军事，加上战时物价高涨，生活不能安定，推行不能完全顺利，自是意料中之事。

表1－5　1942年度浙江省各县保甲概况

县　别	区　数	乡镇数	保　数	甲　数	县　别	区　数	乡镇数	保　数	甲　数
杭　县	6	76	823	6725	仙　居	5	52	534	5087
海　宁	5	22	845	8356	温　岭	5	50	617	8271
富　阳	4	43	384	3801	兰　溪	4	35	523	5503
余　杭	3	37	316	2819	东　阳	5	64	1019	10545
临　安	4	22	195	1923	金　华	4	40	410	4461
於　潜	3	18	149	1384	义　乌	3	45	513	5979
新　登	0	10	144	1390	永　康	5	34	3874827	
昌　化	4	18	154	1634	浦　江	4	25	3164223	
嘉　兴	5	62	963	9218	武　义	0	24	253	2576
嘉　善	3	29	427	4291	汤　溪	4	26	273	2773
海　盐	3	41	496	4760	衢　县	0	22	309	4506
平　湖	4	45	567	5739	江　山	4	25	306	4241
崇　德	3	31	423	4230	龙　游	0	23	295	3480
桐　乡	4	26	368	3742	常　山	4	21	286	2948
吴　兴	6	106	1344	13518	开　化	4	19	227	2485
长　兴	6	50	493	4932	淳　安	4	31	405	4512
德　清	4	37	384	3721	建　德	0	23	262	2681

① 《三年来各省实施县各级组织纲要及推行地方自治成绩概况表》（1943年9月），秦孝仪主编《中华民国重要史料初编——对日抗战时期》第四编，战时建设（二），台北，中国国民党中央委员会党史委员会，1988，第2013页。

续表

县别	区数	乡镇数	保数	甲数	县别	区数	乡镇数	保数	甲数
武康	3	16	135	1258	遂安	4	20	187	2343
安吉	3	22	169	1597	桐庐	3	25	251	2434
孝丰	4	20	189	1864	寿昌	0	14	155	1643
鄞县	5	88	1789	17800	分水	0	20	109	987
慈溪	4	42	493	5954	永嘉	10	119	1247	14343
奉化	4	42	712	6564	瑞安	6	92	1001	10519
镇海	4	75	874	9203	平阳	6	87	1047	11998
定海	2	53	984	9430	乐清	4	56	750	7815
象山	4	30	386	4461	泰顺	4	38	341	3782
绍兴	8	99	2347	23933	玉环	3	28	344	3852
萧山	3	52	668	8518	青田	3	46	506	5463
诸暨	5	65	647	8154	遂昌	2	29	272	3021
余姚	5	67	1417	14397	龙泉	4	34	349	3682
嵊县	3	49	578	6859	缙云	4	41	446	4763
上虞	3	44	693	7174	庆元	4	31	249	2484
新昌	3	37	528	5756	景宁	4	23	251	2626
临海	6	81	826	9723	丽水	5	32	306	3393
黄岩	6	58	1022	10889	松阳	5	42	312	3219
宁海	5	40	486	5168	云和	3	12	162	1759
天台	4	58	663	6439	宣平	0	19	193	1919
三门	4	29	299	3203	磐安	3	16	160	1882

资料来源：《县各级组织纲要浙江省实施总报告》，浙江省档案馆藏，档案号：L030-000-0058。

总体而言，新县制下的保甲制度在机构设置、实施内容等方面体现自治的色彩。首先是基层组织和保甲编制有所变化。按《县各级组织纲要》规定："县为地方自治单位，为独立的法人。县下设乡镇，乡镇为法人；乡镇以下为保甲，以保甲为乡镇之构成分子，与乡镇同为自治阶层，且为最基本的细胞单位。"这与1929年公布的《县组织法》有了很大变化，把县由"既是行政基层单位，又是自治单位"改为"地方自治单位和独立法人"具有独立的财政权；把县以下基层组织由县、区、乡镇保甲三级制改为县、乡镇保甲两级制，提高了乡镇保甲的地位，有利于地方自治的推行。"保甲的执行机关为保办公处，设保长一人，受乡镇长之监督指挥，办理本保自治事项及执行县政府委办事项，并置副保长1人”，“除保长外，保办公处设民政、警卫、经济、文化干事各一人，分别由副保长、国民兵副队长、国民学校教员担任之”。[①] 设置办公处，增加民政、警卫、经济、文化等干事，扩大了保甲的机构和职权，也有利于指导本保内的各项自治事业的推进。[②]

其次，全面设立民意机关。按规定，县设立参议会，乡镇设立乡镇民代表会，保设立保民大会，甲设户长会议，共同构成地方自治的民意机构。保民大会是保的议决机关，它以户为单位，由本保每户推举一人组成；保民大会每月召开一次，有权决定本保内的自治规约、人工征募等事项，有权选举和罢免保长、副保长与乡镇民代表会代表；保民大会之议案，交由保长分别执行。甲设户长会议，由本甲各户之户长组织之；户长会议每月召开一次，有权选举和罢免甲长，决定本甲内的其他事务。此外，还要求按年龄、性别组成长老会、妇女会、少年团等各种民众团体。保民大会、户长会议及其他民众团体的设置使保甲有了民意机构。它的设置反映了法令的制定者有一定程度体现民主、反映民意，防止保甲长假借政令，为非作歹，殃民肥己的意图。他们认为“以往乡镇保甲人员，不能尽忠职守，甚至利用地位，欺害人民，为上级机关不易纠察”，因而今后要“运用民主方式，以为补救”。[③] 民意机构的设置是保甲融入自治的重要表现，也是与“剿共自卫”时期保甲的一个显著区别。

再次，保甲的执行机关强调“三位一体”。早在1934年，鉴于地瘠民贫、人才缺乏，广西就把教育、民团、乡村政治合而为一。由于成效明显，其他省也纷纷效仿。到新县制时，“三位一体”正式被确认。其表现为：在机构上实行“三位一体”，把乡镇公所、中心国民学校、乡镇国民兵队队部，保办公处、保国民学校、保国民兵队队部三个机关分别合并一处，同在一处办公。二是在职位上实行“三位一体”，乡镇长、中心国民学校校长、乡镇国民兵队队长，保长、保国民学校校长、保国民兵队长分别均由一人兼任。

① 《乡镇组织暂行条例》，中国历史第二档案馆编《中华民国史档案资料汇编》第五辑第二编，政治（一），第121页。

② 隋玠夫：《新县制基层组织中的三位一体》，《新政治》第4卷第4期，1940。

③ 程方：《新县制的几个特点和几个问题》，《新政治》第4卷第1期，1940。

实行“三位一体”的目的，在于“管教养卫各项要政，能以统筹兼顾，共同发展”，有利于“职权的统一，机关的统一”，从而“可以集中意志，整齐步调，加强事权，达成自治、自卫、自给的均衡发展；可以减少浪费，管理方便，手续简捷，联系紧密，收到分工合作的效果；在人才缺乏、财政困难，基层组织贫弱之际，可以用一个干部一所地方，一宗经费，举办三方面的事务”。[①] 不过，由于种种原因，“三位一体”未能全面推广。

最后，保甲内容由单纯的自卫扩充到自卫与自治并存。其基本内容可概括为“管、教、养、卫”四个字。“管以去私，意在理民；教以去愚，意在教民；养以去贫，意在富民；卫以去弱，意在强民。”[②] 管的方面包括清查户口、编组保甲、组训民众等内容。清查户口，首先填写调查表，包括户长、称谓、籍贯、婚姻、年龄、出生年月、职业、教育程度、居住年数等项目。然后填发、悬挂户牌。并对出生、死亡、迁入、迁出的户口进行登记。组训民众主要以公民教育和国防教育为主，即通过国民月会、保民大会和国民学校的成人班对所有民众进行基本训练。教的方面是指设立学校，发展教育，推进新生活等文化事业。每保必须设立一所国民学校，办理学龄儿童的义务教育和失学成人的补习教育。养的方面包括规定地价，开辟荒地，实行造产，整理财政，开发交通，推行合作事业等自给事项。如推广合作事业，要求以乡镇为中心，逐渐普及各保，每保一社，每户一社员为原则，以扶助社员增加生产，便利运销，流通金融，调节消费。卫的方面包括编组国民兵、维持治安、优待军人家属、协助征兵等内容。按规定，凡年满 18 周岁至 45 周岁之间的男子，除服常备兵役外，均应参加国民兵组织；乡镇保国民兵队和警察机关应随时抽查户口，密切监视不良分子，共同维持地方治安。新县制时期的保甲内容和“自卫”时期相比，有了很大变化，除了继续加强对基层社会的控制外，更多的是强调对乡村社会的救济和改良。这与当时民众普遍穷贫积弱，农村经济凋敝，而国民政府又迫切需要弥补战争的消耗，扩大财政收入，补充兵源密切相关。

抗战胜利后，国民政府一面加强对收复区基层社会的控制与重建，一

---

① 高清岳：《论新县制之基层组织》，《新政治》第 6 卷第 1 期，1941。

② 程方：《新县制的几个特点和几个问题》，《新政治》第 4 卷第 1 期，1940。

面加快新县制的实行进度，整编保甲，推进地方自治。1945 年 8 月 17 日，内政部电令苏浙皖赣等各省，要求“各陷区收复后，应迅即恢复各级行政机构，划分乡镇，编组保甲，清查户口，成立民意机关，协助政府办理善后救济”[①]。至 1946 年，全国 44 个省市共计设立了 54156 个乡镇，631587 个保。然而，随着国共内战的加剧，保甲再次沦为“戡乱剿共”、征兵征役的工具。自 1946 年 11 月后，国民政府先后颁布了《绥靖区乡镇保甲纵横连坐办法》《加强中共侵占区周围各县行政实施办法》等，提出“健全保甲组织，实行联保连坐，严密组织，不当匪、不窝匪、不通匪、不济匪，知匪即报，知匪即捕”。[②] 国民党内部也纷纷主张重新调整保甲的性质，恢复“剿共时期”的保甲制度，“乡镇保甲组织应以自卫为中心，首先使能自卫，进而完成自治”，“强化民众自卫力量，乃是绥靖地方的唯一办法”。[③] 1948 年 6 月，内政部又颁布《绥靖区各省市编查保甲户口办法》，要求各地实施。不过，由于国民党军迅速走向崩溃，各地保甲除征兵征役外，其他事项也大都流于形式。1949 年国民党败退台湾后，保甲制度在大陆也就逐渐消亡了。

五 龙泉保甲实施概括

龙泉县位于浙江省西南部，浙闽边境，东邻云和、景宁县，南邻庆元县，西界福建蒲城县，北接遂昌、松阳县，总面积为 3059 平方公里。1929 年，国民政府颁布《乡镇自治施行法》，将村里制改为乡镇闾邻制，规定 5 户为邻，5 邻为闾，百户以上之村庄为乡，百户以上之街市为镇。1933 年 1 月，龙泉县共划分为 5 区，12 镇，174 乡，1412 闾，7008 邻。[④]

1934 年 8 月，浙江省正式推行保甲制度，龙泉县属于浙江省第一期办理保甲的县份。1935 年，龙泉县完成保甲编组，将原来的 5 区 12 镇 174 乡编

① 《内政部为各沦陷区收复后迅即恢复各级行政机构及赶办紧急措施事项电》，《中华民国史档案资料汇编》第五编第三辑，政治（一），第 57 页。

② 《严密乡镇保甲制度》，《中华民国史档案资料汇编》第五编第三辑，政治（二），第 938、965 页。

③ 孙中均：《戡乱建国应巩固基层政权》，《地方自治》第 2 卷第 4 期，1948，第 10 页。

④ 浙江龙泉县志编撰委员会编《龙泉县志》，汉语大词典出版社，1994，第 3 页。

组为5区，8镇，39乡，351保，3611甲。① 1937年全面抗战爆发后，浙江省根据国民政府的要求实施民力统制，并制定了浙江省各县市实施民力统制办法。龙泉县再次对全县保甲进行了编组，全县共划分为5区，8镇，39乡，357保，3644甲。②

1939年9月，国民政府颁布《县各级组织纲要》，推行新县制，要求各县重新划分区域，增强县政府职能，裁撤区署，建立乡镇公所，调整保甲。1940年1月，浙江省开始办理新县制。在推行之初，浙江省政府将全省76县分为游击区、接近游击区、后方区三种地区。属于后方区的县的主要任务是"发展生产，实现自治"。③ 龙泉县由于属于后方区，成为浙江新县制实施的重要县份。1940年3月23日，龙泉县公布了《龙泉县调整区乡镇保甲编制方案》，认为"本县地面辽阔，各乡交通梗阻，在乡镇保甲未臻全之前，如将原区署裁并，则一切要政如兵役等，必至无法推进，拟维持原区划，最低限度亦必须并设3区署，始能应付当前之困难"。经浙江省民政厅批准，龙泉县由5区裁并为4区，即城区、泰安区、小梅区、八都区，将全县8镇39乡归并为6镇28乡，编组349保，3682甲。设立乡镇民大会、保民大会、户长会议等民意机关，乡镇保甲长分别由民意机关选举产生。④ 调整后乡镇保甲如表1－6。

表1－6　龙泉县乡镇保甲编制（1940年）

区　名	乡镇名	保　次	村庄、街市、小地名
城区	东升镇	第一保	戴公祠巷、北河街、塘沿、庙后管、第四座、清修寺
		第二保	中正街、天后宫门、五显庙、华楼社巷、市井头
		第三保	义泉社巷、蔡氏祠巷、官仓弄
		第四保	华楼社巷、贤良坊、街坤亭
		第五保	五显官巷、金钟弄、官仓弄

① 《浙江省办理保甲案》，内政部档案，中国第二历史档案馆藏，档案号：12－2－1549。

② 龙泉市档案局编《龙泉民国档案辑要》，中国档案出版社，2010，第1页。

③ 《浙江民政厅长阮毅成报告浙江实施新县制概括》，秦孝仪主编《中华民国重要史料初编——对日抗战时期》第四编，战时建设（二），台北，中国国民党中央委员会党史委员会，1988，第2122页。

④ 龙泉市档案局编《龙泉民国档案辑要》，中国档案出版社，2010，第4页。

续表

区　名	乡镇名	保　次	村庄、街市、小地名
城区	东升镇	第六保	官仓弄、东升街、谢家弄
		第七保	集贤亭巷、籍桂坊、东后街
		第八保	东升街、城碓弄、天灯弄、排额弄
		第九保	东后街、下林、河背头、麻寮
		第十保	石猪社、府街弄、东后街空基
		第十一保	五粒砊、街坤亭、东后街空基
		第十二保	夫人庙门、旗杆巷、杨巷、榔树下、梅墩弄
		第十三保	黄灌、马埠、后甸、三弄源、大墓园、茶寮、临江、梧垟乡联界
	西平镇	第一保	西平街、石板巷、卢埠社巷
		第二保	槐坡社巷、神童巷
		第三保	扇厂巷、西堂社巷
		第四保	西平街、石板上横巷、卢埠社巷、当铺巷
		第五保	北河巷、当铺巷、河厂巷、扇厂巷、劳巷
		第六保	河厂巷、溪沿巷、吉林巷
		第七保	河厂巷、北河街、后田巷
		第八保	吉林巷、溪沿路、显德坊
		第九保	显德坊、将军巷
		第十保	将军巷、挑原巷
		第十一保	青坑底、大泽阳、石门枕
	剑池乡	第一保	大桥弄、碓弄、谢家弄、李家山、徐林户
		第二保	张家弄、河南街、大桥弄
		第三保	秦溪弄、朱砻、南大垟、秦溪漠、吕家处
		第四保	大山、黄岭、下旦、西山下、的碓、童村、际头畈、茶坦、黄坞
		第五保	天堂山源、富坞、宏山、下湾、赵淤
		第六保	古田、黄山头、蜜蜂岭
		第七保	井岸、腊潭、炉田
	民权乡	第一保	宫头、里下畈、三路头、郑山头、杨梅尖、虾蟆潭等
		第二保	东权、祖东权、西山堂、尖地、手掌畈、黄坑砻等
		第三保	赵门前、下面、坑田、历头、河村、红朱寮等
		第四保	上蓁部、下蓁部、兰野、黄柏兰、拖竹岭、大树底
		第五保	上石坑、下石坑、省坑、太阳山、官山寮、处上下、上北户
		第六保	麦山、山后、际下、下坞寮、新寮、坳头、南排
		第七保	牛头岭、永源、新岭、梅树坑、坳头店、双寮、新岭头

续表

区　名	乡镇名	保　次	村庄、街市、小地名
城区	金石乡	第一保	下樟、岩后、吴斜、突头、泉桥
		第二保	山路后、管岱后、杨梅尖、毛窝儿、后窝斜、朱后、编篱、江家大新田、傀儡棚、杨寮、兰花亭
		第三保	清明淤、岱头、水垄、垟坑、半岭、岱根、香末碓、绿坑、刘坑、麻地、澄塘、梅山后、榧树砻
		第四保	何坑、石坑岭、鹤门坳、小何坑
		第五保	坑源洞、高山儿、溪下源、垟头、坳头、黄家山、上岗
		第六保	仓坞、郑庄、洪樟、黄砼源、周萌坑、百步岭、坳下、大坑、狮子源
		第七保	石埠、石埠坳、月婆山、龙塘、垟坑、善坑尾
		第八保	独源、姚坑、黄石达、大枫坳下
		第九保	田青寮、姚店、芭蕉、坑口、潘岱塆
		第十保	柳山头
	梧垟乡	第一保	梧桐口、桥坑
		第二保	张村、赵门前、竹山下
		第三保	白础、大炉、横田坞、大岭头
		第四保	村头、石潭沿
		第五保	白墓、俞山头、大富坵、木岱
		第六保	竹坑、大坵田、大堂畈
		第七保	徐山后、岱根、乌砼下、岭坤
		第八保	石马
		第九保	方山头、西垟、垟坞、林八坑
		第十保	季岱、下坑
	上东乡	第一保	大畲、小畲
		第二保	上田、唐源头、松树坑
		第三保	仓砼
		第四保	东畲、溪口、新碓、蛟垟后、演头、麻垟、高山
		第五保	樟坑、黄师砻、西溪、大畈、牛大坞、上垟
		第六保	陂川、梨斜、桑园坑
		第七保	溪下、东岱
		第八保	大猛坑、猛坑、乌高源、黄砼、通天坳、库武
		第九保	小岩、大斜、文坑、茶园、鱼仓、锯树

续表

区 名	乡镇名	保 次	村庄、街市、小地名
城区	黄鹤乡	第一保	李后、王庄桥、盛山后、乌塔连
		第二保	吴岱、树坑、仓砝、老寮基
		第三保	鹤溪、麻坪、集儿、布袋岗、刘山头、坪垟、蔡后源
		第四保	河坑塘、麻山头、溪口
		第五保	黄坳、河里、皂口、三丘田、里田坑、新庄、后垟峦、麻寮、季五袋
		第六保	外双溪、半岭、险坑
		第七保	上垟坳、内双溪
		第八保	张袋、下场、黄裔、桥头、麻垟砻
		第九保	南溪、源头、大坑、鲤鱼垢
		第十保	后畲、外土奉、五美山、大贵溪、沙潭、横坑、粪箕窟、改岗儿、高石步、村头枕
	雁川乡	第一保	大白岸、大王淤、山石坑、又港、礤坑
		第二保	郑户底、际坑、黄加、金山头、江山岭、东坳
		第三保	大堂下、管村、乌苏
		第四保	后庄、沈际、大岭头、垟坑后、赵山头、上湾
		第五保	毛淤、砝岭头、竹湾、黄泥堀、郑坑、铜钟堀、高蛇
		第六保	阴坑、杨梅铺、杨梅岭、严上、垟坞、荒坪
		第七保	小白岸、梧桐口、外寨
泰安区	安仁镇	第一保	安福口、安仁口、大岭坤、周垟、马坳、金坡（陂）
		第二保	月山下、泓头、蓝头、泓心、花庵、中央淤、兵房、社湾儿
		第三保	磨石岭、下坳、上坳、砝湖、大岗后
		第四保	钟山、山下畈、张岗、严山村
		第五保	季山头、源口、盛源头、揭场
		第六保	安岱后、陈家垟、黄铺南
		第七保	大丘另、上坳、张山岩、安岱头、嶮坑、严坑、龙井
		第八保	黄砝、湖岱
		第九保	下刘坊、南涧街
		第十保	上刘坊、半岭、蓝司畈、大毛垟
		第十一保	项边村、昌文、麻山后、湖坑下、湖坑寮
		第十二保	际头、上寮、黄泥岭、坳底、谷坑
		第十三保	黄皮畲、黄山下、沈山头、昌文岗
		第十四保	突背、白岭、梅桥、垟坞、寺口、中央处、乳麻垟
		第十五保	官塘下、杏坞、庵后儿、笔架山、吴公岗

续表

区 名	乡镇名	保 次	村庄、街市、小地名
泰安区	天平乡	第一保	坑口、李皮下、大畈垟、山塘、广田、岭根店、柱树坑、张婆坑、后畈
		第二保	乌尖下、前垟、垟墩、黄麻岗
		第三保	季山头、大坪
		第四保	李登、梅村、张边
		第五保	大舍、大坑、大兰、天平山
		第六保	大舍、后岭岗、砝根、溪沿
		第七保	坞坑、溪边、清明岱、严山
		第八保	小坞坑、金坑、乌运、细溪、小源头
		第九保	黄燕、垟山头、粗溪、全岱
	福源乡	第一保	黄土、黄土栏、山坑桥、木岱岭头、乌面
		第二保	山漈口、黄麻垟、大田、瓜场、牛湖、寨后、香坑、长大田、金边、西源、苦网寮、双坑底、梅竹坑
		第三保	垟畈、水牛淀、洪边、浮溪、上寮、黄麻垟、雷公岩、洪桥、大山、樟田、岭后
		第四保	山后、平坑、石柱、樟苏、山押儿、洪山头、庵基、横坑儿、砝义、鸦义垢、墓垄、牛栏后、枣槐岭、石岭头
		第五保	陈山头、陈山后、羊麻地、若湾、寨下、寨下坑、黄坑源门、观音堂、秋畈、黄源、黄坳、寨上、寨源湾、大坑、溪下、周畲、坑口、三格田、黄泥门
		第六保	沙潭、大畈、溪儿门、吴山头、台田、鸬鹚坞、大坑、黄坞、下坞源
		第七保	金坑、青岩下、寨下、车敖、社门、陈家连、粪桶丘、上严儿、吴墩、大坪、鸭蛋头、管寮、坪头
		第八保	永庄、叶山头、南坑头、奚庄、上坞、吴上、倒派、十二另
		第九保	梨阳口、梨阳、梨阳滩、凤凰山、半潭、灰壁、丁挂、大源
		第十保	下岩、将军砝、坑下、李山后、岩头、供山头、清明坞、余边
		第十一保	包畈、梅坑、前山、夏山头、黄山
		第十二保	寮砝、张畈、寮畈、砝铺、庄山、五进士、源头
	双平乡	第一保	大石铺、白步岭、源口、吴庄、荒田、大漈坑、江海、岗头、鱼塘
		第二保	考坑、新寮、源竹坑、大犇畈、李村、谷桶下、张公堂、漈头湾、张公排、严坑湾
		第三保	新处、麦田畈、西坑下、西坑底、白廿担、木岱头、里坊、鲤鱼垢岗、鲤鱼垢

续表

区　名	乡镇名	保　次	村庄、街市、小地名
泰安区	双平乡	第四保	木杓寮、大路下、米筛坪、坞砝下、处后儿、漈背、三梅垟、上庄、金竹坪、潘寮、草鱼段、双格
		第五保	厦安、黄麻坑、庄坑、高山、寮前岗、上杭、坳下、麻山下、毛畲、鸡冠岘、大田坪
		第六保	流地、岭脚、靛塘、坳门
		第七保	金岱、小东源、仙师源、银隆坑、大苏、金武坐堂、上寮
		第八保	沈村、大畈、枫坪、金竹坪、鱼望坑、骑龙岗、靛塘坑、蛙蟆垟、穿隆坑、树蓬背
		第九保	三格路、武溪、王庄
	龙南乡	第一保	上田、企犇
		第二保	源头、念担、山隔
		第三保	大岭后、小岭后、黄大坑、大坪
		第四保	岭头、垟尾、东处、路下、范坞淤
		第五保	龙井、小栈、榅尖、火筒湾
		第六保	下南坑、夏坪头
		第七保	垟雪、石械、法东坑、南林、黄蜂洞、苦网漈、山枣兰
		第八保	兰头、砝坑、砝坑口、黄坑淤、金尺亭、山寮湾、黄万岱
		第九保	麻竹坑、小黄坑、黄九坪、源头
		第十保	上南坑、罗头岭、大坪
	龙溪乡	第一保	大赛、烂泥坳、一溪洋
		第二保	叶村
		第三保	荒村
		第四保	穹坑、安下
		第五保	源头、东坞、漈头、廊坞
		第六保	一溪、西坪
		第七保	后坳、南排、垟赛、岱根
		第八保	垟山头
		第九保	卓安漈、麻莲袋、梅七
		第十保	龙岩、蒲窟
		第十一保	坳头、山漈内村、岱根

续表

区　名	乡镇名	保　次	村庄、街市、小地名
泰安区	金田乡	第一保	游山头、林凌、支坪、积石源、西畈垟
		第二保	支田、太仓、坳头、岱根、杨朝、新岱坑、石鼓
		第三保	金蝉湖、毛坑头、外黄桶
		第四保	林头、李庄、金坑寮、青山、岱头、周师、庄山、蔡坑、内桶
		第五保	周山头、坑底、丘斜、横坑、吴小
		第六保	东坑、庵边、岱根、北公
		第七保	下田、谷岱
		第八保	下田
	福泽乡	第一保	武潭、石退、水坑坞、周垟、垟坞、亭儿尖、垟岗、渡船头、下坞源
		第二保	张家、曾家、井堀、堀张、高塘、吴田祭、垟坞
		第三保	翁下尾、黄坞头、银样街、上塘儿、南禅、圣潭
		第四保	岭坤、吴处、湾头、麻寮上村、麻寮下村、岭头、真武坐堂
		第五保	坊下、张处砝、张头坳、张山头、效椅湾、插坑砻、峰头
		第六保	周际、古井弯、马波亭、源头
		第七保	南衢、竹坑、秤锤岗、麻寮、牛奶际、黄岗岘
		第八保	础石、季边、沈边、银场、岭边、炉师坞、上岩、兰头、燕儿窝、同古连、外垟、林场、八角坵、栖曲湾、上岩砻
		第九保	上坞、桥头、乌山、黄坳、永坞、高山儿、项坊、高斜、白山头、麻寮、昌岗、上乌山
		第十保	梅村、瞿源、安山下、白岩下、横片、琉璃源
		第十一保	茶弯、下寮、坳头垟、田寨、炉地垟、陈村、高后寮、处儿口
		第十二保	李山头、冷小亭、山际、召连
	道太乡	第一保	道泰、下道泰、隔溪、渡船头、道堂岭、曹上、叶山头、下庄儿
		第二保	蛤湖、坳下、上张弄、下张弄、渡船弯、渡船头、地白垟、前赖、上蓬、大棋
		第三保	垟头、山林坑、叶山头、李车坑、竹儿湖、龟砝、外翁、赤林、岭头
		第四保	稽村、陈村、荷香畈、白岩头
		第五保	新地口、黄命坑、半岭、坳下、后岭头、苦竹坪、庵头、道圣寺、荷山头、寨后、破石岭
		第六保	钟村、大岭、油坑、高塘、杨梅坳、大犇、岭翠、马匹砻、麻潭
		第七保	半坑、朱山下、鳌背、朱八、下猛头、上猛头、驮岱、官山
		第八保	埠源、符畲、坪坑儿、青靛坑、陈城、笼头、牛岱岭

续表

区　名	乡镇名	保　次	村庄、街市、小地名
泰安区	道太乡	第九保	蓝头、夏乾
		第十保	锦安、五漈头、潘山头
	龙门乡	第一保	渡船头、细尖、拓坞、樟坪、插花殿、大垟、枇杷坑、张源头
		第二保	汤侯门
		第三保	田坑、夫人宫、横路下、砻空、古岭、水碓坑、外岗、葫芦岗、西山排
		第四保	渡蛟、外车、周苍后、丁埠头、坟山
		第五保	大堰头、双坑口、上垟、黄苏坑、后庄
		第六保	田铺、半路口、打石坳、龙井下、小音坑、莲花山、甘竹坳、锯龙坳
		第七保	桃子坑、隐庄垟、半栋、大南山、根子背、周山寮、兰蓬、三望排、金堂下
小梅区	小梅镇	第一保	小梅街、后山门、昌岗
		第二保	小梅街
		第三保	小梅街
		第四保	小梅街
		第五保	骆庄、陈沙坑、吴墩
		第六保	寺口、官桥
		第七保	大梅、大坑
		第八保	高际头、碗厂、黄衕、天师殿
		第九保	大窑、金村、大坑底
		第十保	大窑、垟坳头
		第十一保	车盘坑、烧茶亭
		第十二保	桥岱、垟顺、竹蓬后、念翁坑、木瓜山
	茶丰乡	第一保	大坑下、三垟田、西户儿、月垟、柿树坪、铁炉坑、石笼、大毛户、麻竹户、田犇、马坳、唐弄、大坑程
		第二保	青坑、青坑坳、砝上、和尚山、屋后山、赵淤、碓岗
		第三保	淤头、住田街、东山岗、江山排、大毛头、村头、栗树园
		第四保	小查田街、长滩铺、西溪湖、坑里、岱上、茶垟、官路坳、下墻
		第五保	赵麻淤、蜚溪山、大口边、麻竹户、古来山、梨树垟、茶户源、小隆丰、青坑源
		第六保	隆丰、东心坑、黄麻袋、岩山、也村亭、山寮
		第七保	黄麻岱、石门、留坪

续表

区　名	乡镇名	保　次	村庄、街市、小地名
小梅区	茶丰乡	第八保	竹舟、大地、仰天湾、地寮、油车碓
		第九保	横坑、和尚源、下湾
		第十保	柘坑、小砻坑、大笼、三门直、白马畈、近岭、上棚、马山头山坳
	桐溪乡	第一保	严坊、大堂下、隔溪、桐山村头
		第二保	里洒
		第三保	塘山、高山、百步
		第四保	上畲、下畲
		第五保	梧树垟、西乾、均山、何山头
		第六保	显溪、源头
		第七保	益头
		第八保	张砻、凤阳山
		第九保	横溪
	屏南乡	第一保	地畲、桃枝笼
		第二保	库粗坑、仰坑、半袋岭坤
		第三保	坪田村
		第四保	坪田村
		第五保	硋铺、重阳岗、横源、南洋
		第六保	周岱、田坑
		第七保	南溪口村
		第八保	东山头、三十里坑
		第九保	干下、南溪、梅坳下
		第十保	横坑村头
		第十一保	瑞竹垟村
		第十二保	杉树根、黄泥坑
	三溪乡	第一保	乌门、万山、叶弄、万山口
		第二保	黄楠、宝家庄、长桥头、锥儿头
		第三保	毛山头、半边月、亭前、漈里
		第四保	田坑、东源坑、毛短、牛额岭、坪垓
		第五保	孙坑
		第六保	半路凹、黄岭下、牛岭头
		第七保	郑边、朱坞畈、上垟
		第八保	叶乡、黄凹、高坑

续表

区　名	乡镇名	保　次	村庄、街市、小地名
小梅区	查川镇	第一保	查田街、屋后山
		第二保	查田街
		第三保	樟树下、缸窑
		第四保	下保、山根、东皇、凉伞下
		第五保	溪西、下淤、寨坪、下窑祠
		第六保	大排、陈山、吴田、下窑坪、白水漈、根竹坞、新田湾
		第七保	俄塆、砬上、溪口
		第八保	法严寺、泉坑、刘地、芭蕉塆、泉淤
		第九保	海坑、墩头、南源、上炎、小苦社、三垢田
		第十保	大樟坳、大樟、陈边、麻寮、兆地、田磡下、大坑底、大连
		第十一保	西坑、员山
	剑湖乡	第一保	净信、砬门、仙砬下、流源、大坪、骑马砬、河坑、山鸟、横砻、白砬底
		第二保	安吉、坑口、高须、黄碰坞、李家淤
		第三保	上淤、青坑儿
		第四保	读田、后岭、上坞、木樨栏
		第五保	上塆、马皮岭
		第六保	砬湖店、头梳砬、垢坞、米仓下、竹口桥、老乌镇
		第七保	砬湖、住庵
		第八保	敦头村
		第九保	赤坑底、西寺
		第十保	仙仁、仙仁源头
	兰渠乡	第一保	上河、田犇、南桥头、豫樟、豫樟口
		第二保	宜石、渡船头、寮下、梅垟、北桥头、垟移
		第三保	大汪、徐姑坑、碧坑、太白坞、半边月、五梅垟、大炉村、金坞寮
		第四保	金弄、岩下儿、左渠、炉村后、曹坑、西山岱村、金坞寮
		第五保	埠儿砬、英力、泊竹、坳下源
		第六保	张山、朱坑、上寮、河际
		第七保	梅树排、横坑、外坪、大赛、彭兰下、垟兰头
		第八保	梅地、官田
		第九保	东垟、大岗、横片、山头
		第十保	大沙坑、关铺垟、黄麻突、黄麻坪、空坑头、夏边
		第十一保	粗坑、沙田、炉坳

续表

区　名	乡镇名	保　次	村庄、街市、小地名
八都区	八都镇	第一保	八都街
		第二保	八都街
		第三保	八都街
		第四保	八都街
		第五保	茶寮、司下、古楼山、路塆下
		第六保	新村、郭上、章府会
		第七保	大坦村
		第八保	供潦、李户
		第九保	浆溪村、茶子塆、乌里坑
		第十保	潦根、白水社、枫树根、麻垟
		第十一保	葛山、白角、下庄儿、朱源
		第十二保	埜窑、妙垟、塘上
		第十三保	小窑、社口、周源、柿树坪
		第十四保	东音、松际、风音山
		第十五保	沙溪、高铺、柿树垟
	瀑云乡	第一保	高大门、高山儿、金竹须、河上际、源坑
		第二保	松渠、砝头根、陈源、新处、达碓头
		第三保	溪口、埠下、王坊、麻地淤、牛坞、杉木湾
		第四保	乌垟、麻坪、安田、石笏、砝门底、炉斗
		第五保	蜈蚣、埠头
		第六保	暑网、王淤、淡竹、新田
		第七保	杉皮寮、住田、凰山、白面尖
	住龙乡	第一保	住溪街、高桥坑、五里亭、半坑、横坑、管地、七岭、兰下、河边
		第二保	住溪老街
		第三保	住溪老街、马垟头、山坑里、双渡洋、下户砻、杨家里、马坳岭、高山、毛竹岗、陈坑源、二度溪、官坑口、官坑、松树坝、渡船蓬、横潭
		第四保	七里兰、潘床、乌阴尖、黄皮、坳背、牛岭
		第五保	吴阜垟、道接、白社户、毛源、杨梅岭、小毛源、大毛源、乌律、龙井、大风砻、大高山、下寮、野猪窝
		第六保	潘床口、林石坑、山呈坑、碧源、里坞、碧源坑、洪岩坪、大州寮、黄泥畈、四毛坪、半岭、周调坑、大砝门

续表

区　名	乡镇名	保　次	村庄、街市、小地名
八都区	住龙乡	第七保	碧砻、白岩、郭公坑、大弯坑
		第八保	周调、锄头坝、过水埠、陋桶坑、大坝
		第九保	西坑、西坑口、石灰窑、郑惠、郑惠口、源头、鸡观岩、大坪、谷雨坪、双河口、罗汉源
		第十保	水塔、半岭、叶岭头、水碓坑、东高背、地伏、下畲、大坝、苍坳、白步岭
	锦溪乡	第一保	石富、吴林、乌坳、源坑
		第二保	下锦旦、潘地、后路
		第三保	中锦旦、东门、昌岗、仙垟
		第四保	上锦旦、黄岸、黄大源
		第五保	肖庄、坑头
		第六保	双河口、林凹田、半溪、大黄操、墙夹
		第七保	黄永、新蓬、黄大源、黄连坑
		第八保	百里、七际、上河、大公垟、项上
		第九保	岭根、油砻、双溪垟
		第十保	岭上、湾堂
	岱垟乡	第一保	贵溪源
		第二保	贵溪源、贵溪口、麻坞、上塆儿
		第三保	处上会、高山、落塘矶、牛栏坞、西边岭、白岩、笋重、箬坑、八十亭、黄砿、西源
		第四保	木岱口、上垟、黄源、坞底
		第五保	木岱口、香炉塆、枇杷山、金钗、火砻尾
		第六保	木岱
		第七保	石砻源、木岱、苦树坡、桐山谷
		第八保	昌岗、墓下、石层、破刀山、麦畲
		第九保	下剧坑、岱源、横渠、谷连下
		第十保	黄渡、坳门、郑元、塔连、毛丰塆、桐子塆、砿岩柏、山毛塆、高棠、卧龙岗、杨梅山
		第十一保	西山、潘户、祠堂山、风上头、上竹儿、下大塆、上大塆、北山岗、白石灰、黄泥垅、殿元岭
		第十二保	五都垟
		第十三保	五都刘、高岱、亭儿排、梅树岭、坪地、竹儿塆

续表

区 名	乡镇名	保 次	村庄、街市、小地名
八都区	竹垟乡	第一保	盖竹、隔溪、石壁头
		第二保	罗墩、野猪窠、季大元、大砻、黄元、长尾砻、布袋坞
		第三保	桃源、际上下村、际上上村
		第四保	良溪、南山下、油坞、油皂砻
		第五保	金田、内坞、铜山源、山下
		第六保	柘坑上村、柘坑下村、凹排岭
		第七保	山溪口、垟赛、半岭、垟赛坑
		第八保	思坑、狮子源、麻地、岱头、局下、温坑、后坑、垟尾石寨、棉奢、叠石
		第九保	山溪上村、山溪下村、里荡、源头
		第十保	田蓬、后排岭、赵坞、东山、大毛砻
	宝溪乡	第一保	半剧、下保、半源、迁田、社口、石华坑、朝坑、下保坑、高笋坵
		第二保	塘上下村
		第三保	塘上上村、炭铺
		第四保	塘上、源头、半岭、小半岭、刘家篷、大风篷
		第五保	竹垟、山头下、虎门坳
		第六保	宝鉴下村、黄砝、外斜、大岗头、大面、麻地下、吴墩
		第七保	宝鉴上村、上垟、石狮源、桐梓塆、陈官垟、大栗山
		第八保	车盂、坳头、后山、后山坑
		第九保	龚岭、石坑、黄竹连
		第十保	后垟、坑里、坑里源头、歪头山
		第十一保	溪头、梧岭、田岭头、高须坑
		第十二保	坑口、马车下、坑口坳、大坡头、象溪、天湖、西门、湖砝
		第十三保	溪源田、梅树坪、黄口袋、大坳、西山王、松铺、桥下、高塘
		第十四保	青井、高山庵、梁高山、大垟坪、朱章、梧住溪、蔡坳

资料来源：《呈送乡镇区域详图及保甲编制表》，龙泉市档案馆藏，档案号：10－1－426；龙泉市档案局编《龙泉民国档案辑要》，中国档案出版社，2010，第4～19页。

1943年，龙泉县奉令调整乡镇保甲编组，实施户口总复查，增设道泰区，辖上东、黄鹤、雁川、双平、梧垟、金石、道泰、龙门8乡。1944年龙门乡划归云和县，全县5区，6镇，28乡，349保，3524甲。[①] 抗战胜利后，浙江省民政厅训令各县，要求对现有乡镇一律进行调整，酌予裁减，非有特殊情况，一律不设区署为原则。1945年9月27日，龙泉县决定裁撤所有区署，在县政府增设4名督导员，对全县乡镇进行归并调整。调整之后，全县划分为1镇，28乡，317保，2838甲。[②] 与此同时，龙泉县又对乡镇公所的编制进行了充实。1945年11月，民政厅颁发（民一字第8284号）训令，要求各县乡镇公所编制参酌本县财政状况与乡镇实际情形予以充实。为此，龙泉县将乡镇公所编制分为二级，规定镇公所设镇长、总干事、户籍干事、事务员、助理户籍干事、书记等6人。乡公所设乡长、总干事、户籍干事、事务员、书记等5人。1946年2月初，全县29个乡镇公所的专职人员均设置齐全，由县政府统一委派。[③]

1946年9月，龙泉县再次奉令调整乡镇区域，调查户口，整编保甲。将保数在10保以上之乡镇划归不足10保之乡镇，并将民权乡第一、三保划归城区，第二、四、五、六保划并瀑云乡，第七保划归锦溪乡，剑池乡第一、二、三、五保划归城区，第四、六保并入兰渠乡，又将剑湖、茶丰二乡合并为剑丰乡，东升、西平二镇合并为中正镇，其他各镇一律改为乡。至1947年1月，全县完成新的编制，共划分为1镇，28乡，313保，2832甲，30167户。[④]

表1－7　龙泉县新编各乡镇保甲编制（1947年）

乡镇名称	乡镇长	乡镇民大会主席	乡镇公所地址	保数	甲数	人口数
中正镇	林庆宗	陈文宝	北河街	29	277	12296
安仁乡	叶　诚	叶　诗	安仁西溪	12	119	4779
天平乡	季善文	连可臻	季山头	9	98	4191
龙南乡	叶肇基	叶传妹	蛟垟	10	123	4921
龙溪乡	项　瑛	何应孝	一村溪	11	96	3869
金田乡	项天骥	游国琪	周山头	8	106	4605
福源乡	周仁生	周继勤	张畈村	12	109	4504

① 《龙泉县合作事业》，浙江省档案馆藏，档案号：L033－006－0187。
② 《龙泉县工作报告计划》，浙江省档案馆藏，档案号：L033－001－0821。
③ 《龙泉县工作报告计划》，浙江省档案馆藏，档案号：L033－001－0821。
④ 《龙泉县工作报告计划》，浙江省档案馆藏，档案号：L033－001－0821。

续表

乡镇名称	乡镇长	乡镇民大会主席	乡镇公所地址	保数	甲数	人口数
福泽乡	张　强	张景亮	大沙	10	96	5090
小梅镇	叶先定	管继文	小梅	8	60	3299
查川乡	郭　光	周凤岗	查田	10	75	3200
三溪乡	王　友	李世泽	孙坑	7	64	2455
屏南乡	毛存楷	郭林寿	横坑头	14	97	4663
剑丰乡	李荐廷	李　青	青坑	16	120	5834
桐溪乡	汤　鹏	季宝基	桐山村	7	53	2567
兰巨乡	谢　真	邹焕荣	垟移村	10	77	4351
八都乡	张忠恕	蔡文光	八都	14	129	6167
岱垟乡	毛　仁	吴　礼	木岱	12	99	4541
住龙乡	王邦彦	张景先	住溪	7	62	2837
锦溪乡	黄李佑	范延年	下锦	10	104	5326
瀑云乡	叶　响	叶维材	溪口	11	109	5443
宝溪乡	金　石	丁樟松	塘上	11	80	3769
竹垟乡	杨　峻	叶孝彩	盖竹	10	85	3985
道太乡	陈　东	巫复元	供村	10	100	3463
金石乡	张　震	邱妙荣	半岭	10	92	3565
上东乡	李　魁	卓寿南	东畲	9	89	2824
黄鹤乡	李春魁	曹人杰	外双溪	10	90	3633
梧垟乡	李田佑	林绍清	垟坞	8	70	3074
雁川乡	叶平护	管启如	小白岸	7	51	2232
双平乡	叶广艳	叶　中	西坑下	11	102	3539

资料来源：龙泉市档案局编《龙泉民国档案辑要》，中国档案出版社，2010，第59页。

1949年5月13日，解放军进入龙泉。6月2日，中共浙江省委办公厅就乡镇保甲组织的处理问题通令各县，要求"（1）对乡镇一级组织，原则上取消，由区直接领导村（现在为伪保甲），但因工作开始，情况不了解，人员不足用，伪乡镇组织确定暂时存在。在处理上，一般的伪乡镇长，采取对伪保甲长的同样政策，对个别坏的伪乡镇长立即取消。（2）很多地区的伪乡镇保甲长，分作三种类型：（甲）根本没有与我们联系过的，按华东局的指示执行；（乙）忠实敌人，应付我们的两面派（在游击队活动时应付我们），在处理上，我们意见召开大会宣布过去他们的反动性，指出好的一点，是应付我们，号召他们今后要完全忠实我们，立功赎罪，真实的为人民服务；（丙）我们布置进去，应付敌人忠实我们的，号召他们功上加功，为人民服务，实行民主政策”。[①] 根据省委的指示，7 月 30 日，龙泉县人民政府废除了乡镇保甲制，全县设升平、八都、查田、道太、安仁 5 个行政区，升平、福泽等 29 个乡镇。区设区人民政府，乡镇设公所，乡镇以下设立行政村。[②]

---

① 《印发四地委对伪乡保组织处理问题》，浙江省档案馆藏，档案号：J023－008－001－037。

② 浙江龙泉县志编撰委员会编《龙泉县志》，汉语大词典出版社，1994，第 8 页。

第二章　新政用新人：乡镇保甲长

任何制度的创建和运行都离不开人的因素，在保甲制度的推行中，乡镇保甲长的角色至为重要，他们既是保甲制度的执行者，也是国民政府统治乡村社会的代言人和乡村社会治理的领导者。他们的所作所为直接影响到保甲制度实施的成效。学术界关于乡镇保甲长的研究也有不少成果。[①] 本文重点对龙泉县乡镇保甲长的产生、职能、训练、考核、改选，以及其年龄、性别、籍贯、学历、经历等方面做一简要考察，以期对民国时期的保甲长能有较为全面的了解。

一　乡镇保甲长的资格

乡镇保甲长为自治保甲组织的基干人员，一切任务端赖其执行，故其人选之适当与否，关系自治事务之推行，至为重要。鉴于国民政府初期自治人员素质较低，难以胜任自治工作，使地方自治徒具形式，浙江省在推行保甲时对乡镇保甲长的资格做了明确的规定，以确保乡镇保甲长具备一定的学识能力，能够切实执行保甲政策。

1934 年，浙江省对全省乡镇长进行归并，减少乡镇数，并规定乡镇长由县就原任乡镇长中择委，其资格必须具备下列条件之一：经自治训练及格领

① 胡庆钧：《两种权力夹缝中的保长》，载吴晗、费孝通编著《皇权与绅权》，上海观察社，1948 年；朱德新：《三十年代的河南统治者与保甲行政人员研究》，《史学月刊》1999 年第 1 期；杨焕鹏：《论战后杭州地区保甲运作中的保长与保干事》，《历史档案》2004 年第 4 期；魏伟华：《国民政府时期河南保长的群体分析》，华中师范大学硕士学位论文，2004；沈成飞：《抗战时期广东国统区保甲长群体研究》，《抗日战争研究》2009 年第 4 期；尚季芳：《控制与消解：从保甲长的难局看国民政府时期的地方基层社会》，《历史教学》2010 年第 3 期。

有证书者；曾任小学以上教职员者；曾在初级中学以上学校毕业者；曾办地方公益事务，著有成绩者；曾任职业团体职员一年以上，成绩合格者。①

保甲推行之初，保甲长的资格更多的是注重其自卫能力，对地方自治方面的要求不高。1934 年公布的《浙江省保甲规程》明确规定，保长必须能耐劳苦，素孚众望，确能担任保内自卫行政之首长者。凡未满 20 岁者，或非本地土著者，或有危害民国行为曾受徒刑之宣告者，或褫夺公权尚未复权者，或自新分子尚在观看管束期间者，或吸食鸦片及麻醉毒品者，或无正当职业且无恒产者，或行为不正乡里不齿者，均不能出任保甲长。② 政府通过限定资格，基本上控制了乡镇保甲长的人选。

抗战爆发后，浙江省要求各县对乡镇保甲长的资格进行了适当的修订。1937 年 9 月 16 日，龙泉县政府公布了《龙泉县乡镇保甲长人选标准及任免办法》规定：本县住民年满 25 岁，能耐劳苦，素孚众望，曾任小学以上教职员或中学毕业者、曾任区乡镇自治职员或职业团体职员一年以上者、曾在中国国民党各级党部任干事以上职务一年以上者、办理地方公益事务著有成绩者可为乡镇长、副乡镇长；年满 25 岁，能耐劳苦，素孚众望，曾任教职员或小学毕业者、保长训练及格者、曾办地方公益事务著有成绩者、富有办事能力又通识文字者可为保长或副保长；年满 25 岁，身体强健，能耐劳苦者，可为甲长。③ 除了上述条件之外，《任免办法》第五条还规定：本县住民非土著者、有危害民国行为曾受刑之宣告者、剥夺之权尚未复权者、自新分子尚在察看管束期间者、禁治产者、吸用鸦片或其他代用品者、心神丧失或身体衰弱不堪任事者，不得为乡镇长、副乡镇长或保长、副保长、甲长。④ 可见，修改后的资格条件更加明确，乡镇保长人选的户籍、经历、身心健康、品行都有明文规定。另外，与战前相比，乡镇保甲长的年龄由原先的 20 岁提高至 25 岁。其原因主要在于，抗战时期征兵数量增加，壮丁数也随之扩增，并规定年满 18～30 岁为甲级壮丁年龄，30～40 岁为乙级壮丁年龄。

① 《浙江省办理保甲案》，内政部档案，中国第二历史档案馆藏，档案号：12－2－1549。

② 《浙江省保甲规程》，《保甲制度卷》，龙泉市档案馆藏，档案号：临－2－111。

③ 《龙泉县乡镇保甲长人选标准及任免办法》，《乡镇保甲长人选标准任免办法卷》，龙泉市档案馆藏，档案号：10－1－456。

④ 《龙泉县乡镇保甲长人选标准及任免办法》，《乡镇保甲长人选标准任免办法卷》，龙泉市档案馆藏，档案号：10－1－456。

提高乡镇保甲长的当选年龄可以扩大甲级壮丁征募的范围，保证更多适龄壮丁参加抗战。另外，政府还规定，乡镇保甲长应由免缓役壮丁充任，以避免适龄壮丁为规避兵役而担任乡镇保甲长。[①]

新县制实施后，浙江省为了大力推行地方自治，提高基层自治人员的素质，对乡镇保甲长的资格重新做了规定。根据省政府的指令，龙泉县政府也于1943年对乡镇保甲长的资格进行了修改，规定正、副乡镇长当选人必须是本县公民，居住本乡境内满6个月以上，或有住所达1年以上，年满25岁，无不良嗜好，并必须具备下列资格之一：经自治训练及格，并办理自治工作2年以上者；普通考试及格者；曾任委任职及其相当职务2年以上者；师范学校或初中毕业并有服务经历2年以上者；高级小学毕业，并曾任乡镇公所干事或保长以上职务3年以上者；曾办地方公益事业服务4年以上并著有成绩者。正、副保长当选人必须是本县公民，居住本保境内满6个月以上，或有住所达1年以上，年满25岁，体格健全，无不良嗜好，并具备以下条件之一者：师范学校或初级中学毕业或有同等学力者；高级小学毕业，曾任公务人员或在教育文化机关服务2年以上著有成绩者；初级小学毕业，曾任甲长或保办公处干事以上职务3年以上，著有成绩者；曾经自治训练及格者；曾办地方公益事务2年以上著有成绩者。[②] 不难看出，新县制实施后，乡镇保甲长的当选资格与之前的法令规定相比，更强调学历和工作经历。对乡镇保长的要求更为严格，法令的条条框框也很多，对候选人的年龄、资历、经济、能力、声望、身体状况等各方面都有新的要求。

抗战胜利后，国民政府颁布新的《考试法》，要求各省推行公职候选人考试与检核。作为公职人员的乡镇保长，必须参加公职候选人检核或登记。1947年10月，浙江省颁布了《浙江省各县乡镇保长候选人登记办法》，规定凡在县区域内之男女居民居住6个月以上，或有住所达1年以上，年满23岁之公民，有下列资格之一者，应登记为乡镇长候选人：经自治训练及格者；普通考试及格者；曾任委任职以上者；师范学校或初级中学以上学校毕

① 《军事当局通令各省杜绝规避兵役 保甲长由免缓役壮丁中选出》，《申报》1938年12月18日，第9版。

② 《选任保甲长应行注意事项》，《乡镇保甲长人选标准任免办法卷》，龙泉市档案馆藏，档案号：10－1－456。

业者。有下列资格之一者应登记为保长候选人：师范学校或初级中学毕业或具有同等学力者；曾任公务人员或在教育文化机关服务 1 年以上著有成绩者；经自治训练及格者。之后，龙泉县根据公职候选人考试法和省政府的规定，对乡镇保长的资格进行了修订，规定乡镇长候选人必须经甲种公职候选人检核及格，或乡镇长候选人登记合格；保长候选人必须经乙种公职候选人检核及格，或保长候选人登记合格，如有因情形特殊，有未经申请检核或登记，而资历相符，经获当选者，须检具资历证明文件呈报县政府核委，并须于当选后 20 日内补办登记手续。①

从 1935 年浙江省编组保甲，推行保甲制度起，龙泉县对乡镇保甲长的资格先后经历了几次较大的修改。其资格的修改与当时国内的环境与政局是密切相关的，由最初保境安民的地方自卫到新县制时的地方自治再到战后的宪政，乡镇保甲长的资格要求不断地在提高，以满足时代和社会发展需要。从制度建设的角度来看，乡镇保甲长资格的完善与提高有益于保甲制度的推行。从政府的立场来看，通过限定乡镇保甲长的人选资格，有利于将乡镇保甲长的任命权控制在政府之手。然而，由于乡村人才缺乏，真正符合乡镇保甲长候选人条件的人并不多，而符合条件的候选人不是被征服役，就是不愿担任乡镇保甲长，从而在实际操作中不得不降格以求。1945 年 7 月，龙泉屏南乡向县长呈文，表示“本乡地处山僻，人才奇缺，以致保甲长人选无贤能充任”②。1946 年 10 月，龙泉县请示浙江省民政厅，声称“本县人才缺乏，能否委任自首之逃役壮丁为保长”，结果竟获得民政厅之同意。③

二　乡镇保甲长的产生方式

民国时期，乡镇保甲长的产生方式经历了公推委任到选举的演变。根据 1934 年公布的《浙江省整理保甲计划大纲》和《浙江省保甲规程》的规定，

① 《龙泉县修正乡镇保长副选举注意事项》，《乡镇保甲长人选标准任免办法卷》，龙泉市档案馆藏，档案号：10－1－456。

② 《屏南乡公所呈县府文》，《乡镇保甲长人选标准任免办法卷》，龙泉市档案馆藏，档案号：10－1－456。

③ 《浙江省民政厅指令》，《乡镇保甲长人选标准任免办法卷》，龙泉市档案馆藏，档案号：10－1－456。

保甲长是以公推形式产生的。要求户长以家长充任为原则，甲长由甲内各户长公推 1 人充任，保长由各甲长公推 1 人充任，甲长不得兼任保长。乡镇长由全乡（镇）保长以记名连记法，票选候选人 3 名，报由县长择委 1 人。甲长之推定或变更，由甲内户长联名报告于保长；保长之推定与变更由保内甲长联名报告于区长。甲长由区长委任，呈报县长备案，保长由区长呈县政府委任，并由县长呈报本省民政厅、省保安处及行政督察专员公署备案。①

抗战爆发后，浙江省对乡镇保甲长的产生有了新的规定。1937 年 9 月，龙泉县规定，在《县自治法》未实施前，乡镇长、副乡镇长的产生由县长就各该乡镇内择优委代；保长由保内甲长联名推定，由乡镇长填具联名报告书，请区长或保甲督导员转呈县长核委；副保长由保长择定相当人员荐请乡镇长填具联名报告书，请区长或保甲督导员转呈县长核委。在保长和副保长两人中，必须有一人具有军事知识，以便担任保内壮丁管理任务。甲长由户长联名推定，保长填具联报书，请乡镇长转呈区长核委。②

1939 年，国民政府为了推行新县制，在省县市各级设立参议会，在乡镇设立乡镇民代表大会，在保设立保民大会。并规定乡镇保长必须分别由乡镇民代表会和保民大会选举产生。浙江是较早设立民意机关的省份，乡镇保长由选举产生从 1938 年就开始在浙江试行了。1938 年 3 月 30 日，龙泉县长唐巽泽训令：现在保长、副保长之产生改由保民大会公选，《龙泉县乡镇保甲长人选标准及任免办法》第九、第十两条停止使用。③ 1939 年，龙泉县大部分乡镇保长均由选举产生。

根据规定，乡镇民代表会的代表由保民大会选举，每保选举代表 2 人，共同组成乡镇民代表会，选举乡镇长。县政府应敦劝地方公正有为人士参加乡镇长候选人登记，并代为办理登记手续，在乡镇长选举 20 日前将候选人姓名在乡镇公所所在地公告，并对候选人之学识、品行、能力广为宣传。乡镇长当选接委后，应即遵照接任，非有特殊原因，呈请县长批准者，不得辞

---

① 《浙江省保甲规程》，《保甲制度卷》，龙泉市档案馆藏，档案号：临 -2-111。

② 《龙泉县乡镇保甲长人选标准及任免办法》，《乡镇保甲长人选标准任免办法卷》，龙泉县档案馆藏，档案号：10-1-456。

③ 《本县前颁之乡镇保甲长人选标准及任免办法第九十两条予停止适用令仰知照由》，《乡镇保甲长人选标准任免办法卷》，龙泉市档案馆藏，档案号：10-1-456。

职。当选后推诿延就者由乡镇民代表会根据自治规约议决处置。[①]

保民大会由本保半数以上的户长、户长代表出席，方可进行选举。各户代表若无故缺席，则由保办公处予以警告，连续二次者，令其缴纳本保事业费二角。[②] 保民大会由保长担任主席，保长不在时由副保长主持。由乡镇公所监选，监选人通常是乡长。会议的首项议程便是公推本次会议的登票员、检票员、计票员、唱票员、监票员各一名。“保长用无记名单记式票选行之，以得票最多数为当选。”“各项选举如发现要求期约或收受贿赂或其他不正利益或以强暴胁迫用其他非法方法，妨害他人自由行使投票权者，依刑法第一百四十二至一百四十保条治罪（五年以下有期徒刑，得并科七千元以下罚金）”，“开票应于当场公开行之，开票手续完毕后，应将选举票加封，送由上级指导人员存查”。[③]保长当选后，应由保民大会主席填具当选人的履历表、报告表、会议概况报告表呈报乡镇公所转呈县府核委。表式要求一式两份，乡镇公所抽存一份。[④] 县政府接到这三种表式后，了解大会概况和当选人基本信息后，认为合格者，便会下发委令。如县长认为当选人不合法定资格或劣迹昭著者，则可责成保民大会重选。新当选保长接到委令后，才能正式上任。

1948 年后，国内政局日益恶化，乡镇保甲长的任务日益繁重，许多有识之士不愿担任乡镇保甲长，甚至有的候选人当选之后，迟迟不愿就职上任。为了使乡镇保甲工作不受影响，浙江省政府训令县政府在特殊情形下可以遴选委任乡镇保甲长，“乡镇保长经乡镇民代表会或保民大会二次选出均不就职”时，“各逾十日后得由县政府就各该现在保内遴选具有乡镇保甲资格者委派代理”。[⑤] 在特殊时期，“如有事实必要，所有乡镇保长准由县政府予以

① 《浙江省乡镇长选举注意事项》，《乡镇保甲长人选标准任免办法卷》，龙泉市档案馆藏，档案号：10－1－456。

② 《选任乡镇保甲长应行注意事项》，《乡镇保甲长人选标准任免办法卷》，龙泉市档案馆藏，档案号：10－1－456。

③ 《选任乡镇保甲长应行注意事项》，《乡镇保甲长人选标准任免办法卷》，龙泉市档案馆藏，档案号：10－1－456。

④ 《龙泉县乡镇保长副选举注意事项》，《乡镇保甲长人选标准任免办法卷》，龙泉市档案馆藏，档案号：10－1－456。

⑤ 《为令发修正健全行政保甲要点一份令仰遵照由》，《乡镇保甲长人选标准任免办法卷》，龙泉市档案馆藏，档案号：10－1－456。

撤免，不必经过选举程序，径行遴选当地适当人员派充，此项遴选人员并可不受浙江省乡镇保长候选人登记办法之限制”①。保长可“由乡镇长就本保内居民合于规定资格者选择一人报由区长转呈县政府委任，且规定非常时期保长不得兼任甲长、乡镇长或联保主任，保长任期一年但经考核成绩优良者得加委任之”②。即使如此，仍有许多人士不愿充任乡镇保甲长，为此浙江省政府不得不呼吁当地有识之士出来担任乡镇保甲长，“宪政以地方自治为基础，而地方自治又以乡镇为基层组织，乡镇长必须由本乡镇内富有声望，却能领导群众之公正人士出而担任。凡我父老应踊跃出任乡镇长，领导民众，共谋地方自治之完成，宪政基础之建立”③。

乡镇保甲长的产生无论是委任还是选举，在实际中都有不少弊端，贿赂、舞弊之事常有发生，不愿当选者被当选，不愿就职者不得不就职，请求辞职者县政府不予批准，等等。尽管如此，乡镇保甲长的产生方式经历了由委任到选举演变过程，在制度方面而言，这是基层民主政治的进步，也是基层政治民主化的反映。然而，由于战后国共陷入内战，国民政府“戡乱剿共”的任务打破了这种制度的良性发展，乡镇保甲长的产生不得不重新回到委任状态。

三　乡镇保甲长的职能

在保甲推行之初，乡镇保甲长的主要职责是在“严密民众组织，完成剿共清乡工作”的宗旨下，执行维护社会治安之责。1935 年公布的《浙江省整理保甲计划大纲》规定，保长的职责主要有监督甲长执行职务事项；教导并约束本保住民恪遵法令及保甲规约，不为非法行为；复查本保户口，掌管本保户口册及查察户口变动转报人事登记声请书于区长；监察出境入境人民及本保住民行为并处办甲长关于本项之报告；遇本保或邻保内有灾变匪盗

---

① 《为规定乡镇长在必要时准由县政府逕行撤免遴派希遵照由》，《乡镇保甲长人选标准任免办法卷》，龙泉市档案馆藏，档案号：10－1－456。

② 《非常时期保甲长选用办法》，浙江省档案馆藏，档案号：L029－002－0026。

③ 《敦劝全浙父老出任乡镇长书》，《乡镇保甲长人选标准任免办法卷》，龙泉市档案馆藏，档案号：10－1－456。

时，指挥本保住民援助救御并报警于区长；辅助军警搜捕匪犯；分配督率保内应办防御工事及道路交通之设备修筑及守护；执行保甲规约上之赏恤及违犯保甲规约之处罚；管理保甲经费之收支及预算之编制。[①] 概括起来，其职能主要是编制保甲、清查户口、制定保甲规约、联保切结、"防共剿匪"等。

编组保甲、协定规约是乡镇保甲长的首要任务。从 1934 年开始编定保甲到抗战爆发，这段时间主要是保甲的编组期。县政府指派保甲编组委员到乡镇指导保甲编组，参与其中的各项事务。此时保长受编组委员的指导和监督，包括绘制各保区域略图，填具各种表册。这些表册名目繁多，涉及保内的各项信息，它们有"本保或本甲户口调查表；本保各甲长户长或本甲各户长名册；本保或本甲壮丁名册；收发文件簿；收支日记簿；工作日记簿；保甲规约及联保切结底稿；人事登记书表"[②] 等。

保甲编定后，保长须召开保甲会议，协定保甲规约。保甲规约相当于一保之法律，它的主要功能是"规保民为善，戒保民勿为恶"。规约中应行订定的事项包括"保甲的名称及区域事项，编查户口及人事登记事项，保卫队壮丁队之征役退役，自然灾害和突发事变的防范和救护，对莠民的监察和盗匪的防剿，公共工程的建设"[③]。保甲规约制定公布后，保甲还须大力宣传，以让保民明了保甲规约的意义。保甲长在保甲规约的具体实行中，须以身作则，为民表率，如征调壮丁、派募积谷，保甲长应先从自家征派，如清洁卫生及革除陋习等，保甲长自己应率先执行。

清查人口、人事登记则是乡镇保甲长的两项基本任务。编组保甲后的核心工作就是清查户口，因为户口调查清楚与否，直接关乎民众组织的健全和社会的安定和谐与否。而政府对乡村社会的严密控制，主要通过对人口的控制，全面掌握人口的出生、死亡、婚嫁、迁移等信息，以防范惯匪盗贼混迹在地方上。所以"户口不调查清楚，保甲制度简直就无从进行，地方恶劣和土匪也无从拘捕，地方之秩序则无法安定"。[④] 因此，保甲编组后首先需要对保内做详细的户口登记，每户有专门的户帖记录、户长的详细身份及其他家

① 《浙江省办理保甲案》，内政部档案，中国第二历史档案馆藏，档案号：12－2－1549。
② 《浙江省办理保甲案》，内政部档案，中国第二历史档案馆藏，档案号：12－2－1549。
③ 《修正保甲章程》，《保甲制度（四本）》，第 8 页，龙泉市档案馆藏，档案号：临－2－111。
④ 《浙江省保甲丛刊》，中国国民党浙江省执行委员会宣传部编印，1931，第 16 页。

庭成员和亲属等口数。在此基础上定期复查本保户口，密切关注户口的异动，及时做好人事登记工作。

如果说清查户口是一种静态的记载，那么人事登记便是一项动态的考查。户口的清查是在特定区域和时间段内进行的工作，而人口受自然规律如出生、死亡等，以及受社会因素如天灾人祸、迁移等的影响处在动态的变化之中，一时的人口清查并不能持续恒久地反映地方的人事变迁状况。因此，适时的人事登记成为一种必要举措。1935 年 4 月，浙江省颁布了《浙江省人事登记暂行办法》，要求各县在保甲编组和户口清查完毕后，紧接办理人事登记。自 1935 年 7 月，全省各县开始举办人事登记，"每月户口异动月报表，由县汇造送请该管专员公署转呈民政厅审核"。[①] 人事登记是考查人事变迁的办法，"人事变迁分为出生、死亡、婚姻、继承、分居、迁徙、失踪七种。当这七种事情之任何一种发生时，户长当即将发生的事由，报明村里公所，按式登记。如有财产契约上关系，还要交验证据"[②]。保甲编组完成后，出现户口异动的情况，具体的应对方法：首先，户长把户内户口异动情况及时（三日内）报告甲长，然后，甲长根据所得户口异动信息填具报告表交给保长，"保长接到报告表后，应随时将各该甲户口异动，在本保户口册内，分别登记或注销后，即将报告表签名盖章转送乡镇长"[③]。龙泉县还制定并颁布了《取缔寺庙及旅店规则》。对于"寺庙住持、僧或斋公以及云游僧道不明身份，行踪诡秘等应及时驱逐出境"，"凡有盗匪或行踪可疑之人潜来寺庙寄宿，该寺住持或斋公应详询其住址、机关、职业为保，行踪可疑之人当即密报，就近区团或警察机关拘捕"[④]，对于旅店的规定更是"疏而不漏"，"逐日将旅客之姓名、年龄、籍贯、行李、来历、行踪详登簿内，于每晚七时前送交公安局"[⑤]，可见政府对于人口清查与人事登记之严格。政府通过户口清查和人事登记两项基本工作的开展，动静结合，对人口进行严密控制，"令游惰者无所容，奔之者无所匿，正本清源，杜绝奸宄"[⑥]。

---

① 《浙江省办理保甲案》，内政部档案，中国第二历史档案馆藏，档案号：12－2－1549。

② 《浙江省保甲丛刊》，中国国民党浙江省执行委员会宣传部编印，1931，第 17 页。

③ 《浙江保甲概要》，浙江省边区社会军事训练特种干部训练班编印，1937，第 11 页。

④ 《减少乡镇保长控告防止办法卷》，民国档案，龙泉市档案馆，档案号：10－1－528。

⑤ 《减少乡镇保长控告防止办法卷》，龙泉市档案馆，档案号：10－1－528。

⑥ 《浙江省保甲丛刊》，中国国民党浙江省执行委员会宣传部编印，1931，第 1～2 页。

联保连坐、组织壮丁队、“防共剿匪”是抗战前乡镇保甲长的重要职责，因为保甲制度在1930年代初复兴的主要动因就是为了充实乡村自卫力量，防患盗匪，杜绝“匪”党。为此，政府一方面实行联保连坐，把甲内各户联系在一起，互相监察，倘有不法行为，凡结内联保之人应即密报核办，如有隐匿不报者，受连坐之处分。① 并在各乡镇设立告密箱，便于保民检举告发。② 另一方面由乡镇保长组织壮丁队，提高地方自卫能力。即从保内每户抽派一名适龄壮丁组成壮丁队，定期接受集训，增强自卫能力，维护地方治安。③

征收经费是乡镇保甲长的又一项基本任务。保甲经费是保甲制度得以运行的必要条件，保长的职责就是管理保甲经费之收支及预算决算之编制。1935年10月，军事委员会委员长行营修正的名为《修正剿匪区内各县保甲经费收支规程》，规定保甲经费，每保每月以五元为限，并规定了经费收支的途径。经费支出渠道主要包括保长办公处办公工具费，会议和壮丁训练之茶水费，保甲职员出差之费用等。收入途径，一是原有地方之公款或公款公收益，如果没有此项收入，就由保甲会议议决就住户中有能力担负者分别征收，直到足额。在这个过程中，“为防止流弊起见，规定保甲经费，以甲长负责经收之责，保长负录收及初查之责，区长负复查及审核之责，县政府负抽查之责”。④

新县制推行之后，政府试图将保甲融入地方自治之中，强调利用保甲组织推行地方自治。其内容由单纯的自卫扩充至“管、教、养、卫”，目的在于“达成自治、自卫、自给的均衡发展”⑤。乡镇保甲长作为新县制在基层社会的执行者，其职责就在于直接办理“管、教、养、卫”各项事业的发展，其内容主要包括编查户口，异动登记；办理土地测量登记，完成土地陈报，核定地价；调查公私荒地，限期开垦；因时因地利用当地民力财力从事农林、水利、渔盐、畜牧、蚕桑、纺织等公共事业造产；整理地方财政行政制度；健全乡镇保甲机构，设立乡镇公所、保办公处、乡镇民代表会和保民

① 《浙江省办理保甲案》，内政部档案，中国第二历史档案馆藏，档案号：12－2－1549。

② 《浙西行署各县乡镇及保甲事务》，浙江省档案馆藏，档案号：L041－001－1469。

③ 《浙江省整理保甲计划大纲》第十四条，《浙江省办理保甲案》，内政部档案，中国第二历史档案馆藏，档案号：12－2－1549。

④ 《浙江省办理保甲案》，内政部档案，中国第二历史档案馆藏，档案号：12－2－1549。

⑤ 《论新县制之基层组织》，《新政治》第6卷第1期，1941。

大会；开辟交通，修筑乡镇与乡镇之间的道路；设立学校，每保设一国民学校，每乡镇设一中心学校，实施国民教育；推行合作社，每保设立合作分社，乡镇设中心合作社，发展生产、运销、消费、保险、信用等合作事业；组织训练壮丁队，维护地方治安；建立乡镇公共卫生所和医务所；改善各乡镇保寺庙祠堂事业，办理各种社会福利事业；厉行新生活，严禁烟赌，改良风俗，革除陋习。[①] 另外，新县制推行之时，也是抗战艰难之际，各种突击的征兵、征粮也成为乡镇保甲长不可推卸的重要职责。

毫无疑问，乡镇保甲长的职能与之前相比有了明显的扩大，涉及管理、兵役、财政、教育、生产、保卫、农林等方面，其性质也由原先侧重自卫扩展到乡村社会治理与建设各方面。这种变化，意味着乡镇保甲长的职权增大，职务增多，责任加重。

四　乡镇保甲长的训练与考核

"保甲的成功，不仅在保甲组织的完成，而最重要的却在保甲教育的完成，要使每个乡镇长，每个保甲长知道保甲的运用"，"乡镇保甲长是保甲组织之重心，各项保甲工作之推进，全视乡镇保甲长能否切实执行，故对乡镇保甲长进行训练，提高其素质，显得至为重要"[②]。为此，在保甲办理之初，不少省份通过举办训练班，对乡镇保甲长进行政治教育和保甲训练。

1935 年，浙江省民政厅订立了《浙江省训练乡镇长办法大纲》，规定乡镇长规定每半年训练一次，目的在于使其能认识保甲意义，明了本身责任，娴熟保甲法令及办理手续，更好履行其职责，发挥保甲之效能。每次训练时间为 5 ~ 10 日，以县政府为主办机关，集中各乡镇长于县城，由县政府指定适当房所为训练地点，课程着重实际需要，必修科目为《党义》《民族意识之发扬》《保甲意义及保甲法令之解释》《浙江省经济计划之要旨》《各乡镇工作检查报告批评》《保甲上困难问题之解决》《检讨保甲进行应注意之事

① 《新县制》，龙泉市档案馆，档案号：临 - 2 - 111。

② 侯厚宗：《武进保甲之组织训练与运用》，《江苏民政》第 1 卷第 3、4 期合刊，1935，第 22 页。

件》《最近国际外交情势及中国所处之地位》《军事及防空防毒常识》《重要政令之解释》《新生活运动纲要须知》《合作要义及当地重要生产之改良》等。乡镇长训练讲师除由县长、秘书科长、专员公署兼区司令部负责人员外，还由县政府聘请有学识声望的党部委员及中小学校长教员、县督学、民教馆长、会计主任、合作指导员、蚕桑指导主任、保安队长、公安局长、保甲巡回督导员担任讲授。1935 年，全省训练乡镇长 3954 人。①

表 2－1　1935 年浙江省乡镇长训练情况

县别	训练乡镇长数	县别	训练乡镇长数	县别	训练乡镇长数	县别	训练乡镇长数
杭州		仙居	54	德清	39	遂安	50
杭县	80	温岭	63	武康	27	桐庐	92
海宁	22	兰溪	93	安吉	36	寿昌	35
富阳	40	东阳	70	孝丰	31	分水	20
余杭	40	金华	55	鄞县	88	永嘉	159
临安	35	义乌		慈溪	60	瑞安	83
於潜	26	永康	75	奉化	52	平阳	103
新登	43	浦江	22	镇海	97	乐清	58
昌化		武义	24	定海	57	泰顺	79
嘉兴	64	汤溪	24	象山	65	玉环	50
嘉善	37	衢县	79	南田	31	青田	46
海盐	41	江山	24	绍兴	129	遂昌	
平湖	42	龙游	21	萧山	44	龙泉	
崇德	49	常山	36	诸暨	90	缙云	73
桐乡	26	开化	41	余姚	65	庆元	56
吴兴	109	淳安	53	嵊县	43	景宁	
长兴	83	建德	66	上虞	120	丽水	64
黄岩	54	宣平	38	新昌	42	松阳	59
宁海	80	天台	41	临海	40	云和	29

资料来源：《地方自治人才训练》，内政部档案，中国第二历史档案馆藏，档案号：12－6－10331。

1935 年，浙江省民政厅订立了《浙江省训练保长办法大纲》，规定保长

① 《地方自治人才训练》，内政部档案，中国第二历史档案馆藏，档案号：12－6－10331。

的训练由行政督察专员兼区保安司令直接办理，训练期限一般情况下为三个月，特殊情形可酌以缩短，但不得少于一个月。目的在于使其认识政治上与军事上之地位与责任，并娴熟保甲法令，谙练军事技术，使其能行使职责，发挥其效能，充实下层行政组织，树立自治自卫之基干。[①] 保长训练采用军事管理方式，其组织系统以区保安司令部为训练班，本部班之下设大队，大队之下设中队。每中队编为 3 分队，每分队下 5 班，每班学员 14 名。训练的科目分为政治训练和军事训练两大项，主要包括党义、民族意识、保甲要义、保甲法令、保甲任务、公民常识、合作概要、农业改良常识、识字运动、新生活运动纲要、新生活运动须知等及防空防毒须知、宪警服务须知、兵役法之大要、征兵制之大要、陆军礼节摘要等。自 1936 年至 1937 年 2 月，浙江省训练保长 46512 人。1936 年，丽水行政督察专员兼区保安司令派员在龙泉县办理保长训练班，训练保长 351 人。[②]

甲长因人数众多，其训练由各县分区办理。1937 年 5 月，龙泉县制定了《龙泉县城区甲长训练暂行办法》，规定城区甲长分区训练，由当地党政军民各界推派代表组织甲长训练委员会负责主持。甲长训练班采用军事管理方式，其组织在训练班下设总队，总队下设大队，大队之下设分队，分队下设班。训练时间为 1 月，训练内容为精神训话、党义、公民常识、民族意识、保甲要义、重要政令等。[③] 1938 年 12 月，龙泉县道泰区举办了战时甲长训练班，规定凡现任甲长一律分期集中于区署所在地，训练一星期。如有违抗拒绝集训者，得依照保甲章程之规定惩处。每期每保派 3 ~ 4 名甲长受训，轮流进行，第一期共训练甲长 68 名。[④] 龙泉县八都区于 1939 年开始举行甲长训练，训练内容主要包括国民精神总动员摘要、新生活运动须知、抗战建国纲领及本省战时政治纲领、保甲法令摘要、教育概况、合作常识、兵役法令摘要等内容，先后举办三期，训练甲长 262 名。[⑤] 1943 年，龙泉县甲长由县地方干部训练所统一负责分期训练，每期训练两个乡镇的甲

---

① 《浙江省训练保长办法大纲》，内政部档案，中国第二历史档案馆藏，档案号：12 - 2 - 1549。

② 《浙江省办理保甲案》，内政部档案，中国第二历史档案馆藏，档案号：12 - 2 - 1549。

③ 《龙泉县城区甲长训练暂行办法》，《甲长训练卷》，龙泉市档案馆藏，档案号：10 - 1 - 524。

④ 《龙泉县道泰区甲长训练》，《甲长训练卷》，龙泉市档案馆藏，档案号：10 - 1 - 524。

⑤ 《龙泉县八都区甲长训练》，《甲长训练卷》，龙泉市档案馆藏，档案号：10 - 1 - 524。

长。自6月至8月，训练所对瀑云、龙溪、住锦、八都、岱垟、宝溪、蓝渠、桐溪、剑湖、茶丰、查川、三溪、小梅、屏南等乡镇的甲长进行了训练，共计1516人。①

从训练乡镇保甲长的办法和训练规模来看，国民政府对乡镇保甲长的素质非常重视，试图通过对乡镇保甲长进行政治教育和保甲训练，把乡镇保甲长培养成乡村社会各项事业的领导者和建设者。

表2－2　1936年度浙江省乡镇保甲长训练概况

县别	乡镇数	保数	甲数	训练乡镇长	训练保长	县别	乡镇数	保数	甲数	训练乡镇长	训练保长
杭州	8	110	1865		20	仙居	54	538	533	54	538
杭县	80	850	8228	80	850	温岭	63	1116	10831	63	1116
海宁	22	845	8356	22	845	兰溪	93	532	5412	93	532
富阳	40	456	4457	40	456	东阳	70	1186	11794	70	1186
余杭	40	319	3159	40	319	金华	55	571	5541	55	571
临安	35	197	1927	35	197	义乌	78	659	6528	78	659
於潜	26	149	1444	26	149	永康	75	662	6717	75	662
新登	10	148	1399	10	148	浦江	22	255	3378	22	255
昌化	27	164	1710		164	武义	24	254	2565	24	254
嘉兴	64	963	9518	64	963	汤溪	24	283	2663	24	283
嘉善	37	427	4291	37	427	衢县	21	640	6244	21	640
海盐	41	502	4988	41	502	江山	24	550	5425	24	550
平湖	43	576	5739	43	576	龙游	21	378	3592	21	378
崇德	49	432	4273	49	432	常山	20	297	2928	20	297
桐乡	26	368	3742	26	368	开化	19	259	2506	19	259
吴兴	109	1723	16967	109	1723	淳安	25	466	4628	25	466
长兴	83	570	5708	83	570	建德	53	260	2482	53	260
德清	39	405	4119	39	405	遂安	50	351	3361	50	351
武康	27	158	1536	27	158	桐庐	92	269	2669	92	269
安吉	36	185	1847	36	185	寿昌	10	146	1464	10	146
孝丰	31	190	1908	31	190	分水	20	96	970	20	96

① 《龙泉县训练所甲长训练》，《甲长训练卷》，龙泉市档案馆藏，档案号：10－1－524。

续表

县别	乡镇数	保数	甲数	训练乡镇长	训练保长	县别	乡镇数	保数	甲数	训练乡镇长	训练保长
鄞县	88	1736	17021	88	1736	永嘉	159	1746	16626	159	1746
慈溪	60	685	6605	60	685	瑞安	83	1138	11519	83	1138
奉化	52	715	6564	52	715	平阳	104	1462	13481	104	1462
镇海	96	955	9332	96	955	乐清	58	879	8527	58	879
定海	57	977	9403	57	977	泰顺	80	452	4445	80	
象山	64	520	5214	64	520	玉环	50	344	3809	50	344
南田	31	54	524	31	54	青田	46	543	6016	46	543
绍兴	134	2370	23127	134	2370	遂昌	50	275	2777	33	275
萧山	44	1014	10143	44	1014	龙泉	47	351	3611	47	351
诸暨	90	1214	11883	90	1214	缙云	73	566	5254	73	566
余姚	65	1435	13940	65	1435	庆元	56	252	2320	56	252
嵊县	43	1030	10213	43	1030	景宁	24	269	2648	24	269
上虞	120	728	7154	120	728	丽水	64	327	3329	64	327
新昌	42	625	6170	42	625	松阳	59	319	3290	59	319
临海	40	1376	14006	40	1376	云和	29	176	1738	29	176
黄岩	54	1189	11814	54	1189	宣平	37	200	1903	37	200
宁海	80	828	8228	80	828	总计	3997	46968	464020	3954	46516
天台	41	713	7140	41	713						

资料来源：《浙江省办理保甲案》（1936 年），内政部档案，中国第二历史档案馆藏，档案号：12－2－1549。

新县制实施后，浙江省制订了三年施政计划，并对全省乡镇保甲人员进行了训练。按计划，乡镇长、副乡镇长、乡镇公所各股主任及干事、中心国民学校校长由省训练团统筹训练一至三个月。第一年训练两个月，第二、第三年分别训练一个月；保长、副保长、保队附、保干事、保国民学校校长等由各县分区训练，第一年训练半个月，第二、第三年各训练一个月。至 1941 年 1 月，各县在省训练团的指导下成立了训练所。然而，由于战事的影响，杭县、富阳、临安、桐庐、分水、德清、磐安、定海、嘉兴、海宁、海盐、崇德、桐乡等14县未能举办，绍兴、余姚、新昌、奉化、象山、诸暨、萧山、镇海等9县因浙东战事而停办。平湖、於潜、余杭、昌化、新登、吴兴、长兴、安吉、武康9县则统一由浙西训练分团训练，其余各县则由县训练所负责办理。1941年，全省各县受训的乡镇长180人，副乡镇长230人，乡镇队附168人，乡镇股主任22人，乡镇干事308人，乡镇户籍员649人，乡镇事务员1166人，乡镇合作人员272人，乡镇会计41人，保长5218人，副保长882人，保队附2150人，保干事213人，国民教育师资3376人，甲长14589人，以及其他自治人员，共计30389人。1942年，全省有34县举行了乡镇保甲人员训练，其中受训乡镇长141人，副乡镇长22人，乡镇队附50人，乡镇干事46人，乡镇户籍员405人，乡镇事务员152人，乡镇合作人员125人，乡镇会计213人，保长2003人，副保长227人，保队附887人，保干事4人，国民教育师资402人，甲长12879人，以及其他自治人员，共计18326人。①

训练是为了提高乡镇保甲长的素养，考核则是为了对乡镇保甲长实施奖惩。在保甲推行之初，浙江省在保甲章程中规定了保甲人员的奖惩。乡镇保甲长有下列行为之一者，可依保甲规约从优赏恤，并由县长分别奖励，成绩卓著者由县长呈请民政厅保安处会呈省政府核奖：侦悉匪徒来侵之企图报告迅速因而保全地方者；破获匪党重要机关或擒获著名匪徒讯实惩办者；搜获匪党秘运或埋藏之枪械子弹或捕剿时当场夺获者；遇盗匪抢劫即时捕获者；遇匪党聚众扰乱能尽力抵御克保安全者；区域内无匪党踪迹者；协助军警或邻保邻甲捕获匪党者；密报匪党窝藏处所因而捕获讯明属实者；救火御灾异常出力者；特别捐助保甲经费者；各项保甲事务办理认真成绩优异足为他区模范者；其他成绩与前列各项情节相当者。奖励分为嘉奖、记功、褒状、奖章、寄给匾。奖章寄给匾之奖励由民政厅保安处会呈省政府办理。乡镇保甲长如有下列情事之一者由县长分别惩处：私通或庇容或窝匿匪党者；匪党或其他罪犯已被捕或将被捕而故意纵放者；区域内有匪党容忍不举发者；讳报匪党事件者；滥保匪党者；相邻保甲有警

---

① 《县各级组织纲要浙江省实施总报告》，浙江省档案馆藏，档案号：L030－000－0058。

不赴援者；侦查未确误行逮捕致损伤财物者；调查户口不实或户口变动不催令申请登记者；怠玩职务办理不力或贻误要公者；滥用职权者；寻仇挟恨故意诬陷良善者；借端骚扰诈欺财物或包揽讼事者。惩处分为申戒、记过、撤职，涉及刑事者并应送交司法机关依法惩治，其有举发之责而不举发者应予连坐。[①] 这些规定大都出于维持治安，防止中共之目的。事实上，由于当时保甲刚刚在浙江推行，其很多制度规章是沿用了鄂豫皖“剿匪”区域的保甲规程，而浙江的“匪患”并不严重，因而该奖惩的规定多少有些脱离实际。

1936 年，浙江省又订立了《浙江省各县保甲工作人员考核及奖惩暂行办法》，规定乡镇保甲长的奖惩除按浙江省保甲章程及其他法令外，得依本办法行之。该办法对乡镇保甲长的考核奖惩做了进一步的规定，其中奖励分为嘉奖、记功、记大功、加俸或升级、给予奖章匾额或褒状，惩戒分为申戒、记过、记大过、减俸或降等、停职或撤职查办。乡镇保甲长的考核每年 6 月底和 12 月底，分为两次进行。乡镇保甲长有下列情形者，酌予奖励：努力宣传保甲，使境内人民家喻户晓者；切实训练壮丁卓有成效者；认真办理人事登记满无遗漏者；教诫住民不为非法确有事实表现者；协定保甲规约适切实际并能施行有效者；运用保甲力量节制消费并举办生产建设事业卓有成效者；严厉查禁烟赌使境内烟赌绝迹者；有其他特殊劳绩者。乡镇保甲长有以下情节应酌予惩戒：办事不力因循敷衍或措辞规避者；训练壮丁毫无成效者；临难弃职潜逃者；措置失当致酿成纠纷者；操纵乡镇保甲长选举者；侵吞保甲经费或其他公款者；应公布事件而不公布者；有其他不称职情事者。考核结果分为上、上中、中、中下、下五个等级，分别奖惩。考核上等者记大功或加俸，连续考核为上等者升叙或给予褒奖；上中等者记功或嘉奖，中等者留职，中下等者申戒或记过，下等者免职，连续考核为中下等者以下等论处。[②] 毫无疑问，该考核及奖惩办法更适合当时浙江的实际情形，有利于调动乡镇保甲长的工作积极性。

抗战时期，征兵、征粮以及协助抗敌有关的事项也是乡镇保甲长考核和

---

① 《修正浙江省保甲章程》，内政部档案，中国第二历史档案馆藏，档案号：12 - 2 - 1549。

② 《浙江省各县保甲工作人员考核及奖惩暂行办法》，内政部档案，中国第二历史档案馆藏，档案号：12 - 2 - 1549。

奖惩的依据。1942 年，龙泉县根据省政府指令，对浙东战事期间乡镇保甲长的表现进行考核和奖惩。其中住龙乡乡长张俊来、小梅镇镇长毛伯华、查川镇镇长周瑞文、安仁镇镇长柳键、金田乡乡长刘大海因表现突出被记功一次；剑池乡乡长蔡起儒、剑湖乡乡长汤振才、茶丰乡乡长钟大烈、兰渠乡乡长叶封、瀑云乡乡长叶响、上东乡乡长周水根、黄鹤乡乡长曾功、金石乡乡长郑兆儒等人因表现得力传令嘉奖；双平乡乡长叶广田、道泰乡乡长陈天美、雁川乡乡长叶平护、梧坪乡乡长徐日松、福源乡乡长潘厚田、福泽乡乡长吴仲、东升乡乡长季鲲、西平镇镇长吴丛海、八都镇镇长吴丰甫、宝溪乡乡长金铭等人因表现不力，予以申斥。① 安仁镇第一保保长饶敦诏、第八保保长项先发、第九保保长项日明、第十一保保长项应通、第十四保保长连陈信、第十五保保长连森林等人因协助抢运公私财物表现突出，分别给予记功或奖状；查川镇第一保保长陈振标、第三保保长陈纲因征调民伕成绩突出给予奖状。②

五 乡镇保长的群体分析

根据龙泉县《乡镇保甲长人选标准任免办法》的规定，保长必须具备一定的资格，由推定或选举产生，但由于各乡镇、各保的教育、经济程度有一定的差异，保长的选举与更替也不完全统一，其任职时间也各异，加上任职期满或主动辞职等因素，保长始终处于不断的变动之中。与此同时，民国时期龙泉县在区、乡镇、保甲的区域划分上曾多次变动，区、乡镇、保甲数也增减多次，加上资料的缺失，无法对全县乡镇保甲长的情形进行详细分析。从现有的资料来看，新县制推行后，龙泉县曾对部分乡镇的乡镇保甲长教育程度、年龄、职业、经历等情况进行登记。现对龙泉县乡镇长及部分保长登记情况做一简要的分析。

① 《本年应变工作各乡镇长之奖惩事项》，《应变人员奖惩》，龙泉市档案馆藏，档案号：10－1－164。

② 《呈报各级应变人员成绩》，《应变人员奖惩》，龙泉市档案馆藏，档案号：10－1－164。

表 2－3　龙泉县现任乡镇长副乡镇长名册（1943 年 8 月）

乡　镇	职　别	姓　名	年　龄	学　历	经　历
东升镇	镇　长	蔡文谟	29	联立高级中学毕业	曾任小学教员
	副镇长	刘仲鹏	44	高小毕业	曾任小学教员
西平镇	镇　长	潘土祥	29	高小毕业	曾任小学教员
	副镇长	姜　荣	36	省第 11 中学毕业	曾任书记科员
剑池乡	乡　长	蔡超儒	48	高小毕业	曾任区委员
	副乡长	汤汝义	44	私塾 5 年	曾任保长
民权乡	乡　长	罗朝鹏	28	高小毕业	曾任副乡长
	副乡长				
福泽乡	乡　长	季资生	27	初中毕业	曾任报务员
	副乡长	刘马栋	51	私塾 5 年	曾任保长
梧垟乡	乡　长	徐月松	31	高小毕业	曾任小学教员
	副乡长	黄陈根	40	私塾 3 年	曾任甲长
上东乡	乡　长	周永根	38	私塾 3 年	曾任保长
	副乡长				
金石乡	乡　长	郑兆儒	40	高小毕业	曾任小学校长
	副乡长	郑玉昆	32	高小毕业	曾任小学教员
黄鹤乡	乡　长	曾　功	37	高小毕业	曾任乡长
	副乡长	曾　杰	32	高小毕业	曾任小学教员
安仁镇	镇　长	刘　鲸	38	高小毕业	曾任乡镇队附
	副镇长	刘礼岳	25	高小毕业	曾任保长、小学教员
天平乡	乡　长	李步登	48	省第 11 中学毕业	曾任小学教员
	副乡长	李建东	31	温州联立中学毕业	曾任小学教员
福源乡	乡　长	潘厚回	44	中学毕业	曾任教员
	副乡长	单文远	34	高小毕业	曾任小学教员
金田乡	乡　长	刘大海	30	高小毕业	曾任小学教员
	副乡长	周业定	40	私塾 3 年	曾任保长
龙南乡	乡　长	叶肇基	36	高小毕业	曾任小学校长
	副乡长	张大俊	37	高小毕业	曾任小学教员
龙门乡	乡　长	颜　贤	43	高小毕业	曾任小学教员
	副乡长	王　培	41	高小毕业	曾任小学教员
龙溪乡	乡　长	刘　汉	52	高小毕业	曾任乡长
	副乡长	刘祖英	61	清监生	曾任副乡长

续表

乡　镇	职　别	姓　名	年　龄	学　历	经　历
双平乡	乡　长	叶广田	41	初中毕业	曾任小学教员
	副乡长	周以贞	31	高小毕业	曾任小学教员
道泰乡	乡　长	周　规	32	高小毕业	曾任副乡长
	副乡长				
雁川乡	乡　长	叶平护	28	高小毕业	曾任保长
	副乡长	李观佑	28	高小毕业	曾任干事
小梅镇	镇　长	毛伯华	45	省第11中学毕业	曾任小学校长
	副镇长	刘　芹	31	高小毕业	曾任保长
查川镇	镇　长	陈子明	35	高小毕业	曾任小学教员
	副镇长	洪新焕	60	清监生	曾任副镇长
茶丰乡	乡　长	张企江	40	高小毕业	曾任小学教员
	副乡长	张超风	40	私塾1年	曾任甲长
桐溪乡	乡　长	叶朝熙	33	高小毕业	曾任小学教员
	副乡长	董必礼	56	私塾3年	曾任保长
三溪乡	乡　长	李　豪	60	高小毕业	曾任小学教员
	副乡长	李　蒙	37	初中毕业	曾任小学校长
屏南乡	乡　长	李必长	40	高小毕业	曾任小学教员
	副乡长	吴宗永	37	高小毕业	曾任小学教员
剑湖乡	乡　长	汤振才	30	初中毕业	曾任办事员科员
	副乡长	王元旺	32	私塾3年	曾任保甲长
兰渠乡	乡　长	叶　封	41	高小毕业	曾任村长
	副乡长	邹焕荣	42	高小毕业	曾任乡民代表
八都乡	乡　长	吴丰甫	45	高级商业学校毕业	曾任小学校长
	副乡长	王志清	31	高小毕业	曾任事务员
瀑云乡	乡　长	叶　晌	31	中学毕业	曾任小学教员
	副乡长	吴景周	57	私塾3年	曾任村长
锦溪乡	乡　长	李义棠	30	高小毕业	曾任小学校长
	副乡长	杨奇龙	28	高小毕业	曾任事务员
竹垟乡	乡　长	吴　谓	31	高小毕业	曾任小学教员
	副乡长	周　仁	36	高小毕业	曾任小学教员
岱垟乡	乡　长	徐伯齐	28	高小毕业	曾任小学教员
	副乡长	廖　斌	37	高小毕业	曾任小学校长、乡长

续表

乡　镇	职　别	姓　名	年　龄	学　历	经　历
宝溪乡	乡　长	陈佐汉	38	高小毕业	曾任副乡长
	副乡长	金百炼	27	高小毕业	曾任副乡长
住龙乡	乡　长	罗子文	37	高小毕业	曾任小合作辅导员
	副乡长	巫润明	26	高小毕业	曾任事务员

资料来源：《龙泉县现任乡镇长副乡镇长名册》，《各项调查表》，龙泉市档案馆藏，档案号：10－1－414。

表2－4　龙泉县部分乡镇保长情况统计（1943～1948年）

姓名	性别	年龄	所在乡镇	学历	经历	职业
李　芳	男	42	黄鹤乡	初小毕业	曾任甲长，现任第一保保长	农
方朝炎	男	33	黄鹤乡	初小毕业	曾任甲长，现任第二保保长	农
方观仁	男	32	黄鹤乡	初小毕业	曾任保队附，现任第三保保长	农
毛国华	男	34	黄鹤乡	高小毕业	曾任小学校长，现任第四保保长	学
徐显根	男	34	黄鹤乡	初小毕业	曾任保队附，现任第五保保长	农
曹凤鸣	男	35	黄鹤乡	初小毕业	曾任甲长，现任第六保保长	农
毛　骥	男	30	黄鹤乡	初小毕业	曾任甲长，现任第七保保长	农
胡道荣	男	36	黄鹤乡	初小毕业	曾任甲长，现任第八保保长	农
方金水	男	26	黄鹤乡	初小毕业	现任第九保保长	农
张观佑	男	34	黄鹤乡	初小毕业	现任第十保保长	农
邱绍贤	男	31	福源乡	私塾3年	现任第一保保长	农
周家祁	男	37	福源乡	私塾3年	现任第二保保长	农
朱陈生	男	25	福源乡	私塾2年	现任第三保保长	农
刘老林	男	34	福源乡	私塾2年	现任第四保保长	农
潘爱清	男	30	福源乡	高小毕业	曾任本乡会计，现任第五保保长	商
潘大火	男	26	福源乡	小学毕业	现任第六保保长	农
潘马明	男	39	福源乡	私塾3年	现任第七保保长	农
刘火旺	男	41	福源乡	私塾3年	现任第八保保长	农
吴水全	男	34	福源乡	私塾3年	现任第九保保长	农
吴家文	男	29	福源乡	私塾3年	现任第十保保长	农
吴庆荣	男	39	福源乡	私塾3年	现任第十一保保长	农
戴承裕	男	26	福源乡	高小毕业	曾任小学教员，现任第十二保保长	农
李继标	男	40	三溪乡	私塾8年	曾任副保长10年，现任第一保保长	农

续表

姓名	性别	年龄	所在乡镇	学历	经历	职业
郭哲棉	男	32	三溪乡	高小毕业	曾任教员及保干事等职多年，现任第二保保长	商
胡永寿	男	28	三溪乡	高小毕业	曾任保干事处户籍员多年，现任第三保保长	农
江宏钧	男	28	三溪乡	高小毕业	曾任保干事多年及乡公所书记等职，现任第四保保长	商
周　杰	男	24	三溪乡	树范中学肄业2年	曾任教员2年，现任第五保保长	学
王维美	男	39	三溪乡	私塾4年	曾任甲长数年，现任第六保保长	农
江国骏	男	32	三溪乡	高小毕业	曾任乡镇保队附，现任第七保保长	农
王恩甫	男	30	三溪乡	高小毕业	曾任教员2年、保干事2年现任第八保保长	学
季大炎	男	25	三溪乡	高小毕业	曾任教员2年，现任第九保保长	学

资料来源：《乡镇保甲人员各项调查表》，龙泉市档案馆藏，档案号：10－1－535、10－1－395、10－1－448。

从表2－4来看，乡镇保长全部为男性。其实，乡镇保长任务繁多，非身强力壮，能力不凡者不易胜任。另外，保长全部以本乡镇、本保人士担任。这与乡镇保甲人选标准及任免方法中的规定本地土著者的要求相符。“为达到知识分子服务桑梓的目的，似宜以任用本地人为主，地无合格人员者，再选用它地人员。”① 在“戡乱”的特殊时期，乡镇保长虽然可以不受浙江省乡镇保长候选人登记暂行办法的限制，由县政府进行遴选，但其“遴派之乡镇保长人选，应为原乡镇保籍之公民，俾领导而利于工作”②。因为本土出身的乡镇保长熟悉当地的风土人情，了解当地的大小事务，的确有利于工作的推动与执行。

从年龄上来看，乡镇长、副乡镇长的年龄最小者为25岁，最年长者为61岁。保长年龄最小者为24岁，最大者为42岁，除1人外，其他均符合龙泉县乡镇保甲长人选标准及任免办法中有关保长须年满25岁的规定。虽然

① 《新县制》，第34页，《保甲制度（四本）》，龙泉市档案馆藏，档案号：临－2－111。

② 《为规定乡镇长宅必要时准由县政府迳行撤免遴派希遵照由》，《乡镇保甲长人选标准任免办法卷》，龙泉市档案馆藏，档案号：10－1－456。

三溪乡第五保保长周杰当选时只有24岁，不符合保甲人员任免办法的规定，但经请示县政府，认为“按中华民国宪法规定，年满23岁者有依法被选举之权，因此在行宪之前，保长以25岁为标准，宪法公布后即可把当选保长的年龄放宽至23岁”①。周杰是在1948年当选的，所以并不算违规。其实，保长年龄结构相对较为年轻，主要是由保长所负的职责所决定的，因为“新县制”实后，行政治、教育、军事“三位一体”的统治制度，在这种统治制度的要求下，保甲制度不再行使单纯的自卫功能，而是集“管、教、养、卫”职责于一身。因此，保长也是一个三位一体的角色，他同时要兼任保国民学校校长及保国民兵队队长。因此，保长需年富力强，精力充沛者担任。对此，浙省政府曾训令各县长称：“乡镇保甲长为县级基层干部，值此治安严重之日，务须选用年青负责而有勇气者任之，始克负担艰苦工作，各县乡镇保甲长如有年迈力衰不能推动政令者，应一律加以调整，另行选委年富力强有勇气能任事者接充。”②

从学历来看，乡镇长、副乡镇长基本上是以高小毕业为主，占所有乡镇长、副乡镇长的64.6%，初中以上毕业者占18.4%，绝大部分受过新式教育，具有一定的学识能力。保长的文化程度大都以初小和私塾为主，部分是高小毕业，中学文化水平的保长极少。但与目不识丁的农民相比，他们是乡村知识分子，大都受过新式的教育，具备一定的新思想，对乡村的建设有一定想法和意愿。事实上，在保甲推行之初，也有少数保长未受过教育，甚至是目不识丁的农民，但随着时代的发展，这些不识字的保长在履职的过程中倍感压力，因此纷纷以目不识丁为由请求辞职。③

从当选的乡镇保长的经历来分析，当选乡镇长、副乡镇长者大都具有办理公务的经历，其中以曾任小学教员、校长者最多，占全部乡镇长、副乡镇长的49.2%，曾任乡镇长、副乡镇长者占12.3%，曾任保长、村长者占

① 《据呈为年满二十三岁之国民依宪法第一三0条规定有被选举之权，究竟可否当选乡保甲长及乡民代表，祈核示等情指令知照由》，《乡镇保甲长人选标准任免办法卷》，龙泉市档案馆藏，档案号：10－1－456。

② 《为乡镇保甲长应一律选用年富力强青年接充希遵办具报》，《浙江省政府公报》1949年第67期。

③ 有关保长以目不识丁为由辞职的案例不少，详见《龙泉县三溪乡保自治人员任免卷》，龙泉市档案馆藏，档案号：10－1－448。

15.3%。当选保长者虽然大多是不离土地的农民出身，但都不是单纯以务农为业，他们基本上有在村或保有过任职管理的经历。过去所担任的职务以甲长居多，还有保队附、保干事，小学校长或教员等。这些资历使其在具有法定资格的同时，还具有常人所缺乏的经验和管理能力，因此在当地具有一定的信望，被民众认可和信任。

六　淘汰与改选

乡镇保甲长上承政府，下达民众，是政府与民众之间联系的重要纽带。乡镇保甲长的素质与政府政令能否在地方推行，地方能否养成自治习惯，增进自卫力量均有密切的关系，因此其人选极为重要，应慎重甄选。而对于那些不合格的乡镇保甲长则应该随时予以淘汰改选。

1937年公布的《龙泉县乡镇保甲长人选标准及任免办法》对乡镇保甲长的改选就有规定。对于乡镇长的改选，办法规定了两种途径：一是由县长亲自查明某乡镇长、副乡镇长力不胜任，或认为有更换必要，则以改委；二是由区长或保甲督导员对于所属乡镇长查明其力不能胜任，或认为其有必要更换，应呈请县长更换之。对于保甲长的改选，规定了三种途径：县长认为某保甲长力不胜任或视为有更换必要时，令原推选人另行改推；区长、督导员对于所属保甲长查明某保甲长有前项情事者，得随时报请县长核准，令其改推；乡镇长查有前项情形者，须报区转呈核办。各区署、保甲督导员办事处及直属各乡镇对于保长、副保长之变更应按月呈报。①

《任免办法》虽然对乡镇保甲长改选的条件和方法做了规定，但仍不够详细，执行起来颇为困难。为此，龙泉县政府于1938年5月颁布了《调整保长须知》，对于保长的改选做了详细的规定。如原保长有下列情形之一者应予以改选：年龄在25岁以下或年事过高者；体弱多病，难于执行职务者；能力薄弱，或办事敷衍塞责者；染有赌博、酗酒、烟毒等不良嗜好者；办事不公，有舞弊情事者；不孚众望，或与地方感情不睦者。《须知》还对继任

① 《龙泉县乡镇保甲长人选标准及任免办法》，《乡镇保甲长人选标准及任免办法卷》，龙泉市档案馆藏，档案号：10－1－456。

保长进行了规定，要求继任保长的教育程度必须粗通文义，能识解政府法令；经济条件，以家境充裕，有为公众服务之余力者为合宜；住所须尽量靠近该保的中心地带者为宜；必须有服务精神，热心公益，人事清楚，有爱国爱乡之情绪；品格信誉，必须具有领导民众之威望。改选保长必须推选加倍人数，填具联报书，附送当选人履历表，由乡镇区署转呈县政府委任。保长在改选之前，应与乡镇长洽商，并征询该保公正人士、忠实居民之意见，指导人员对当选继任保长者之能力、学识、精神、家境、信望等签注意见。①

然而，改选作为确保乡镇保甲长素质的手段有时也可成为民众对抗政府的一种方式。抗战时期，由于征兵催粮募债各项任务均落到乡镇保长身上，乡镇保长职责繁重，虽全力以赴往往也难以完成任务。与此同时，乡民由于被征兵、征粮以及各种苛捐杂税，往往也不堪重负，因而对乡镇保长是避而不见，对那些特别“卖力”的乡镇保长则颇为怨恨。乡民害怕那些“秉公”办事、有令必行的乡镇保长。因此，在改选乡镇保长时，乡民代表故意推选平庸无能之辈出任乡镇长，以拖延政令。对此，龙泉县政府在给省民政厅的呈文中说：“每逢改选乡镇长时，彼等体恤民众，即尽量推选无能之辈，监签充数，借以延误政令，减轻负担，战时政令无法推行。”②

改选是政府和乡民选任乡镇保甲长的重要手段，一定程度确保了乡镇保甲长的素质。然而，并非所有符合条件的人愿意充任乡镇保甲长，也有不少当选的乡镇保甲长以各种理由辞职。尤其是在战争时期，各种繁重的任务皆集于乡镇保甲长之身，乡镇保甲长在政府与乡民之间往往左右为难、进退失据，不得不选择辞职。③ 1937 年，龙泉县政府规定，乡镇保甲长一经委任后，不得无故辞职。如有特殊情况呈请辞职，须将辞职原因报请直辖机关，并逐级加具意见，转呈委任机关核定。如各级机关认为请辞理由不充分者，可以直接批斥，不予转呈。乡镇保甲长的辞职程序为：甲长呈请辞职须报告保长，转请乡镇长呈由区长或督导员核定；保长、副保长呈请辞职须报告乡

① 《调整保长须知》，《乡镇保甲长人选标准任免办法卷》，龙泉市档案馆藏，档案号：10－1－456。

② 《为民智未开乡乡镇长人选无法产生祈核示由》，《乡镇保甲人员自治任免卷》，龙泉市档案馆藏，档案号：10－1－456。

③ 《为抗战期内乡镇长职责繁重不应兼任其他职务》，《乡镇保甲长人选标准及任免办法卷》，龙泉市档案馆藏，档案号：10－1－456。

镇长转请区长或督导员核定；乡镇长、副乡镇长呈请辞职须报告区长或督导员转呈县长核定。如有不依上列系统越级呈请辞职者不予受理。呈准辞职人员在继任人员尚未接收以前，非有特殊事故呈准委托代理外，对于原有职务仍应负责办理，如未经交代清楚，擅自离职，应受严重处分。[①] 由此可见，乡镇保甲长一旦当选，要想辞职绝非易事。

① 《龙泉县乡镇保甲长人选标准及任免办法》，《乡镇保甲长人选标准及任免办法卷》，龙泉市档案馆藏，档案号：10－1－456。

第三章　社会控制：乡村保甲户籍的重建

中国户籍制度，历史久远。周代有乡遂法，“此为我国户籍制度之权舆”。[①]之后，历代王朝均建立了户籍制度，齐有管仲什伍法，秦有商鞅什伍连坐法，汉有算赋法，晋有闾伍法，隋有输籍法，唐有坊村户口编查法，宋有王安石的保甲法，明有黄册编查法，清初有户口编审制度，乾隆时有保甲法。清末新政后，仿照西方国家户籍管理制度，对保甲户籍进行改造，建立了警察户籍，实行“户警合一”。[②] 然而，1930 年代，南京国民政府重新在基层社会推行保甲制度，并建立了保甲户籍，以实现其对乡村社会的控制。南京国民政府的保甲户籍除继承了传统中国的联保连坐、编钉门牌等内容外，还吸收了西方国家户口查记和人事登记办法，其主要通过保甲组织实现对乡村人口的编查和人事登记，掌握住户的数量、身份、职业、婚姻情况、受教育程度，以及人口分布、人口构成、人口迁徙与流动等基本情况，从而实现对乡村社会的控制。

一　清末民初的户籍管理

1908 年，清政府鉴于政局混乱，为了强化对社会的控制，颁布了《调查户口章程》和《清查户口章程》，“将区域内居民分为甲、乙、丙三种。甲号为贵族世家及其他资产、职业认为身份正确者；乙号为甲号、丙号以外者；丙号为被监视及曾受官刑者、无业游民、博徒、痞棍及其他认为性行不良者”，“定期调查户口，甲号每六个月一次；乙号每三个月一次；丙号每月

① 吴顾毓：《中国户籍制度之今昔》，《地方政治》第 1 卷第 4、5 期合刊，1939，第 13 页。

② 姚秀兰：《论中国近代户政管理法律制度》，《政治与法律》2005 年第 3 期，第 150 页。

三次”。“调查户口，京师内、外以巡警总厅丞、顺天府各属以府尹，各省以巡警道为总监督，其未设巡警道各省暂以政司为总监督”，“警务局长及警务分局长，均应在所辖地段内总理清查户口事；警务局与警务分局当划定所辖地方为数区，又分一区为数段，每区派巡长一人，每段派巡警一人任清查户口之事”。[①] 这些法规废弃了清中后期盛行的保甲户籍，将保甲户籍改造为具有近代意义的警察制户籍。

1911 年，清政府民政部认为“宪政之进行无不以户籍为根据，而户籍法之编订又必本于民法与习俗而成，中国国情既与东西各国不同，则立法自难沿袭。盖欧美各国采用个人主义，只有身份证书，中国之行家族制度，本于历史，因时立法，不能强以比同”，因此结合中国家族制度，起草了近代中国第一部《户籍法》，呈请朝廷核准颁布。《户籍法》草案包含户籍吏、人籍、户籍、罚则四部分，规定城镇乡之区域各设户籍吏一名，城镇由董事会之总董兼任，乡由乡董兼任，负责掌管人籍和户籍之记载；凡是记载出生、死亡、婚姻、继承、分家、立嗣、国籍等有关人之身份者称之为人籍；凡是记载移籍、入籍、就籍、除籍等户之更动者为户籍。户籍须每户一本，记载户主及家属之姓名、出生年月、职业等信息。[②] 然而，随着清朝的灭亡，《户籍法》并未颁布施行。

民国时期，北京政府的户籍制度基本沿袭了晚清时期“户警合一”的形式。1912 年，北京政府内务部草拟了《户籍条例》，提出先举行人口调查，再办理户籍及身份之变动登记。1913 年，内务部公布《内务部统计表编制暂行规则》，关于人口统计的表格达 45 种。然而，由于政局动荡，北京政府未能颁布《户籍法》。其户籍管理主要是以 1915 年 8 月颁布的《县治户口编查规则》和《警察厅户口调查规则》为主，前者针对各县户口编查，后者适应于京师、省会，以及设有警察厅之商埠。县治户口的编查区域，分为警察区、保卫团区和未设警察及保卫团区三种，各区设编查长一员，分别由警区区长、保卫团团总和地方村正充任。各区内住户编制牌甲，以十户为一

---

① 公安部户政管理局编《清朝末期至中华民国户籍管理法规》，群众出版社，1996，第 97 ~ 102 页。

② 公安部户政管理局编《清朝末期至中华民国户籍管理法规》，群众出版社，1996，第 6 ~ 26 页。

牌，十牌为一甲，各依牌甲号数，按户钉立门牌。十户之外，有零数在六户以上者，得自成一牌，五户以下并入邻牌，十牌之外有零数时，六牌以上得自成一甲，五牌以下并入邻甲。牌长负责本牌户口清查，造具本牌户口清册，报甲长复查，底册牌长保存；甲长复查后，汇造本甲户口清册，报编查长抽查。底册甲长保存；编查长抽查后，汇造本区户口册，详报县知事，县知事派员抽查后，汇造全县户口，再逐级上报至内务部。清查事项主要有姓名、性别及婚姻状况、年龄、籍贯、居住处所及年限、职业、宗教、教育程度、身体状况、户内人口对于户主称谓关系等，尤其要注意户内有素行不正或形迹可疑者及曾受徒刑以上之刑事处分者的清查，若遇有此情形，牌长应另行注明于编查底册。[①] 1916 年 3 月，北京政府内务部又颁布了《京兆各属户口编查单行细则》，规定京兆各属户口编查按自治区为单位，编查长以自治区区董兼任，甲长以自治区甲长兼任，牌长由编查长推荐。住户分编牌甲，以十户为一牌，五牌为一甲。[②]

1912 年，北京政府内务部主持了民国时期的第一次人口调查，由警察机构负责，在无警察机构的地方由保卫团负责，采取的是逐户访问的调查方法，登记项目包括姓名、性别、年龄、婚姻状况、职业、出生率、死亡率等。“1912 年人口普查不仅是中国有史以来人口普查项目最为详细的一次，也是此后整个民国时期人口普查项目最为详细的一次。更为难得的是，此次人口普查将各省的人口数按性别、年龄，每 5 岁一组，自 1 岁至 10 岁编列，而对于死于传染病的人口数目也按上述方法分为每 5 岁一组。”[③] 然而，此次人口普查并没有在全国普遍推行，安徽、广东、广西、外蒙古、西藏、青海、察哈尔、川边特别区 8 个省级政区未能参加。

南京国民政府建立后，认为户籍与清查户口及推行地方自治，皆有密切关系，是训政时期初步最要工作。因此，国民政府内政部先后制定颁布了一系列的有关户籍制度的法律法规，以期建立完备的户籍管理制度。1928 年 7

---

① 公安部户政管理局编《清朝末期至中华民国户籍管理法规》，群众出版社，1996，第 167 ~ 170 页。

② 公安部户政管理局编《清朝末期至中华民国户籍管理法规》，群众出版社，1996，第 173 页。

③ 侯杨方：《民国时期全国人口统计数字的来源》，《历史研究》2000 年第 4 期。

月，内政部颁布《户口调查暂行条例》和《户口调查统计报告规则》。8月7日，内政部通令各省市办理户口调查，要求“对于此次调查户口，务须督饬各县，切实确查，如限呈报。从事调查时，并须开导人民实报无隐，不得听凭区、村长随意代填，更不得抄录旧日选民表册，敷衍塞责，并应随时由该厅派员切实抽查。倘发现有不符之处，即将该县长从严惩处”。[①] 江苏、浙江、陕西、湖南、山西、察哈尔、绥远、新疆、辽宁、安徽、河北、山东、湖北、福建、黑龙江等省，以及南京、天津、上海、汉口、北平、青岛、广州等市进行了户口调查。[②]

1929年1月25日，内政部又颁布了《人事登记暂行条例》，规定各省市于户口调查办理完竣后，应遵照《人事登记暂行条例》办理人事登记。人事登记包括出生、死亡、婚姻、继承、分居、迁徙、失踪7项内容，各户主有应行登记事项发生时，须于5日内，报明村公所或里公所登记。村公所或里公所每月须编造登记清册，呈报区公所，转报市县政府。[③] 进行人事登记的省份主要有江苏、浙江、辽宁、热河、察哈尔、山东、福建等省，以及南京、上海、汉口、北平、天津等市。其余各省市因时局动荡或因经费困难而未办理。

1929年7月15日，国民政府为了“增进人民自卫能力，辅助军警维持治安”，颁布《县保卫团法》，将各县原有之乡团及自卫组织一律改组为保卫团。保卫团的编制是每闾为一牌，以闾长为牌长，每乡镇为一甲，以乡镇长为甲长，每区为一区团，以区长为团长，县为总团，以县长为总团长。“甲长牌长联保切结，同甲各户联保切结”，“各居户如有窝藏盗匪、寄顿赃物，或有反革命分子混入煽乱，秘密聚集，或携带违禁物品者，甲长、牌长须随时侦查，指获解送该管官署，依法讯办”[④]。县保卫团组织的建立，目的在于强化政府对基层社会的控制，提高基层社会的自卫能力。然而，自保卫团举办以来，按诸实际情形，均鲜良好效果，不但不能辅助清乡，且与警察

---

① 内政部统计司编《民国十七年各省市户口调查统计报告》，南京京华印书馆，1931，第3页。

② 秦孝仪主编《革命文献》第71辑，第65页。

③ 《人事登记暂行条例》（1929年1月），《保甲运动丛刊》，第19页。

④ 《县保卫团法》（1929年7月15日），《保甲运动丛刊》，第19页。

权限时有冲突，最终不得不将保卫团改为警察队，以期事权统一。[①] 1929 年 11 月 12 日，内政部又颁布《清查户口暂行办法》，规定清查户口由县清乡局长督率区、乡、镇、闾、邻长切实举行，其未经编制区、乡、镇、闾、邻者，依旧组织比照办理。清查户口以抽查法进行，由县清乡局长指定期间及被查之户，派员会同区长或乡、镇、闾、邻长切实抽查。清查时，随即按户填发门牌，令其悬挂。[②]

1931 年 12 月 12 日，国民政府参照英、美、德、日等国户籍及人事登记的法律制度，正式颁布了中国历史上第一部《户籍法》。《户籍法》对户籍及人事登记做了详细的规定。户籍之编造以一家为一户，僧道或其他宗教徒所住之寺院，以一寺院为一户。每户籍管辖区域设户籍主任一人，户籍员若干人，掌理户籍及人事登记事务，于乡镇公所或坊公所内办理。户籍主任由乡长、镇长或坊长兼任，户籍员由乡镇长或坊长指定所属自治人员兼任。户籍主任应对本籍或寄籍户数、人口、性别、年龄，出生之男女及其父母年龄、职业，死亡之男女及其年龄、职业与死亡原因，结婚与离婚之男女及其年龄、职业，男女职业，宣告死亡，户籍变更，迁居，国籍变更等事项的进行统计，分别编造统计季报或年报。人事登记包括出生、认领、收养、结婚、离婚、监护、死亡、死亡宣告、继承等 9 种类型。[③]《户籍法》将原由警察机关办理的户籍业务，改由市政府及各级自治机关办理，以乡镇坊自治区域为户口编查区域。由此，使南京国民政府逐步将晚清以来“户警合一”的管理形式转变为“户警分立”。[④]

二　保甲户籍制度的建立

1932 年 8 月，鄂豫皖三省“剿匪”总司令部成立。为严密民众组织，彻底清查户口，增进自卫能力，完成“剿匪清乡”工作起见，总司令部颁布

① 秦孝仪主编《革命文献》第 71 辑，第 64 页。

② 立法院编译处编《中华民国法规汇编》，中华书局，1933，第 108～109 页。

③《户籍法》（1931 年 12 月 12 日），《中华民国史档案资料汇编》第五编第 1 辑，政治（一），第 293 页。

④ 姚秀兰：《论中国近代户政管理法律制度》，《政治与法律》2005 年第 3 期，第 152 页。

《剿匪区内各县编查保甲户口条例》。"剿匪"区内各县长应根据实际情形，划分全县为若干区，依照本条例规定，限期编组保甲，清查户口。在编组保甲清查户口期间，得由各该县长选派地方公正人士为保甲户口编查委员，分赴各区协同办理。编查委员所需经费由县政府酌量支给，不得由地方供应。保甲之编组以户为单位，户设户长，十户为甲，甲设甲长，十甲为保，保设保长。保甲须按户口及地方习惯及地势限制进行编组：各户由各甲之一方起，顺序比邻之家屋，挨户编组；保甲内之住户，有因避匪全户出逃者，应暂时保留其住户顺序，俟归来编组。寺庙、船户及公共处所，应以保为单位，分列字号，分别编查。寺庙列为庙字号，船户列为船字号，公共处所列为公字号，按照所定表格填写。户口之编查由县长监督，编定及清查门牌由甲长执行，复查由保长执行，按月至少一次。抽查由区长执行，按季至少一次。甲长、保长对于本保甲内之寺庙、教堂、教会、会馆、船户及其他公共处所应随时考查。清查户口应按编定各户挨次发给门牌，令其照填张挂户外易见之处，不得遗失毁损，各住户应填写之户口调查表亦须据实照填，不得隐瞒捏报。户口编查完竣后，分别普通户口及外国人寄居中国户口为第一表，船户户口、寺庙户口为第二表，由县长统计分呈省民政厅及行政督察专员公署存查。①

由于鄂、豫、皖、赣等省编组保甲，清查户口，成效显著，江苏、浙江、湖南、福建、陕西、甘肃等省纷纷相继效仿办理。1935 年 7 月 19 日，国民政府军事委员会委员长行营公布《修正剿匪区内各县编查户口条例》和《修正剿匪区内各县户口异动登记暂行条例》。与此同时，国民政府内政部通令全国各省："确定保甲为地方自治基本组织，纳保甲于自治组织之中，以保甲代替闾邻，以乡镇代替联保；取消县保卫团，依保甲组织壮丁队代替之，其警备地方之常备武力，则别代之以保安团队；保甲组织应同属于民政厅，壮丁队、保安团队则一并由省保安处办理，省保安处直属于省政府；暂行停止《户籍法》之实行，依照编查保甲户口条例，办理户籍及人事登记，但应按照《户籍法》将该项条例酌加补充。"② 至此，各省市开始普遍编组

① 公安部户政管理局编《清朝末期至中华民国户籍管理法规》，群众出版社，1996，第 209 ~ 211 页。

② 秦孝仪主编《革命文献》第 71 辑，第 264 页。

保甲，清查户口。

利用保甲组织清查户口的步骤大致可以分为三步。第一步是户口调查。户口调查由乡镇长或联保主任，督同保甲长分头进行。调查表册都由上级机关颁发，调查表有下面几种：一为普字号户口调查表，是调查普通居民用的。二为庙字号户口调查表，是调查庙宇用的。三为公字号户口调查表，是调查公共机关用的。四为外字号户口调查表，是调查外侨住户。五为船字号户口调查表，是调查船户用的。调查登记之后要复查。在甲，由保长复查；在保，由乡镇长复查。复查的目的一是考查调查人员的成绩，调查的户口是否确实，二是纠正错误，若户口调查表所载的事项如有错误或遗漏，应立即加以补正，以保证准确。然后是抽查。在户口经过复查以后，为力求准确真实，由政府机关派员挑若干户去查询。第二步是编门牌。编门牌的作用在于整理各户居住家屋，使户籍登记有系统、有秩序，既便于户口查核，也方便通讯投递。门牌的编号以路、街、巷为单位，以门为标准。同一条的路、街、巷，虽然可能分属不同的保、乡镇或县，但仍以路、街、巷的全程为起讫，不分县、乡镇与保的界限。因为以门为标准，所以虽为一户而有多门者的，不论前门、后门、边门、旁门，都依其坐落的路、街、巷各编一号。如一门内有数户，也只编列一号。乡村如不能分清路、街、巷的，则以村落为单位进行编列。先根据户口编查册及编查单，按各路、街、巷逐号编查填报。而后根据调查内容制定门牌，等门牌制作完成后，再行钉设。木质门，钉于右旁门；石质门，钉于右边大门上；店面无门可钉者，钉于排门上桁中间。编钉及整理门牌事务，由乡镇主办，保、甲长负责编查协助。第三步是建立户帖。户帖的编制以保、甲为单位，以户为标准，依照户口编查册内的姓名、人数填入户帖，分别按户发帖。户帖应粘贴门内易见之处，以便考查。发帖以后，两户之间产生新户或一户分作两户时，应立即添置，其号次以上首为标准，编为某户一、二、三等号。如一甲之内，增加户数在六户以上者，自行另编新甲，以符编制。户帖应由保甲长办理，乡镇长负监督指导。①

清查户口是一种静态的记载，人事登记则是一项动态的考查。住户发生

---

① 毛独时：《战时保甲的实施》，上海大众分局，1938，第47~49页。

户口变动，如出生、死亡、认领、收养、结婚、继承或迁徙、分户、雇佣等情况时，户长应在三日之内，口头报告于甲长。并将增减人口，写在本户户帖内自行注明。如遇弃儿无人收养及无名死尸，应由发现人或该甲附近住户户长报给甲长。本户如有留宿外地客人，或家人外出而寄宿他处者均应报告于甲长。发觉形迹可疑之人潜入本甲时，户长应立即密告于甲长。甲长根据户长报告的户口异动情况填写报告表，并在本甲户口册内分别登记或注销，并将报告表签名盖章，转送保长。甲长对所管甲内的住户随时查察，遇有住户人事变动，在规定时间内应报而不报者，应一面告诫一面责令报告。至少每月按户清查一次报告给保长。保长接到报告表，应随时将各甲户口异动情况在本保户口册内分别登记或注销后，而后将报告表签名、盖章转送乡镇长。保长对于所管保内之住户，应随时抽查，遇有户口异动未报告者，应责成该甲长填报。至少每月轮甲复查一次，报告乡镇长。每届月底，汇制户口异动统计等表，报送上级机关查核。

1937 年，内政部颁布《保甲条例》，通令各县地方原有一切自卫组织，均应依本条例之规定，改组保甲。保甲以户为单位，户长由家长充任，甲长由本甲内各户户长推选，保长由本保各甲长推选。甲应挨户编组，保应挨甲编组。编组保甲，应先清查户口，填具户口调查表，编入户籍册，并逐户填发门牌。保甲编定后，乡镇、区公所应分别编造本籍、寄籍户数、人口、性别、年龄、职业统计表，船户、寺庙户数、人口、性别、年龄统计表，以及侨居外国人之户数、人口、性别、年龄、职业、国籍统计表，报县政府汇报省政府备查。各户户长遇有出生死亡或婚嫁迁徙等户口异动，知有窝留匪犯或寄藏赃物者，知有形迹可疑之人潜入时，应即报告甲长。甲长接受户口异动报告后，应即报告保长，保长应即报告乡镇长、区长。[①] 至此，国民政府从法律上确认了保甲户籍制度在全国推行。1937 年，江苏、浙江、江西、安徽、河南、甘肃、绥远、宁夏、广西、福建、湖北、湖南、四川、贵州、南京、北平 16 省市已完成了保甲编组，广东、陕西等省正在编组，其他省份也在筹办之中。[②] 抗战前，内政部为筹办国民大会代表选举，需要全国各

---

① 公安部户政管理局编《清朝末期至中华民国户籍管理法规》，群众出版社，1996，第 227 ~ 229 页。

② 李宗黄：《现行保甲制度》，中华书局，1943，第 31 页。

行政区人口数字，曾通电各省市政府，查报所属各县局最近户口实数。先后有30个省市呈报了户口实数。而其资料来源，大部分是根据保甲户口所得。①

抗战爆发后，户籍的重要性尤为突出。首先户籍为兵役的先决条件。征兵为战时重要急务。然而，“征兵必须依据属籍身份与年龄，以定配赋之标准，始能适合公平、公正的原则，故必须有翔实确切之户口册籍，以为依据。如各区域内之役龄壮丁及缓征、缓召、免役、延役人数，均为承办役征人员所必须明了者，无完善之户口册籍，则各种数字，无从查考，势必任意征调，弊端百出”。② 可见，户籍不仅直接影响后方役政，还间接影响前方军事。其次，战时人力物力之统制与动员有赖于完善的户籍。因为只有明了人口之性别、年龄职业、教育程度，始能分配适宜之工作；只有明了各种人口之数量及分布，才能征发适宜之人工，计算适量的粮食及一切物资之消费程度。为此，国民政府退守四川之后，开始着手改进和完善户籍制度。

1939年，行政院政计划委员会邀集有关专家，成立户口研究小组。经各方研究，一致认为之前的“户籍行政现状之纷乱，有积极调整之必要”，“过去所办之保甲户口与警察户口均偏重事实人口，不足以为推行自治之依据，现行《户籍法》偏重法定人口，不足以适应战时需要”，因此建议“仍以《户籍法》为办理登记之母法，拟订《修正户籍法施行细则》以登记法定人口。另订《暂居户口登记办法》《迁徙人口登记办法》以登记事实人口”。③

新县制实施后，内政部依据《县各级组织纲要》第58条之规定制定了《县保甲户口编查办法》，并于1941年9月18日公布实施。办法规定，编查保甲户口，全县应同时举办，以县政府为主办机关，并就县境各机关团体派员协助办理。凡同一住所、同一主管人之下共同生活及共同营业，或共同办事者为一户。并根据不同之性质分为普通户、船户、寺庙户、公共户、外侨

① 米红、蒋正华：《民国人口统计调查和资料的研究与评价》，《人口研究》1996年第2期，第46页。

② 殷梦霞、田奇：《民国人口户籍史料汇编》第13册，国家图书馆出版社，2009，第127～128页。

③ 殷梦霞、田奇：《民国人口户籍史料汇编》第13册，国家图书馆出版社，2009，第127～128页。

户、特编户、临时户7大类。编户时，应设定标准起点、顺序，挨户编组，发给门牌。除普通户外，门牌上应注明各户之性质。编组保甲，应同时调查户口，填具户口调查表，按保汇订成册，并另缮一份送乡镇公所，由乡镇公所汇编成册，并另缮一份送县政府编制全县户口统计表呈送省政府，由省政府汇制全省户口统计表咨送内政部。保甲户口编查完竣后，乡镇公所应依《户籍法》及其施行细则之规定，继续办理户籍和人事登记及暂居户口之异动登记。[①] 之后，内政部又颁布了《暂居户口登记办法》（1942年6月7日）、《各省市办理户籍及人事登记实施程序》（1943年2月25日）、《迁徙人口登记办法》（1943年7月28日），通令各省市继续办理人事登记和户口异动登记。至1943年12月，四川、贵州、广西、宁夏、青海、成都、湖南、湖北、安徽、江西、云南、陕西等省市共667个县实施了人事登记和户口异动登记。

在制订各项户籍法规的同时，国民政府也开始统一设立各级户籍管理机构。“民国以来，户籍行政列为内务行政，惟三十年来，因囿于政治环境，自中央至地方，对于户口查记事务，均各自为政，于是所谓警察户口、保甲户口、普查行政、户籍行政之分，同一事务，而有数个不同之主管机关，系统紊乱，权责不专，因之登记事务，亦陷于分歧凌乱之状态中。”[②] 抗战时期，国民政府正式开始统一设立户籍管理机构。1939年9月，国民政府颁布《县各级组织纲要》，规定乡镇公所设民政、警卫、经济、文化四股，各股设主任一人，干事若干人，须有一人专办户籍，由副乡镇长及乡镇中心学校教员分别担任，并应设专任之事务员。[③] 同年，内政部在民政司内增设户政科，专管户政。1942年7月，内政部将户政科升格为户政司。与此同时，内政部督促各省市充实各级户政机构。1944年，内政部颁布《省市县各级户政机构充实办法》，要求各省民政厅设户政科；各县县政府于民政科或警佐室设户政股；院辖市警察局设户政科，分局设户政股；省辖市警察局于行政科设户政股，分局设专人员警办理；乡镇公所于民政股设专任

① 内政部户政司编《户政法规辑要》，1945，第87～89页。

② 殷梦霞、田奇：《民国人口户籍史料汇编》第13册，国家图书馆出版社，2009，第208页。

③ 《县各级组织纲要》，秦孝仪主编《中华民国重要史料初编——对日抗战时期》第四编，战时建设（二），第1995页。

户籍干事，并酌设助理员。内政部设户政司，下设五科，简任技正1人，科长5人，视察5人，督导员12人，科员20人。省民政厅、院辖市民政局之户政科，以人口为标准，不满500万者，设科长1人，技正兼督导员1人，科员技士各3人。人口满500万以上不满1000万人者，设科长技正各1人，科员技士各4人。人口满1000万以上者，增设科员技士各4人。县政府、省辖市民政局内之户政科以人口数为标准，20万以上之县设科员技士各2人，书记2人，超过20万以上每超过10万人口增设科员技士各1人。乡镇设专任户籍干事1～3人，保长对户口变动，负有查报及代填申请书之责，并设事务员1人。[①]

三　浙江保甲户籍之管理

1929年6月26日，浙江省政府颁布了《浙江省户籍条例》，作为国民政府《户籍法》制定之前使用的过渡性地方户籍法规。根据《浙江省户籍条例》的规定，户为一宅数户者以数户计；父子、夫妇及同父兄弟虽分灶而经济尚未独立者，以一户计；异居者各为一户；外姻、同族相依过度及友朋只身寄居者同列一户。按其性质，户又分为民居户、商店户、机关户、寺庙户四种。凡在浙江省区域内居住者，无论其久居还是暂居，除了受其他条约规定的外国侨民外，都一律需要登记调查。户口调查分为定期调查和临时调查。定期调查每十年举行一次，临时调查由各地方行政机关决定。户口调查的事项包括居民的出生、年龄、教育程度、职业、婚姻、死亡。[②] 除了户口调查外，户籍条例还规定了人事登记，以便政府掌握居民的动态。然而，由于国民政府在同年相继颁布了《县保卫团法》和《清乡条例》，要求各省厉行保甲，清查户口，肃清匪源，从而使《浙江省户籍条例》并未真正得以推行。

1930年，浙江省根据国民党中央的要求，通过了《肃清盗匪厉行保甲运动案》和《浙江省保卫团法施行细则》，决定举办全省总清乡，以保卫团

---

① 殷梦霞、田奇：《民国人口户籍史料汇编》第13册，国家图书馆出版社，2009，第209页。

② 浙江省民政厅编印《浙江民政年刊》上册，1929，第210页。

办理保甲与警卫事宜。保卫团之编制，每闾为一牌，以闾长为牌长；每乡或镇为一甲，以乡长或镇长为甲长；每区为一区团，以区长为区团长；县为总团，以县长为总团长。保卫团的一个重要职责就是清查户口和人事登记。①清查户口。牌长受直属甲长之指挥监督，甲长受直属区团长之指挥监督，办理该牌甲内户口编查、人事登记及保持该牌甲内之安宁。各区户口，由区团长分别督率甲长、牌长清查，依照户口调查表式，翔实填注。牌长清查本牌户口后，须制作本牌户口清册，报由甲长复查，底册由牌长保存。甲长接到所辖甲内清册时，须按照所填事项，挨户复查，更正舛漏，录造本甲户口清册，报由区团长抽查，各牌原缴清册，存乡镇公所。区团长接到所辖各甲户口清册时，须就册内所填事项，择要抽查，更正舛漏，顺次汇编，缮具本区户口清册，再分类统计，列于册端，事报总团长，其各甲原缴清册存区公所备查。总团长接到所辖各区清册时，应即分别派员抽查，汇齐缮订成册，再分类统计另立专册，呈报民政厅长备查，各区原缴清册，储存县政府。清查户口时，凡牌内有素质不良、吸烟好赌无业者、外来寄居、在逃匪盗、曾犯刑事案件者，须详晰填注，汇编成册，转报备查，并由区团长分督饬各甲长、牌长注意查察。同邻各户，负连坐责任，应互相诘察。户口清查终了时，由区团长、甲长按牌责成牌长，联同牌内各户，依照连坐结式，缮具连坐结，由区团长呈缴县政府备案。党部、官署、学校、商铺、工厂祠堂、寺庙会馆及其他公团会社及一切公共处所，皆由该直辖牌长责成主持人，出具连坐结。②人事登记。户口清册完毕后，遇有人事变动，如出生、死亡、婚姻、继承、更名、改姓、分居、迁移失踪、寄居、收养、开张、歇业等情况，户主应于五日内报告给直辖牌长，由牌长依照制定表式登记，每旬送由甲长转报区团查册更改，再由区团长依人事登记清册及区内户口变动统计表，每月呈报总团长查册更改，再由总团长造具全县户口变动统计表，每季汇报给民政厅。①

1933 年 4 月，浙江省民政厅参照《户籍法》制定《浙江省人事登记暂行规程》，共 48 条，第 28 条规定凡管辖区域，土地区划名称及门牌号数有

① 中国国民党浙江省执行委员会宣传部编印《保甲运动丛刊》，1931，第 50～60 页。

变更时，登记簿所记载之区域区划名称及号数，应即按照更正。[①] 之后，又制定各项登记声请书、登记簿、户口变动月报表等30余种，令饬各县先就指定实施进行方案各乡镇试办，龙泉县只有一个乡镇进行试办。[②] 然而，由于"各县均感人事登记手续繁重，不易推行，虽奉令指定乡镇试办，而试办经年，其办理成绩可观者，寥寥无几"[③]。

1934年8月22日，浙江省民政厅公布施行《浙江省保甲章程》及实施程序，正式开始在全省编查保甲。1934年10月，内政部长黄绍竑被任命为浙江省政府主席。并全面参照"剿匪"区域的保甲编查办法，于1935年3月颁布了《修正浙江省保甲章程》和《浙江省整理保甲计划大纲》。关于户口编查，章程和大纲强调保甲之编组以户为单位，户设户长，十户为甲，甲设甲长，十甲为保，保设保长。保甲须按照户及地方习惯及地势限制及其他特殊情形加以编组。各户由各甲之一方起顺序比邻之家屋挨户编组，编余之户不满一甲者，六户以上得另立一甲，五户以下并入邻近之甲。编余之甲不满 一保者，六甲以上得另立一保，五甲以下并入邻近之保。凡未编入闾邻之公共处所归入所在地之甲编为公共户，但有住户在内者，仍就各户编查。寺庙以主持为户长，列为庙字号；公共处所以主管人为户长，列为公字号；船户以船主或领船者为户长，同一船主有若干船者，编为若干户，列为船字号；外侨住户，应与普通户一律编查，但免除其保甲任务。户口、门牌经复查后应按户填给户帖，张贴门首。调查户口时，应将已否烙印之民有枪支种类、数目一并调查，附记于户口调查表备考栏内。住民填报户口不实者处以十元以下之罚金。[④]

为严密编查保甲户口起见，浙江将全省划为12个保甲指导区，除处州所属划为两个指导区外，其余均依照旧府属区划，每个指导区由民政厅派保甲指导员一人，会同该管区行政督察专员及县长巡回督促指导。保甲编组委员，由各县原有自治巡回协助员及保甲指导员中选择。保甲编组委员秉承县长核民政厅保甲指导员之命，督同乡镇长负责办理编组保甲。编组之后，由

① 《浙江省人事登记暂行规程》，《市政季刊》第1卷第2期，1933，第32页。

② 《人事登记之试办》，《政治成绩统计》第5期，1934，第226页。

③ 《保甲概要》，第9页，龙泉市档案馆藏，档案号：临-2-111。

④ 浙江省民政厅：《修正浙江保甲章程及整理保甲计划大纲》，《保甲制度》，第5~24页，龙泉市档案馆藏，档案号：临-2-111。

保甲编组委员将本乡镇之整理情形，连同户口调查表、保甲清册、户口统计表、壮丁名册、各户户长姓名表呈县存查。县长应亲自或派主管科长前往抽查，如发现办理不力，或有虚报情形，应将经办人撤换，另行派员接办。全县编组完毕后，县长应整理情形，连同户口统计表、保甲清册，分别呈报备案。①

按规定，保甲编组完竣后，必须实施人事登记。由于之前的人事登记规程"所订项目过多，手续繁重，书表复杂，人民知识程度既难适应，办理人员亦多未尽明了，以致难行"，为避繁就简，易于推行起见，浙江省又于1935年5月颁布了《浙江省人事登记暂行办法》，将原有试办人事登记一律停止。将出生、死亡、认领、收养、结婚、离婚、继承、迁徙、分户九种登记，以及他事项如失踪、营业开张、营业闭歇等因而发生户口异动者，分别归纳为出生、死亡、迁入、迁出四种登记形式。其中出生包括出产子女，收养他人遗弃之婴孩；死亡包括人口死亡和人口失踪；迁入包括结婚娶媳、女子离婚后回归娘家、收养他人子女、认领非婚生子女、雇佣、并户、开张营业；迁出包括女儿出嫁、离婚离开婆家、子女被收养、子女继承他人、家人被雇佣、分户、营业闭歇。本户如有出生、死亡、认领、收养、结婚、离婚、继承、迁徙、分户、雇佣等事项时，应即三日内口头报告于甲长，并将增减人口填于本户户帖相当栏内。本户有留客寄宿或家人除外作经宿之旅行及寄宿者之别去或旅行者归来时报告于甲长。发觉有形迹可疑之人潜入本甲时密告于甲长。甲长应于所管甲内住户，随时查察，保长应随时将各甲户口异动在本保户口册内分别登记，转送乡镇长。② 至此，浙江省建立了比较完整的保甲户籍管理制度。

四　战时龙泉保甲户籍之实施

抗战爆发后，浙江省会杭州于1937年12月24日沦陷，杭州的许多机关团体

① 浙江省民政厅：《修正浙江保甲章程及整理保甲计划大纲》，《保甲制度》，第30～42页，龙泉市档案馆藏，档案号：临－2－111。

② 《浙江省人事登记暂行办法》，《保甲概要》，第9～11页，龙泉市档案馆藏，档案号：临－2－111。

和企事业单位不得不南迁，其中有220家迁驻龙泉县。浙江省政府、民政厅、财政厅等机关也于1942年迁驻龙泉，省主席黄绍竑经常往返于龙泉、云和、庆元和景宁之间。龙泉作为浙江抗战的大后方，各项工作均积极推行，成为战时浙江的模范县。就保甲户籍的实施而言，战时龙泉也走在其他县份的前列。

首先，龙泉县非常重视户籍管理，并较早地在乡镇设立了户籍管理人员。1939年，浙江省又颁布了《浙江省户口总检查办法》，要求各县举办户口总检查，各乡镇设立户口督察员，各保设立户口检查员，由乡镇公所事务员、书记、保长、副保长、甲长、优秀壮丁、当地教员充任，进行户口总检查。1940年7月20日，浙江省民政厅长阮毅成训令各县，要求各县民政科指定科员、事务员、书记各1~2人，专办户口调查及人事登记事项，乡镇公所指定事务员专管户籍，保甲长应按月负责查报户口异动。[①] 根据民政厅的要求，1940年龙泉县在民政科设立了专办户口调查和人事登记事项的事务员和书记员，以叶多林为科员，项应铨为事务员，李彦为书记。同时，在乡镇公所设立事务员1人专门负责户籍管理。1942年4月15日，龙泉县设立户政室，以民政科科员陈青为代理主任，项应铨为科员，刘得勃为事务员。同年4月，县政府鉴于“各乡镇公所户籍人员程度参差不齐”，认为“乡镇公所户籍人员为办理户政业务主要人员，任其事者，学识经验应须优良，并守纪律，负责任”。为此，县政府决定对各乡镇户籍人员予以全面审核和调整，并向全县招考乡镇户籍干事。1943年，又将户政室改为户政股，全县各乡镇全部设置了户籍干事。[②]

表3-1　龙泉县各级户籍人员名单（1943年）

县区乡镇	职　别	姓　名	年　龄	县区乡镇	职　别	姓　名	年　龄
县政府	户政股主任	陈　青	38	福泽乡	户籍干事	张　韶	24
县政府	科员	李师龙	49	双平乡	户籍干事	周正礼	30
县政府	书记	赵天爵	27	道泰乡	户籍干事	管礼乾	32
安仁区	户政指导员	吴保谔	27	雁川乡	户籍干事	叶步高	25
小梅区	户政知道员	张　彬	30	龙门乡	户籍干事	夏发奇	38

① 《户政管理》，《龙泉：浙江抗战大后方》，龙泉市档案局、政协龙泉市文史委员会编印，2008，第73页。

② 龙泉市档案局编《龙泉民国档案辑要》，中国档案出版社，2010，第21页。

续表

县区乡镇	职　别	姓　名	年　龄	县区乡镇	职　别	姓　名	年　龄
八都区	户政指导员	杨　峻	30	小梅镇	户籍干事	周　璋	34
东升镇	户籍干事	蔡起雯	34	查川镇	户籍干事	杨　毅	34
西平镇	户籍干事	徐起蛟	32	屏南乡	户籍干事	汤文凤	28
剑池乡	户籍干事	梅东海	26	三溪乡	户籍干事	童庆佳	23
民权乡	户籍干事	余和章	34	茶丰乡	户籍干事	张企江	32
福源乡	户籍干事	孙萝蛟	30	桐溪乡	户籍干事	李斯仁	37
金石乡	户籍干事	郑兆堃	28	剑湖乡	户籍干事	徐家齐	22
梧垟乡	户籍干事	徐老郑	20	兰巨乡	户籍干事	翁福祉	44
黄鹤乡	户籍干事	曹　劲	22	八都镇	户籍干事	周正乐	27
上东乡	户籍干事	郑鹤云	26	瀑云乡	户籍干事	叶庆云	26
安仁镇	户籍干事	叶宗山	23	岱垟乡	户籍干事	徐　珂	21
金田乡	户籍干事	潘道环	24	住龙乡	户籍干事	吴维富	31
天平乡	户籍干事	潘道水	24	宝溪乡	户籍干事	吴华宗	25
龙南乡	户籍干事	叶高新	38	锦溪乡	户籍干事	熊履球	26
龙溪乡	户籍干事	何应升	20	竹垟乡	户籍干事	雷碧生	23

资料来源：龙泉市档案局编《龙泉民国档案辑要》，中国档案出版社，2010，第22页。

其次，抗战时期龙泉坚持实施户口定期调查和临时抽查。战时龙泉作为浙江抗战的大后方，除了省会杭州各机关搬迁至龙泉外，还有其他县市60余单位迁驻龙泉，人口众多，人员庞杂，因此强化户籍管理显得非常必要。1940年7月，龙泉县实施了户口总复查，并造具户口复查静态统计表呈送第九区行政督察专员公署。1941年5月，第九区行政督察专员公署保安司令部训令："理清户籍为杜绝汉奸、间谍、土匪混迹最有效办法。办理人事登记案级督促所属申请户口异动登记，做到户必入册，口必属户，确定人之属籍，明了人之身份，以保户口确数。"① 为此，龙泉县在每甲设置值日户长，由各户长轮流值日，专门负责每日人口异动登记。1941年11月25日，龙泉县颁布《龙泉县户籍整理计划》，将户籍整理分为初期整理、经常整理和临时抽查三种，要求各乡镇户籍人员切实遵行。1942年11月，龙泉县又对城区各乡镇分段展开户口清查，制定了《城区户口清查办法》，共计12条，各

① 龙泉市档案局编《龙泉民国档案辑要》，中国档案出版社，2010，第21页。

乡镇同时进行了户口清查、登记和户口异动调查，并按月填表上报。[①]

1943年4月5日，浙江省颁布了《浙江省县保甲户口编查办法实行细则》，规定各县自第一次编查后，应于每年度开始后，依编查办法之规定，同时整理保甲，复查户口一次。各县编查保甲户口，应以乡镇为区域，根据乡镇内村街，自然形势与户口概数，勘定保之范围，分保按户查编，全县各乡镇同时举办。各县办理保甲户口编查，应于事前依照《修正浙江省各县编钉门牌暂行办法》之规定，以房屋为单位，继而编门牌。户设户长一人，由该户之家长担任，如家长因故，或女性家长不愿充任户长时，自行指定成年人一名为户长，无成年人者，以其监护人担任。铺户以业主或经理人为户长，寺庙户以住持为户长，公共户以首长为户长。各县编查保甲户口，应由县政府按照各乡镇所辖保数之多少，每乡镇派定督查员一人或二人，担任督察指导及协助编查事宜。督查员由区长及区署指导员、县属机关委任职以上人员、其他地方团体适当人员担任。各乡镇编查保甲户口，应由督查员会同乡镇长，按照各保所辖甲数多少，每保配置编查员一人或三人，督查员由乡镇公所各股主任、干事及事务员、各保保长、副保长、乡保学校教员及其他地方知识分子担任。住民拒绝户口编查，或报告不实，意图蒙混包庇者，处以五元以上三十元以下之罚款，或以二元易处营役一日，必要时可以采取搜索逮捕的紧急处置。[②] 并通令各县，自5月1日，重行编查保甲户口，6月底以前全部办完。[③]

1943年4月，龙泉县根据《浙江省县保甲户口编查办法实行细则》制定了《龙泉县编查保甲户口程序》，规定龙泉县保甲户口编查工作分为编户、查口、整理保甲三大步骤。

编户，即先确定保之范围，然后依照立户标准及保甲编制标准挨户调查统计，并拟定甲户次第，作为整理保甲的依据。保之范围的确定，由乡镇长会同各保保长，根据以乡镇内的自然村街为单位，可以单独一村街或合并数村街，根据所在区域的户口详情确定每一保的范围，力求保持村街完整。编

---

① 《户政管理》，《龙泉：浙江抗战大后方》，龙泉市档案局、政协龙泉市文史委员会编印，2008，第75页。

② 《浙江省县保甲户口编查办法实行细则》，《浙江省政府公报》1942年第3081期，第38～40页。

③ 《浙江省政府训令》，《编查户口卷》，龙泉市档案馆藏，档案号：10－1－423。

户的次序，村街者从保内村街一方最边端的住户开始，顺次接编，或以交通道及河流为干线，绕围干线开始逐渐向两旁扩编，或由村街之中心向周围扩编。山地者，由山之一端至另一端，或由山顶至山脚，或由脚至山顶，兼顾其自然形势，依序编户。确定户之类别。所谓“户”，系指在同一处所、同一主管政令人下共同生活，或共同营业，或共同办事者而言。所以，户之成立必须具备三个条件：同一处所、同一政令主管人、共同生活或共同营业或共同办事。处所，系指一所房屋、住宅、院落，或其他场所，有共同门户，又均可相通者。船舶属于流动处所，应以一船舶为处所。主管人，即为一户之内实际管理全户事务之人，即户长。共同生活，系指在同一处所内共同食宿而言。共同营业，指在同一处所内，同一营业组织共同办理营利业务。共同办事，指在同一处所内，同一机关组织共同办理公共事务。此外，各种户内如有不同性质之户附居或附设者，应依其性质分别立户。编户之后，编查人员应即确立户长。户长为户内实际直接管理全户事务之人，也就是主管人。普通户内之住户，以家长为户长，如家长因故或因为女性不愿充任户长者，须户长指定生一个成年人为户长。无成年人者，以其监护人或较近之亲属担任。未成年人如能操作营业，独立成户，也可视为户长。普通户内之铺户以营业主或经理为户长，合资店铺以管事之股东为户长。寺庙户以住持为户长。公共户以主管人或负责人为户长。确定户长后，应将已编定之户分别拟定甲户次第，制作保甲户次编查表。

表 3－2 户之分类

类别		相关说明
普通户	住户	即为普通住家，凡在同一住宅、同一家长主管之下，共同生活者均编为一住户
	铺户	即为营业户，凡在同一处所同一主管人统率之下，共同营业者，均编为一铺户。例如商店、公司、行号及其他一切营业组织均属之
船户①		凡在陆上无一定住所，以船为家者，以一船编为一船户。所谓以船为家，即指全家人口在同一家长主管之下，同居船上共同生活者而言。编组船户，采取属地主义，以常泊地之乡镇为其所属乡镇。常泊地有数乡镇者，以编组时之停泊地或由该户认定之停泊地为其所属乡镇。无一常泊地者，责令认定或由编查人员指定之

① 以船为家依地方情形视为普通户者，仍编为普通户。例如在陆上原有住家，其一部分人口以船舶为谋生工具，居住船上往返航行本县境内者得视为普通户，并编住户内。

续表

类　别	相关说明
寺庙户①	凡寺院、庵庙、宫观、禅林、洞刹、教堂、清真寺等均分别编为寺庙户。所谓寺庙户，系指一切僧道徒众，因信仰宗教离去家庭居住同一寺庙内在，同一主管人之下共同生活者而言，但仅有管理人离去家庭单独居住寺庙内者，亦得编为寺庙户
公共户	公共户，系指在同一处所、同一主管人之下共同办事而言，凡公署、兵营、监狱、学校、工厂、祠堂、会馆、公所及其他公共处所均属之
外侨户	外侨户，专指外国人住户而言。凡系外国人主管之住户、船夫，特别户、临时户，均应编为外侨户。外国人主管之铺户、公共户寺庙户，除编为外侨户外，并应分别附注户别及名称，以示区别
特编户	凡在同一编查区内，五里以内，不满一甲，十里以内，不满一保之畸零居户等均属之。所谓"畸零居户"，专指普通户而言。特编区内有船户、公共户、寺庙、外侨户及临时户者，仍应分别立户附入特编保甲
临时户	（1）编查时临时户：此类临时户专指普通户而言，例如流动靡常之户；在他处另有住所或居所，在编查地居住未满六个月，而在短期内必须迁出之户。如为船户、寺庙户、公共户、外侨户、特别户等，仍应分别立户附入保甲，不得编为临时户
	（2）编查后临时户：凡系保甲编完后新增之户，皆附于所在地或邻近之甲内，编为临时户。所谓"新增之户"，系专指普通户而言，是项临时户，至重新编整保甲时，不论居住地已否届满六个月，概应依法改编为普通户。至新增之船户、寺庙户、公共户、特编户、外侨户及临时户等得依法随时附隶于新在地或附近之甲内，不得编入临时户
空　户	凡宅内原有居民皆他往者，应保留其甲户之番号，待其归来时，再行查填入表，编入保甲
游　民	编组保甲，系以户为单位，无家游民并无一室一家，不能编户，故应进行调查，登入游民登记表，汇订成册

查口，即户口调查。编查人员在办理编户工作的同时还要进行户口调查。保甲户口调查对象，分为常住人口、现住人口及他往人口三种。所谓"常住人口"，系指常时住于所查户口内的人口。"现住人口"，系指调查时在所查户内的人口。"他往人口"，系指原为常住人口，在调查时，不在所属户内的人口。因出征、经商、求学、服公务等常时他往之家属也属此类。住户内应查记户长、家属、雇工及其他实际共同生活之人。因求学、出征、经商服公务等常时他往之人应查记入表。铺户内应查记户长、员工、伙计、学徒及其他人员。公共户应查记户长、职员、工役、救济机关的人员及其他受管束的人员。调查事

① 寺庙户不因建筑物名称为上户标准，虽经寺庙建筑，而无教徒或管理人居住者不得编为寺庙户，但其中如有其他性质之户口居住者仍应依其性质分别编户。

项包括称谓、姓名、别号、性别、年龄、出生年月、本籍、寄籍、暂居、婚姻状况、教育程度、从业或服务处所。编查人员应自编查标准日起，至迟于三日内，将担任编查区域内户口全部编查完毕，并将户口调查表依照甲户次第顺序整理就绪，编具页数，送交保长，装订成册，转呈乡镇公所。户长、保长及编查员应在查口完毕时在调查表内“调查员”“保长”“户长”字下空的白处分别签名、盖章，并由调查员标明调查日期。调查之后，乡镇公所接到各保所送户口调查册后应详加审核，如果发现户口调查表内查记各项有不尽实情形之处，必须派员加以复查、更正。督查人员则实施抽查，每乡镇至少抽查三保，每保至少抽查三甲，每甲按户复查。

整理保甲，乡镇公所在督查员实抽施查之后，立即召集乡镇长及编查员共同确定各保甲户口之顺序，编制保甲。其原则为：一般保甲的编组，以普通户（包括住户与铺户两种）为主体，其余船户、寺庙户、公共户、外侨户、特编户、临时户等，均为保甲之附体。编排中应严格遵守十进原则，即十户为一甲、十甲为一保，在户口密集的地方，为适应地方自然形势与便利保长甲之管理，可以超过十进之原则，但最高不得多于十五甲或十五户，以便利保甲长之管理。山谷畸零之居户，在邻近五里以内，三户以上不满六户者，得编为特编甲。二户以下仍附隶于邻近之甲。在邻近十里以内无保可并时，三甲以上不满六甲者，得编为特编保。二甲以下，则隶于邻近之保。船户、寺庙户、公共户、外侨户、特编户、临时户，附隶于乡镇保甲内的数目不受限制。保甲户次序的名称以数字定之，户的顺序按甲来定，甲的顺序按保来定，保的顺序按乡镇来定。寺庙户、公共户、外侨户以及不满六户之船户、临时户、不满三户之特编户等不另编甲，而附于所在地或邻近的普通户之甲内。①

《龙泉县编查保甲户口程序》颁布后，龙泉县政府遵照规定，决定于1943年5月1日开始进行保甲户口编查。编查之前，龙泉县政府选派了34名督查员，每乡镇分派1名。4月20日，34名督查员分赴各乡镇公所，指导和协助各乡镇设立保甲户口编查员，每4甲派定1名编查员。并将各编查员的姓名及其担任地段详细列表，呈报给龙泉县府。4月27日，龙泉县政府召集督查员、乡镇长、户籍干事会议，详细讨论编查事项。4月30日，督查

① 《龙泉县编查保甲户口程序》，《编查户口卷》，龙泉市档案馆藏，档案号：10－1－423。

员会同各乡镇长、保长举行编查讲习会，并集合全乡保甲长及地主、士绅，讲习户口编查的方法、程序及意义。[①] 如锦溪乡在30日召集各保保长会议，派定编查员18人，同时在乡公所召开编查讲习会。[②] 金田乡也在同一天召集各保长、各国民学校教员开讲习会。[③] 自5月1日起，全县正式开始按户编查，同时整理门牌。[④] 编查之后，填具各类表格，包括户口调查表、教育统计表、婚姻统计表、职业统计表、人口性别年龄统计表、残废统计表、乡镇保甲户口统计、户次编查表、门牌编查册、乡户口统计、保甲编制报告表等。[⑤] 此次户口编查是抗战时期龙泉进行的规模最大、调查最为详细的一次。

表3-3　1943年龙泉县区乡镇保甲户口数统计

区乡镇保甲数		区	4		乡镇	34		保	349	甲	3524
户口数/户类		户数	常住人口			他往人口			现住人口		
			合计	男	女	合计	男	女	合计	男	女
总　计		36635	152609	86432	66177	3915	3809	106	148696	82625	66071
普通户	住户	34888	143337	80461	62876	3849	3747	102	13988	76714	62774
	铺户	525	2580	1537	1043	44	40	4	2536	1497	1039
船　户		4	13	7	6				13	7	6
寺庙户		175	235	192	43	3	3		232	189	43
公共户		239	3198	2471	727	1	1		3197	2470	727
外侨户											
特编户		20	86	52	34				86	52	34
临时户		784	3160	1712	1448	18	18		3142	2	
无家游民									2	2	

资料来源：《龙泉县三十二年度区乡镇保甲户口数统计表》，《编查户口卷》，龙泉市档案馆藏，档案号：10-1-423。

① 《为报办理编查户口经过情形附呈县户口统计表祈鉴核存由》，《编查户口卷》，龙泉市档案馆藏，档案号：10-1-423。

② 《为汇送编查户口册十份各类统计表暨编查员名册祈核备由》，《编查户口卷》，龙泉市档案馆藏，档案号：10-1-423。

③ 《为奉令办理三十二年度保甲户口总调查及门牌编查业已完竣兹检同各种表册备文送请核备由》，《编查户口卷》，龙泉市档案馆藏，档案号：10-1-423。

④ 《为事报办理户口调查经过情形连同各种表册祈鉴核由》，《编查户口卷》，龙泉市档案馆藏，档案号：10-1-423。

⑤ 《为呈送本乡三十二年户口调查表暨各种统计表等祈核备由》，《编查户口卷》，龙泉市档案馆藏，档案号：10-1-423。

表 3－4　1943 年龙泉县人口年龄性别统计

年龄＼人数	合计	男	女	年龄＼人数	合计	男	女
总计	152609	86432	66177	6～11 岁	20129	11232	8897
未满 1 岁	2408	1394	1014	12～17 岁	19529	11554	7975
1 岁	2414	1367	1047	18～34 岁	37773	21224	16549
2 岁	3192	1804	1388	35～44 岁	21355	11973	9382
3 岁	3198	1739	1459	45～59 岁	22777	13474	9303
4 岁	3521	1938	1583	60～79 岁	12136	6465	5671
5 岁	3677	2048	1629	80 岁以上	500	220	280

资料来源：《龙泉县三十二年度区乡镇保甲户口数统计表》，《编查户口卷》，龙泉市档案馆藏，档案号：10－1－423。

表 3－5　1943 年龙泉县人口婚姻状况统计

年龄＼类别		合　计	未　婚	有配偶	丧　偶	离　婚
0～16 岁	男	33076	28683	4166	135	92
	女	22649	18092	4223	162	172
16～34 岁	男	21224	7812	12279	764	369
	女	18882	3925	14086	683	198
35～44 岁	男	11973	1442	9097	1054	380
	女	9382	215	8163	893	111
45～59 岁	男	13474	1057	9523	2458	436
	女	9303	65	6773	2334	131
60 岁以上	男	6685	265	3670	2608	142
	女	5951	31	2502	3319	99
总　计	男	86432	39259	38735	3019	1419
	女	66177	22338	35747	7391	711
	合计	152609	61587	74482	14410	2130

资料来源：《龙泉县三十二年度区乡镇保甲户口数统计表》，《编查户口卷》，龙泉市档案馆藏，档案号：10－1－423。

表 3-6　1943 年龙泉县人口教育程度统计

年龄＼类别		合计	初等教育	中等教育	高等教育	私塾	不识字
0～6 岁	男	595	540			55	
	女	398	369			29	
7～11 岁	男	11232	4202	11		227	6792
	女	8897	2034	5		69	6789
12～17 岁	男	11554	3761	327	14	673	6779
	女	7975	1387	74	7	180	6327
18～34 岁	男	21224	3587	1054	349	3659	12575
	女	16549	1231	182	52	357	14727
35～44 岁	男	11973	1433	368	204	2743	7225
	女	9382	317	51	15	211	8788
45 岁以上	男	20159	1106	275	178	4072	14528
	女	15254	217	192	5	339	14501
总　计	男	76737	14629	2035	745	11429	47899
	女	58455	5555	504	79	1185	51132
	合计	135192	20184	2539	824	12614	99031

资料来源：《龙泉县三十二年度区乡镇保甲户口数统计表》，《编查户口卷》，龙泉市档案馆藏，档案号：10-1-423。

表 3-7　1943 年龙泉人口职业分类统计

年龄＼类别		合计	农	矿	工	商	渔	运输	公务	自由职业	服务	其他	无业
12～17 岁	男	11584	8403	12	391	261	1	8	169	22	12	566	1739
	女	7983	41	1	20	7			13	51	4921	545	2386
18～34 岁	男	21234	14894	31	1073	983	24	198	2023	194	75	614	1125
	女	16579	77	2	103	22			96	136	12586	856	2691
35～44 岁	男	11993	8635	18	874	868	26	86	818	64	19	213	372
	女	9412	45		19	26			19	67	7493	488	1255
45 岁以上	男	20191	15587	23	976	1431	32	63	463	96	131	367	1022
	女	15295	47		19	12			18	83	12046	938	2132
总计	男	65002	47516	84	3314	3543	83	355	3473	376	237	1760	4258
	女	49271	210	3	161	67			146	337	37056	2827	8464
	合计	114273	47726	87	3475	3610	83	355	3619	713	37293	4587	12722

资料来源：《龙泉县三十二年度区乡镇保甲户口数统计表》，《编查户口卷》，龙泉市档案馆藏，档案号：10-1-423。

表 3－8　1943 年龙泉县人口残疾状况统计

年龄＼类别		合计	盲	哑	聋	跛	其他
12～17 岁	男	117	26	13	16	34	28
	女	14	3	6	1	3	1
18～34 岁	男	674	94	43	96	188	253
	女	32	4	7	4	6	11
35～44 岁	男	378	71	18	45	92	152
	女	36	7		11	12	6
45 岁以上	男	353	98	11	80	91	73
	女	59	31	2	14	7	5
总计	男	1522	289	85	237	405	506
	女	141	45	15	30	28	23
	合计	1663	334	100	267	433	529

资料来源：《龙泉县三十二年度区乡镇保甲户口数统计表》，《编查户口卷》，龙泉市档案馆藏，档案号：10－1－423。

保甲户籍的建立和实施，强化了政府对基层社会的控制。“过去民众组织的不健全，地方治安问题得不到彻底的解决，其原因很多，而户口没有调查清楚，是重要原因。清查户口是实行地方自治的第一步重要工作，户口不调查清楚，不但出生多少、死亡多少、婚嫁多少、继承如何、迁移如何，无从知道；就是一个地方里面，哪个是品行不端的、哪个是不务正业的，甚至是游民无赖大多混迹于地方，也将无从得知。所以户口不调查清楚，地方恶劣和土匪无从拘捕，地方秩序无法安定。”① 国民政府正是通过恢复和重建保甲户籍制度，将国家权力深入乡村，掌握民众的动向，增强地方自卫，强化地方治安。

保甲户籍制度的重建对抗战时期征役的推行也具有积极意义。战时征兵是以人为对象的，必须依据属籍身份与年龄，以定配赋之标准，始能适合公平、公正原则，因此必须有翔实确切之户口册籍，以为依据。如各区域内之役龄壮丁及缓征、缓召、免役、延役人数，均为承办役征人员所必须明确掌

① 中国国民党浙江省执行委员会宣传部印《保甲运动丛刊》，第 16 页。

握的。如无完善的户口册籍，则各种数字，无从查考，势必任意征调，弊端百出，不仅将直接影响后方役政，而且也将间接影响前方军事。[①] 因此，保甲户籍的建立对于战时役政具有重要意义。另外，战时人力物力之统制与动员，同样也离不开户籍。只有清楚掌握各种人口之数量及分布，才能征发和调配适当的人力物力，以适应战时之需要。

然而，从龙泉保甲户籍实施的情况来看，也存在一些问题。首先是保甲长对户籍制度的建立不够积极，工作敷衍。1943 年 4 月 30 日，安仁区龙南乡编查保甲户口督查员叶菁在该乡召开乡保长讲习会议，传达县府限定三日内完成编查，编查员集中乡公所上交编查表册的命令。然而，“第九保保长周国发阳奉阴违，迟至九日后户册尚未送呈乡公所，该督察员派警催促，一再延宕，听若罔闻”，“周国发身任保长，故意延宕，殊太刁顽。平时办理保务亦均敷衍，此次妨碍全乡户口统计，影响户政进行甚大，拟将该保长周国发予以撤职处分，杀一惩百，以儆将来”[②]。福泽乡第二保保长张宗良，在此次编查保甲户口时不听乡长调遣指挥。[③] 由于保甲长在工作中敷衍塞责，因而使户口编查经常出现错误。如锦溪乡第三保吴世克，曾附居于该保第一甲第五户王懋根处，1943 年户口总调查时，因误零落未编入册，最后在复查时才将吴世克重新编入第一甲第十二户。[④] 小梅镇第十二保所辖之竹森发、念翁坑、朝岱、木辰垟、垟顺等村落，原属屏南乡，后划归小梅镇管辖，在 1943 年的调查户口中，小梅镇和屏南乡均未将该保村落编入保甲。[⑤] 龙溪乡户口调查表与统计表诸多不符，其乡保统计表及乡制报告表迟至 6 月 22 日送府，殊属疏忽。[⑥] 梧垟乡第九保保民李日佑，原住于梧垟乡第九保垟坞地方，1935 年全家迁居城内，抗战爆发后，其全家避乱还乡，遂向梧垟乡第九

---

① 殷梦霞、田奇：《民国人口户籍史料汇编》第 13 册，国家图书馆出版社，2009，第 127 页。

② 《呈报第九保保长周国发故意延宕影响户政进行应予撤职处分》，《编查户口卷》，龙泉市档案馆藏，档案号：10－1－423。

③ 《为第二保保长张宗良不听调遣影响户政工作呈请处分由》，《编查户口卷》，龙泉市档案馆藏，档案号：10－1－423。

④ 《锦溪乡第三保办公处呈文》，《编查户口卷》，龙泉市档案馆藏，档案号：10－1－423。

⑤ 《为小梅镇等十二乡户口漏未查报仰查后并饬造送册表由》，《编查户口卷》，龙泉市档案馆藏，档案号：10－1－423。

⑥ 《为该乡户口调查表与统计表诸多不符着饬户籍干事来府改正由》，《编查户口卷》，龙泉市档案馆藏，档案号：10－1－423。

保报告迁入。然而，1943 年户口总调查时，第九保长方水泉及乡长公然不许该民编入户册。户口总调查之目的，原为明了人口动移，故规定凡在本区域内居住之户，均得调查入册，为户籍法所明定，而该保长不准居于本区域的住户调查入册，给查口及编甲工作带来障碍。① 诸如此类的失误不胜枚举。

对于在户籍编查中玩忽职守乡镇保甲长，龙泉县政府也曾予以明令处罚。1943 年，龙泉县政府训令："此次编查户口，漏未登记者于 1943 年 7 月 15 日以前来府，或径向所在地乡镇保长声请补行登记，如逾期，经抽查尚未登记不实者，定予依法严惩不贷。又令各乡镇长于 20 日以前将各项表册呈送来府备核，倘在规定期间，调查后发生户口异动，应依照省令规定，以户口异动报告各该乡镇公所，特别是户口异动月报表须指定特别负责人员按月送府，倘有贻误，即将户籍干事酌予惩处。"② 对于办事不及时或不利的乡镇长予以处分。8 月底，小梅区三溪乡未尚将户口调查的相关表册上交县府，多次电催后，将该乡乡长李豪记大过一次。③ 此外，民权、福泽、安仁、龙南、福源、道太、龙门、三溪八乡镇也未按时将户口册表按时呈府，经令电迭催赶办，仍无只字具复，以致全县户口无法统计结报，所以，给民权等八乡镇长记大过一次，以昭惩戒。④ 梧垟乡第六保保长徐陈吉、户口编查员邱观根等人查报户口不实，县长徐渊若决定予以该保长徐陈吉等交保候讯。⑤

抗战时期，不少省市政府机关和企业工厂内迁龙泉县，这些单位自视为上级机关，对于龙泉县政府进行的户口编查常常采取敷衍和抵制的态度。如西平镇第七保辖内有浙光旅行社，对于登记人口、编列户册，均抗不填报。西平镇镇长潘土样呈报龙泉县政府，声称："此次户口总调查，原为保持人口之确数及严密保甲，以妨奸宄之治动，而使地方秩序之安定。竟被屡次拒

① 《为梧垟乡乡长调查户口疏忽拒绝编查入册 请求令饬该乡保长准予补编以重户政仰祈鉴核由》，《编查户口卷》，龙泉市档案馆藏，档案号：10-1-423。

② 《为奉令调查漏报及户口异动各项统计表祈核备由》，《编查户口卷》，龙泉市档案馆藏，档案号：10-1-423。

③ 《为仰派员调查三溪乡户口册表由》《编查户口卷》，龙泉市档案馆藏，档案号：10-1-423。

④ 《为该乡镇长据廿八乡镇长对于此次编查保甲户口应送表册延未送府各记大过一次由》，《编查户口卷》，龙泉市档案馆藏，档案号：10-1-423。

⑤ 《令派警送达徐陈吉等传票由》，《编查户口卷》，龙泉市档案馆藏，档案号：10-1-423。

绝登记，其中情弊，不无可疑。为此报请转呈县府调派人员，严为检查，并以相当处分，以免效尤。”① 东升镇户籍干事蔡起雯、第十保保长叶陈松，奉令调查户口，至第十保第三甲的浙江印刷厂进行调查时，该厂经理屠铁珊仅开具该厂工人总数，其余一概置之不理。1943 年 5 月 22 日，户籍干事再次前往复查，又遭经理抵制，并称：“贵县本年抽签很认真，许多工人不愿意在此工作。目前共有七十人，由本人负责，其详细年龄等栏，未便遵填。”户籍干事与经理多次交涉，均未填报。② 对于这些企业和单位敷衍和抵制，龙泉县政府往往也是无可奈何。

经费缺乏也是影响龙泉县户籍编查成效与质量的重要因素。虽然，浙江省制订了经费支给标准，但因财政困难，经费标准过低，加上户籍经费所含项目繁多，包括表册印刷费、训练费、宣传费、户籍人员旅费及伙食费用等。1943 年，龙泉县举行调查户口，原计划所需经费为 520 元。其中城区户口编查及编订门牌所约需费用 135 元，呈奉省政府核准，在抗战经费项下动支。后因部分经费已领付印刷户口清册经费，所以调查全县户口经费预算酌予删减，另编预算计需费 385 元，仍在抗战经费项下动支。③ 龙泉县龙南乡此次奉令办理户口编查，各编查员集中乡公所，转抄册表，伙食经费业经乡务会议决定，由每户摊派国币一元，俾资开支。惟其所需粮食，因本乡乃系缺粮之区，无从购给，计所耗数量共 300 余斤，系向乡内住户预借应付，将来抵达办法，或将本乡仓所收县级公粮项下提购归偿。④ 由此可见，户籍经费之困难。何况，当时户籍人员待遇低，保甲长则是义务性质，没有薪酬。面对烦琐的户口编查手续以及繁多的调查统计表格，难免会出现各种错误。

---

① 《为据报第七保呈浙光旅行社拒绝人事登记转呈鉴核处分由》，《编查户口卷》，龙泉市档案馆藏，档案号：10－1－423。

② 《为据报浙江印刷厂不遵格式查填出生等栏呈请核示由》，《编查户口卷》，龙泉市档案馆藏，档案号：10－1－423。

③ 《为重编复查全县户口经费预算书请核议见复由》，《编查户口卷》，龙泉市档案馆藏，档案号：10－1－423。

④ 《为拟请准予将县级公粮提购部分抵偿户口编查员膳食由》，《编查户口卷》，龙泉市档案馆藏，档案号：10－1－423。

五　保甲规约与联保连坐

保甲规约实由传统中国的乡约发展而来的。历代王朝在推行保甲时，均辅以乡约，以教化民众。“保甲与乡约相为表里者也。乡约废则礼让少，而以势相使，以力相争；保甲废则结报无人，而刁唆告讦之徒皆得以乘其隙。”[①] 南京国民政府推行保甲后，保甲规约也就成为一保之法律，规保民为善，戒保民勿为恶，目的在于约束保民，通力合作，共谋地方自卫、救济，推进地方建设。[②] 保民的生活与纪律，由各保甲自行订定，凡为国家法律所不及的，官厅禁令所不到的，都得以保甲规约为之规范。就积极方面而言，保甲规约有利于民众守法，鼓励民众自助，激发公共心、爱国心，促进保甲的任务，完成地方建设；就消极方面而言，可以防止民众为奸作非，维持地方的秩序，保全社会安宁，使保甲内住民的生活纪律化、军事化，以利保甲任务的实施。[③] 在某种程度上，保甲规约在乡村社会中所发挥的作用要远大于国家法律。

1932 年公布的《剿匪区内各县编查保甲户口条例》规定：保甲编定后，保长即应召集甲长，开保甲会议，协商保甲规约，共同遵守。规约应包括保甲名称、区域及保长办公处地点；编制门牌；调查户口事项；境内出入人民之检查取缔；水火风灾之警戒及救护；匪患之警戒、通报及搜查；防匪碉楼、堡寨或其他工事之筹设；过境公干线，或本区域内应备支线之修筑及电杆桥梁与一切交通设备之守护；经费之筹集征收、保管、支用及办理报销；保甲职员及住民怠于职务之处罚事项；保甲人员之赏恤；保甲会议；其他保持地方安宁秩序之必要等诸多事项。[④] 与此同时，豫鄂皖三省“剿匪”总司令部还制作《保甲规约样式》，要求各保甲仿照制定保甲规约。其格式如下：

“查本保业经遵照编查保甲户口条例编定保甲，兹于某年某月某日由保

---

① 任启运：《与胡邑侯书》，贺长龄辑《皇朝经世文编》（卷 23 吏政九守令下），清道光年间刻本，第 20 页。

② 《保甲概要》，第 13 页，龙泉市档案馆藏，档案号：临 - 2 - 111。

③ 毛独时：《战时保甲的实施》，上海大众书局，1938，47 ~ 49 页。

④ 《剿匪区内各县编查保甲户口条例》，《清朝末期至中华民国户籍管理法规》，第 209 页。

长召集保内各甲长在某处开第几次保甲会议，依编查保甲户口条例第十八条之规定，公开议决本保保甲规约共几条，凡我同保人等，誓共遵守。”

保甲规约的内容大致可分为如下几方面。

（1）保甲区域的划分：本保定名为某县第几区第几保；本保自保内之东界第一甲编起，顺序比邻之家屋，挨次至西界第几甲，共编成若干甲若干户；本保甲所管区域，业经划定界址，东至某处，西至某处，南至某处，北至某处。其中如某村、某堡、某庄、某塘、某寨、某山、某河等处，皆编入在内。另附本保甲所管区域之略图及居民之户数、人数，均详记之；本保保长办公处设于某处。

（2）户口编查：本保编钉门牌、清查户口，概依编查保甲户口条例由甲长同各户户长办理，户长各负据实填报之责；凡因住户迁入、迁出，遇有发生户口异动之情事，户长应即速报告甲长。

（3）社会治安及公共事业：凡遇匪患，经区长通令警戒，或保长认为必要时，应于本保甲所辖境内之出入要道设卡盘查，凡出境入境之人，认为形迹可疑者，均应诘问搜检，并得带交保长分别查明发落；凡遇水、风、火灾，本保甲之壮丁突然鸣锣三响，应即各携用具齐赴灾场，服从保甲长之指挥，协力警戒救护；凡遇匪警鸣锣通报或挨户分报，由保长随时酌定通告之。本保甲之壮丁应依保甲通告所指定之地点，立刻集合，服从保甲长及军警长官之指挥，协助警戒搜查；关于本保筹建碉楼、寨堡及其他防御工事，经保甲会议议决举办，或奉上级官厅命令办理者，同保人等，均应协力遵行，不得观望；关于公路之修筑与一切交通之设备守护，经保甲会议决定办理，或奉上级官厅命令办理者，均应一体协力工作，加意维护，不得违误。

（4）保甲经费：本保甲所需经费之筹集；保甲经费之支出；保甲经费之收支，依照编查保甲户口条例之规定，除由保长编查预算清册，呈由区长转报县长查核外，应按月将收支实数，列表张贴于保长办公处前，公开周知。

（5）保甲长会议：保甲会议由保长召集甲长行之，以保长为主席，如保长或多数甲长认为必要时，得召集各户户长列席，参加讨论，开保甲扩大会议，但列席者不参与表决之数。凡经保甲会议之事项，其在场人员及议决情形，应由保长办公处派定书记摘要记录存查，并呈报该管区长备案。

（6）惩罚条款。[①]

1935 年 3 月，浙江省民政厅颁布《修正浙江省保甲章程》。章程第九条规定：保甲编定后，保长即应召集甲长开保甲会议，协定保甲规约，共同遵守，其规约中应行订定之事项如下：关于保甲名称及区域事项；关于编查户口及人事登记事项；关于编钉门牌填发户帖及联保切结事项；关于保卫队壮丁队之征役退役事项；关于境内出入人之检查取缔事项；关于辖区内莠民行动之监察取缔事项；关于盗匪之警戒通报及搜查事项；关于水火风灾及其他非常事变之警戒及救护事项；关于防御工事道路桥梁及一切公共土木工程之建筑修理及守护事项；关于教育、文化、卫生、救济、仓储、水利、森林、垦牧、渔猎各项合作事业，以及农工商业之推行保护事项；关于恪遵法令履行义务及相互策励毋为非法事项；关于经费之筹集征收保管支用及办理报销事项；关于保甲职员及住民怠于职务之处罚事项；关于保甲职员及住民之赏恤事项；关于保甲会议事项；关于其他保持地方安宁秩序之必要事项。前项各种规约由各保斟酌地方情形自定。保甲内各户之户长须一律签名加盟于保甲规约，其由他处迁来或新充任户长者亦须加盟于各该保甲内之现行规约。保甲规约签盟公布后，应即以口头普遍宣传，详细解释，务使家喻户晓，妇孺皆知，俾共遵守。保内人民明了保甲规约意义后，应即定期施行，发生效力。保甲规约之实行，保甲长应为人民表率，如征调壮丁派募积谷，保甲长应先从自家征派，如清洁卫生及革除陋习等，保甲长自己应先实行，然后责诸保民办理，方为正当，诸如此类，保甲长要以身作则，保甲之运用，即可顺利推进。拒绝签押于保甲规约或联保切结者，依保甲规约督饬其执行任务而竟敢怠职者，依其情节轻重，课以 4 元以上 30 元以下之罚金。[②]

制定保甲规约后，还得实行联保连坐切结。联保就是各户之间实行联合作保，共具保结，互相担保不做违法之事。连坐就是一家有“罪”，结内他户必须举发，若不举发，结内各家连带坐罪。保甲规约与联保连坐实为一

① 《豫鄂皖三省剿匪总司令部颁行保甲规约样式》，《清朝末期至中华民国户籍管理法规》，第 219 页。

② 《浙江省办理保甲案》（1936 年 6 月），内政部档案，档案号：12 - 2 - 1549。

体，是政府实行基层控制的有力手段，但与保甲规约不同的是，时人对联保连坐多有诟病，认为联保连坐是非人道的、反民主的。

其实，早在1929年7月国民政府颁布的《清乡条例》就规定：清查户口后“应编列门牌号数，并取具邻右，互保切结，实行连坐方法”[①]。1929年11月，国民政府依据《清乡条例》第二十一条之规定，颁布了《邻右连坐暂行办法》，详细规定了具体实施办法：各县户口清查完后，发帖门牌，按邻取具，连坐切结。连坐切结由闾长按邻取具，正、副二份送交乡镇长，转送区长，由区长汇订成册，以正结存县，副结存区备查。连坐切结只载户主姓名，出具连坐切结，由户主签名画押或盖章。同具连坐切结之本邻住户，为匪、通匪、窝匪等情，其余各户应速密报邻长，依次转闾乡、镇、区长，转报县清乡局核办。倘有瞻徇隐匿，概以庇纵论罪。[②] 1931年，国民政府又颁布《修正同甲各户联保切结》，明确指出：“今结得甲内各户居民人等，均系身家清白，安分守法，并无为匪、通匪、窝匪或寄顿赃物及反革命诸情事，自具结后互相监察，倘发现前项不法行为，各负检举之责，如有扶同隐匿秘不揭报者，愿受连坐之处分。”[③]

1933年，浙江省颁布《邻户联保须知》十条，规定：凡住户商店均须按邻，由邻内各户户主全体联具保结，其尚未依村里制编邻者，应由村里筹备委员会将各邻编定办理。凡邻户联保，须按户编次。凡机关团体、军队学校、工厂、旅馆、寺庙等，以其长官、主任、经理、住持等为户主，出具负责保结。凡居住船内之船户，依其常驻地之各船户户主互相保联，如仅一户者，由该船户户主，出具负责保结。凡同联各户，须互相监察，如同联户内有为匪盗或接济窝留者，或有共产党言论或附和者，或私藏军火者，或容留形迹可疑之人者，均须立即报告本邻邻长，转报当地警察机关或保卫团核办，并转报市县政府查核，倘有瞻徇隐藏，一户有犯，其他同联各户，概以庇纵论罪。不联入邻户而由户主负责保结者，由户主监察报告。如有瞻徇隐藏，户主以庇纵论罪。村、里、闾、邻长副，应随时查察本村里闾邻内各户，如有违犯前条列举各情事者，须立即分别举

① 《清乡条例》，《立法院公报》第10期，1929，第248页。

② 《邻右连坐暂行办法》，《福建省政府公报》第276期，1929，第33页。

③ 《修正同甲各户联保切结》，《市政月刊》第4卷第10期，1931，第2页。

报，倘有知情隐藏或失察时，得由住户或其村、里、闾、长副转呈或径呈市县政府核办。报告举发，如系挟嫌诬报告者，以诬告论罪。邻户联保结，须于每年一月换填一次。不联入邻户户主之保结，其长官、主任、经理、住持等至换时换填一次。[①]

1934 年，浙江省政府制订《浙江省办理保甲补充办法》，指出："联保连坐之实施，旨在依法制事，劝善惩恶，不得强事株连，并不得因人施法。"其中第十二条规定：联保连坐切结，系在确定户长责任，应照章一律签具，并应将"绝无贩售吸用毒品，并各负检举责任"签订结内切实执行。公共户应由主管人负监督全责，必要时，得令出具户长切结，径对保长负责。寺庙户应与同保内之寺庙联具切结，保内仅一寺庙者，令具户长切结，径对保长负责。临时户必须有雇主或甲内土著之联保。素行不正，形迹可疑，比邻不愿联保者，得秘密检举，依《匪徒总检举办法大纲》办法。但经查无实迹，未依前项大纲加以处分者，仍责令联保。客民多于土著，良莠难分，彼此不肯联保者，得令就保内各觅五户签具联保，或由本县殷实商号或富户出具保结，其责任与联保同。新户比邻不愿联保者，由原保人负一切责任，并在于其门户上特钉识别符号，同保住民，各负注意监察之责。[②]

龙泉县在编查保甲之后，也要求各保长召集甲长开保甲会议，协定保甲规约，联保连坐，共同遵守。如龙泉县梧垟乡第三保编定保甲后，即由保长方士华，甲长赖炳元、项观贵、邱叶松、方礼奶、董善全等人召开保甲会议，订立保甲规约，并签名画押。[③] 其实，除了保甲规约外，各保还可以根据事项订立具体的规则，例如保甲经费征收办法等。保甲规约颁布后，甲内各户具结，否则将遭到处罚。三溪乡第三保住民熊陈明、王必森、李立达、李立发、李立道 5 人因拒绝联保切结，被处各罚金 15 元。[④]

然而，联保连坐实施的成效普遍较差，一个重要原因是保民之间不愿联

---

① 闻钧天：《中国保甲制度》，1933，第 491～492 页。

② 《浙江省办理保甲补充办法》，《浙江省办理保甲案》（1936 年 6 月），内政部档案，档案号：12－2－1549。

③ 《梧垟乡第三保具切结布置情报网》，《机要情报卷》，龙泉市档案馆藏，档案号：临－2－7。

④ 《三溪乡保民取消联保切结实属不合应以罚款以昭惩戒》，《殴打案卷宗》，龙泉市档案馆藏，档案号：10－1－527。

保切结。1946年，龙泉县剑池乡乡长王康赐呈报县长，声称："该乡第二保第二家住民张子文，素向行为不端，属无业赌棍，全甲难负连保责任。第二保第三甲张八奶户，行为不端，全甲不负连保责任。同保第四甲杨仁春，因迁入不久人地生疏，甲中四户不负连保之责。"[①] 对此，龙泉县于10月23日训令各地："查地方无业游民，或曾犯盗窃案件及有其他不端行为之莠民，同甲住民拒不连保者，应令其悔过切结，责令当地乡镇保甲长负责监视其行动，倘事后故态复萌，或发现其不法行为，各监视人应即举发，以凭究办。"[②]

保民不愿告密检举是联保连坐难以真正推行的另一个原因。一甲之内，往往属于一个家族，家族内部自然不愿互相告发，对于联保连坐也就常常敷衍行事。1946年9月，龙泉县举行清乡活动，要求各保严密户口检查，切实举办联保连坐切结，进行民检调查登记及收缴散失于民间的军用武器，彻查并严惩莠民地痞，奖励人民密告举发，取缔散兵游勇及清剿散匪，办理匪徒自新、逃兵、逃丁自首等事项。[③] 然而，成效极差，保民不愿相互告发检举。如民权乡第三保第八甲甲长周树清，对于本甲之散兵就隐匿不报。为此，保长向乡长控告"周树清违背清乡保甲连坐切结规定，实有破坏地方秩序之咎"。[④] 清乡人员在金石乡第十保办理清乡及逃兵、逃丁事项时，发现该保各甲内均有逃兵、逃丁，但各甲均隐匿不报。虽经清乡人员再三劝勉自首，然该逃兵、逃丁皆不甘自首，保长也不愿提供逃兵、逃丁名录，以致乡镇公所无从办理，实该保长敷衍塞责，办理不利，并要求县政府予以惩办。[⑤] 无独有偶，该乡在第五保实施清乡工作时同样遭到保长的消极抵制。9月15日，金石乡乡长张雯呈请县长梁孝骐，要求派警惩办第五保长曹春良："查本乡

---

① 《为呈报奉令清乡结果情形请祈核亦由》，《组织清乡督导队实施清乡》，龙泉市档案馆藏，档案号：临－1－12。

② 《为据报清乡结果各乡镇兴业游民同甲住民拒不连保核令具悔过切结责令乡镇保甲长严密监视由》，《组织清乡督导队实施清乡》，龙泉市档案馆藏，档案号：临－1－12。

③ 《龙泉县清乡实施办法》《龙泉县卅五年度办理清乡应行注意事项》，《组织清乡督导队实施清乡》，龙泉市档案馆藏，档案号：临－1－12。

④ 《据第三保保长报称以散兵周乐发寓居保民周树清家不报且行为不端请核办等情报乞鉴核法办》，《组织清乡督导队实施清乡》，龙泉市档案馆藏，档案号：临－1－12。

⑤ 《为据查第十保逃兵逃丁劝不自首违抗清乡政令请转报依法严办由》，《检举逃兵》，龙泉市档案馆藏，档案号：11－2－35。

第五保长曹春良，屡次违抗政令。职会同清乡督导员季贤保前往该保办理清乡工作，讵料该保长曹春良擅自离职，并携眷属避于第六保，致此次清乡工作无法推行。请准予迅即派警拘按严办，以惩各保长懈职之心。"[①] 可见，政府推行联保连坐，用民众监视民众的方式强化对社会的控制，但其效果并不如意。

① 《为第五保保长曹春良屡抗政令妨碍清乡工作祈依法严办由》，《组织清乡督导队实施清乡》，龙泉市档案馆藏，档案号：临－1－12。

第四章　保甲体制下的新学：保国民学校

晚清新政以来，教育改革成为社会变革的内容之一。1905 年科举制废除，近似西方的近代教育制度得以确立，由此引动了千年如斯的传统乡村社会的变迁。新旧交替切断了传统乡绅与国家权力的联系管道，导致大量乡绅离乡；国家权力亦随着学制改革向乡村社会下移，加强对乡村的管制；新学堂多设于城市，新学传授内容与乡村社会实际生活格格不入，乡村读书人纷纷“弃乡入城”。新式教育的发展非但没有给乡村注入新的活力，反而造成了乡村文化的贫化和人才的流失，危机重重。[①] 在 20 世纪二三十年代，乡村教育危机，备受关注。一些有识之士开始以乡村教育为突破口来挽救日益严重的乡村危机，如晏阳初推行平民教育、陶行知试验师范教育，取得了不错的成效。但这种局部的教育改良只能在特定的时空环境中实施，不可复制，更不可能全面推广。直至 1940 年代，国民政府在新县制下，利用保甲组织，设立保国民学校，推行国民教育，对乡村社会而言才称得上是一次真正意义上的教育变革。和以往的教育变革不同的是，这次变革在广度和深度上更加触及乡村社会的实质，一定程度上也改变了乡村社会的社会关系。

一　保国民学校的设立

浙江的新式小学堂首先出现在 19 世纪 90 年代。1893 年，海宁设立了四城小学堂。1904 年清政府颁布《奏定学堂章程》，对初等教育的课程增加了

① 相关研究参见王先明《变动时代的乡绅——乡绅与乡村社会结构变迁（1901～1945）》（第二章），人民出版社，2009；郝锦花《新旧学制更易与乡村社会变迁》，人民出版社，2009；丛小平《社区学校与基层社会组织的重建——二三十年代的乡村教育与乡村师范》，《二十一世纪》2002 年 11 月号，总第 8 期；肖如平《论抗战时期江西的保学教育》，《抗日战争研究》2007 年第 2 期。

西学的内容。1905 年科举废除之后，新式小学堂得到迅速发展。至 1909 年，浙江小学堂达到 1870 所。[①] 1912 年，南京临时政府颁布《普通教育暂行办法》和《小学令》，对小学的设置、学制、课程等做了规定。同年，浙江省教育司拟定了《对于小学教育的办法》，将小学分为初等小学和高等小学。初等小学的修业年限为 4 年，课程包括修身、国文、算术、本国历史、地理、理科、手工、图画、体操等。1915 年，袁世凯以大总统名义颁布《特定教育纲要》，要求各省制定教育规划，分年筹备推行义务教育，并将初等小学改名为国民学校。浙江自 1916 年开始筹备义务教育，计划自 1916 年起至 1925 年止，每个乡镇普设国民学校 1 所。[②] 后因战乱纷起，经费难以筹措，义务教育未能真正实施。南京国民政府成立后，提出要在全国推行 4 年制义务教育。1932 年 6 月，教育部颁布《第一期实施义务教育办法》和《短期义务教育实施办法》，提出自 1932 年 8 月至 1935 年 7 月为第一期，以完全小学、短期小学和简易小学来推广义务教育。为了推行义务教育，浙江省教育厅颁布了《浙江省实施义务教育试办去办法》和《浙江省各县市设立乡镇初级小学办法》，规定每个乡镇至少设立初级小学 1 所。至 1937 年，浙江省小学数由 1930 年的 11178 所增至 17573 所，学生数由 1930 年的 651520 人增至 1207597 人。[③]

表 4－1　1930 年度浙江省各县小学数比较

县别	面积（平方里）	小学数（所）	每千平方里小学数	县别	面积（平方里）	小学数（所）	每千平方里小学数
杭　县	3315	253	76.3	温　岭	2938	125	42.5
海　宁	1738	114	64	金　华	3653	220	60.2
富　阳	3498	149	42.6	兰　溪	3034	312	102.8
余　杭	2112	81	38.3	东　阳	7252	406	56
临　安	2971	68	22.9	义　乌	3360	270	80.3
於　潜	2801	60	21.4	永　康	3934	298	75.7
新　登	1862	86	46.2	武　义	2635	143	54.3
昌　化	4075	100	24.5	浦　江	3704	173	46.7
嘉　兴	3196	152	47.6	汤　溪	2595	141	54.3

① 《浙江教育官报》第 16 期，1909。

② 邵祖德等编《浙江教育简志》，浙江人民出版社，1988，第 73～74 页。

③ 张彬等：《浙江教育发展史》，杭州出版社，2008，第 274～279 页。

续表

县别	面积（平方里）	小学数（所）	每千平方里小学数	县别	面积（平方里）	小学数（所）	每千平方里小学数
嘉善	1380	67	48.6	衢县	7045	164	23.3
海盐	1616	88	54.4	龙游	3368	199	59.1
崇德	1150	100	86.9	江山	6059	298	49.2
平湖	1608	74	46	常山	3489	71	20.3
长兴	4990	85	17	开化	6555	70	10.7
德清	1185	54	45.6	建德	5037	99	19.6
武康	1415	45	31.8	淳安	8652	240	27.7
安吉	2095	32	15.2	桐庐	3004	144	47.7
孝丰	3440	45	13.1	遂安	4563	112	24.5
鄞县	4153	518	124.7	寿昌	2224	79	35.5
慈溪	2499	145	58	分水	2270	56	24.7
奉化	3895	242	62	永嘉	11389	232	20.4
镇海	2422	212	87.5	瑞安	6015	123	20.5
定海	3695	98	26.5	乐清	3869	112	29
象山	3288	114	34.7	平阳	6514	211	32.4
南田	739	25	33.8	泰顺	5820	58	10
绍兴	5774	39167.7		玉环	1783	62	34.8
萧山	2828	145	51.2	丽水	3466	110	31.7
诸暨	6354	411	64.7	青田	8377	91	10.8
余姚	4473	263	58.8	缙云	5115	158	30.9
上虞	2819	216	76.6	九阳	4191	121	29
嵊县	5657	219	38.6	遂昌	7661	130	17
新昌	3831	163	42.5	龙泉	9123	101	11.1
临海	8008	177	22.1	庆元	6312	82	13
黄岩	4169	169	45.4	平和	2961	68	23
天台	4706	138	29.3	宣平	2774	71	25
仙岩	6028	87	14.4	景宁	6044	54	9

资料来源：《浙江教育行政周刊》第3卷第32号，1931。

近代龙泉由于经济凋敝，田荒民疲，县学不彰，教育落后。[①] 清光绪二十九年（1903）颁布学堂章程，光绪三十一年（1905）停止科举，龙泉县自此开始筹设新式学堂。是年4月，龙泉县金鳌书院改名为官立剑川高等小学堂。光绪三十四年（1908），基督教会在城东创办当地第一所教会学校。宣统三年（1911），上东乡士绅毛葆蓉筹建了"上田化育初级小学"，这是龙泉县最早成立的乡村小学。民国初年，龙泉县的学校及学生数量逐渐有了增加。根据《龙泉县志》记载，1914年，全县设有公立高等、初等小学19所，私立小学15所，在校生达到1572人。1921年全县有高等、初等小学83所，在校学生2760人。1933年全县共有各类公私小学98所，在校学生5239人。至新县制推行前夕，全县的公私小学数才114所，在校学生5416人。[②]

1939年新县制推行后，为配合新县制的实施，教育部奉令推行国民教育制度。所谓国民教育，是指国家规定国民应受的基础教育，无论儿童还是成人，凡是未受过教育的，或是受教育未达到规定年限的，都有受这种教育的权利和义务。1940年3月，国家教育部召开各省市国民教育会议，会议通过了《国民教育实施纲领》，提出自1940年起，在全国推行国民教育。为此，教育部制定了推行国民教育的第一个五年计划（1940.8—1945.7）。计划分三期进行，预定五年内，在全国80万个保的基础上，每保设一校，使入学儿童达到学龄儿童的99%以上，入学民众达到失学民众的60%以上。第一期（1940.8—1942.7），各乡镇均应成立中心学校一所，至少每三保成立一所保国民学校；入学儿童达到学龄儿童总数的65%以上，入学民众达到失学民众总数30%以上。第二期（1942.8—1944.7），保国民学校数应逐渐增加，或就原有之国民学校增加班级；入学儿童达到学龄儿童总数的80%以上，入学民众达到失学民众的50%以上。第三期（1944.8—1945.7），保国民学校应尽量增加，以期达到一保一校，或就原有之国民学校增加班级；入学儿童达到学龄儿童总数的90%以上，入学民众达到失学民众总数的60%以上。[③]根据教育部的要求，浙江省被列为14个国民教育普及首批推进省份之一。

为了推行国民教育，浙江省根据教育部的要求，先后颁布了《浙江省实

---

① 浙江省龙泉县志编纂委员会：《龙泉县志》，汉语大词典出版社，1994，第530页。

② 浙江省龙泉县志编纂委员会：《龙泉县志》，汉语大词典出版社，1994，第534页。

③ 《抗战时期之教育》，杜元载主编《革命文献》第58辑，1976，第58页。

施国民教育计划》《浙江省二十九年度各县筹设乡镇中心学校及保国民学校应行注意事项》等文件，制定了1940年工作计划，要求全省新设与改设乡镇中心学校各500所，保国民学校各3000所，并以各县乡镇数及保数之多寡比例分配。[①] 原有县区乡立小学改设成为乡镇中心学校，如同一乡镇内原有之县区乡镇立小学有两所以上者，除改设一校外，其余应迁移至未设校之乡镇办理；原有县区乡立初级小学改设为保国民学校，同样如有两所以上者，移设或合并，由县酌定办理；无条件筹设中心学校和保国民学校的地区，可指定私立学校代用。当指定私立学校为代用乡镇中心学校或国民学校时，其校董会应改为校务协助委员会，所有学校一切财产，仍由校务协助委员会管理，但校长之人选，须由县政府委派。各县市实施国民教育之经费，由中央、省、县及地方分别负担，在第一年内，暂各负担四分之一。[②] 自1940年实施国民教育以来，至1945年实施国民教育第一个五年结束时，全省各县共设立学校15992所，入学儿童总数为1004619人。[③]

表4-2　1940~1944年浙江省实施国民教育的学校数

年　度	乡镇中心学校	保国民学校	其他小学
1940	1275	5680	6128
1941	1361	7268	4874
1942	1488	7584	3386
1943	1696	8614	1652
1944	2176	11443	2121

资料来源：张彬主编《浙江教育史》，浙江教育出版社，2006，第617页。

根据省教育厅的指示，龙泉县要求各乡镇保成立保国民学校，县长唐巽泽甚至将设立保国民学校列为1940年全县中心工作之一，对于迟迟不建校的乡镇保，由县派督学催办。[④] 自此龙泉县开始由政府主导办学，在乡村强制推行国民义务教育。为此，各乡镇保根据实际情形分别筹设保国民学校、

① 罗迪先：《本省实施国民教育设校计划》，《浙江教育月刊》第3卷第3、4期合刊，1940。

② 《浙江省二十九年度各县市筹设乡镇中心学校及保国民学校应行注意事项》，《浙江省政府公报》1940年第3233期。

③ 张彬主编《浙江教育史》，浙江教育出版社，2006，第617页。

④ 浙江省龙泉市档案局编《龙泉民国档案辑要》，中国档案出版社，2010，第110页。

保联立国民学校和中心小学，即在人数较多的保单独设立国民学校，如黄鹤乡第一保国民学校；条件较差、人数较少的保可以两个保合办一个国民学校，称联立国民学校，如岱垟乡第六、第七保联立国民学校；在条件许可的乡（镇）设立中心小学。保国民学校成立的途径有改设和新设两种，改设是指将原来的初级小学、私塾、书院改成保国民学校。新设就是在有条件的乡镇保设立新的中心小学或保国民学校。在县政府的大力推行下，1940 年上半年龙泉县共改设保国民学校 31 所，新设中心小学 4 所，新设保国民学校 30 所；1940 年下半年改设保国民学校 131 所，新设保国民学校 63 所。至此，全县有中心小学 12 所，保国民学校 196 所，在校学生达到 9483 人，入学率达到 45.6%。1941 年，龙泉县除了继续改设和设立新的保国民学校外，还在保国民学校设立成人班，实施失学成人补习教育。全县保国民学校数达到 211 所，设立 38 个成人班，29 个妇女班。至 1944 年，全县中心小学达到 35 所，保国民学校达到 228 所，在学儿童达到 9858 人，在学成人 1048 人，在学妇女 1807 人。[①] 可以说，国民教育的推行在龙泉取得了一定的成效。

二　经费与师资

经费是保国民学校的关键。保国民学校的办学原则是“官助民办”、“就地筹款，就地办学”。保国民学校的经费以保民自筹为主，政府补助为辅。各保自筹经费主要从以下三个方面筹集：①清理公学款产。各乡镇保都有不少公学款产，而这些公学款产，大多是由地方士绅所经营，他们对公学款产，恣意把持，任情侵蚀。县要求各保对寺院、庙宇、观、社、祠、馆、公所、文会、书院、学田、学租、学产等公学款产进行清理。重新丈量学田、学产，重订租金，对于被私人占有的，重新收回，用于办保国民学校。②提倡殷实乐捐，鼓励热心地方教育的人士捐献。③由各保自身分摊。每年夏粮入库时，由保长向各户征收，然后按月拨给学校。摊派的方法是，将全保各户按财产的多寡分成甲、乙、丙三等，然后按一定的比例摊派。通过上述措施，基本上能保证国民学校的基本经费。如龙泉县岱垟乡第六、七保通

① 浙江省龙泉市档案局编《龙泉民国档案辑要》，中国档案出版社，2010，第 110 页。

过清理公学款产，鼓励热心人士捐助，其联立国民学校 1943 年共获得寺庙学产补助稻谷 2000 斤，当地士绅捐助稻谷 480 斤。[①] 严山乡第四保为筹备办学经费，曾按户摊派，最高者摊派 100 元，最低者 4 元。[②]

为了确保学校经费的筹集，每所保国民学校都成立了赞助委员会或筹募基金委员会。该委员会人数为 5 ~ 7 人，由本保保长为主席委员，保国民学校校长为当然委员，其他委员由本保热心教育且有声誉者担任，均由县政府委任。赞助委员会或筹募委员会负责保国民学校的经费征收、保管、发放，筹划校舍，征派学生等事项。岱垟乡第九保保国民学校就是在该委员会的主持下成立的。岱垟乡第九保“村落散漫，儿童众多，创设保校急不容缓。业经八都区教育指导员翁福畴来保督促，并召开保民大会，当场公推李致中、李君荣、李君长、李君敬、李先梧、李先保、李君位等七人为筹募基金委员，并互推李致中为主任委员，李君荣为校长等职。并于当日分头向本保各神会、祭产及殷富等筹集田租五十石充作基金，不足之数，俟陆续补筹，一面择定校址，于一月廿八日先行开校，聘定王先彬为教员”。[③] 从委员会的人员构成来看（见表 4 - 3），保长、甲长、士绅依然是乡村社会的领袖，他们对保国民学校的设立起着主要作用。

表 4 - 3　龙泉县岱垟乡第九保国民学校各委员履历

职　别	姓　名	年　龄	籍　贯	经历
校　长	李君荣	29	龙泉岱源	长安中心学校毕业
主任委员	李致中	59	龙泉岱源	曾任保长
委　员	李君长	41	龙泉岱源	现任甲长
委　员	李君敬	61	龙泉岱源	士绅
委　员	李光梧	61	龙泉岱源	士绅
委　员	李光保	56	龙泉岱源	士绅
委　员	李君位	42	龙泉岱源	现任保长

资料来源：《龙泉县岱垟乡第九保岱源代用国民学校各委员履历表》，《岱垟保校卷》，龙泉市档案馆藏，档案号：13 - 3 - 432。

① 《龙泉县岱垟第六、七保校岁入预算》，《岱垟保校卷》，龙泉市档案馆藏，档案号：13 - 3 - 432。

② 浙江省龙泉市档案局编《龙泉民国档案辑要》，中国档案出版社，2010，第 111 页。

③ 《岱垟乡第八保保长叶礼均致龙泉县县长徐渊若函》，《岱垟保校卷》，龙泉市档案馆藏，档案号：13 - 3 - 432。

毫无疑问，不同的乡镇保，其经济能力和水平都有较大的差异。有的乡镇保的国民学校可以获得寺庙、神会、清明拨助，甚至热心公益人士的捐助，但有的乡镇保国民学校也许两者都无。后者的经费也就只能依赖于乡民的摊派。在收成较好的年份，摊派没多大困难，而一旦收成不好，则问题很大。事实上，龙泉县山多田少，粮食素来不敷。因而保学基金靠收租谷是非常不可靠的。有的甚至要依赖强制手段才能收到。1940 年，兰渠乡第七保国民学校校长张金发，为了能收到学谷，希望县长能给他派教育警察来强制征收。他声称："本校提拨资金有七十余石，今已秋季收获完竣，各佃户将租谷藏匿自家，不送来校缴纳。今收到只有半数，还有半数，本校催促数次不能送到，请钧府派教育警一名来校，帮助催捉来校缴租。"① 无独有偶，1941 年，八都区住龙保校校长递交乡政府的报告也倾诉了同样的烦恼："本校教育基金专赖校租供给。职自接任以来，迄今年余，对于教员学米薪俸多数皆系职私人垫付，唯靠将学租收清以补民国三十年又二成之校租。职亲自前往各佃户征收，少数良民深明大义，固能如期缴清，但有多数顽民意欲拖欠公款，故意延时不缴。虽经职等数次劝谕完纳仍归无效，而本年教员薪给又是无从取置，迄今逾期已久，尤属抗延。际此国难时期，米珠薪桂，家庭生活尚难维持，长此下去实难接济，且校租欠者有四十余石未才完纳，像此现象本校恐有停顿之虞。为顾全教育起见，故特呈请钧府察核，即派警来校协助严加催缴或带案追收。"②其实，在战时的困难时期，不仅摊派困难，政府补助同样难以领取。1942 年龙泉县县政府规定该年六、七两月份各级小学补助费，由当地乡镇公所自治户捐项下划付。黄鹤中心学校遵令向黄鹤乡公所具领，乡公所则告知："本乡公所自治户捐，现未分派，在最近数月内对此自治户捐尚不能着手进行，无从具领。"③ 1946 年之后，国民教育经费完全由地方自筹，中央不再补助，国民学校的经费越来越拮据，几乎到了难以为继的地步。

---

① 《兰渠乡第七保国民学校校长张金发呈县长唐巽泽函》（1940 年 11 月 27 日），龙泉市档案馆藏，档案号：12－2－1。

② 《为呈请迅派警来校催收校租由》，《住龙保校卷》，龙泉市档案馆藏，档案号：13－3－433。

③ 《龙泉县黄鹤乡中心学校呈县府函》（1942 年 12 月 26 日），龙泉市档案馆藏，档案号：12－2－5。

师资的素质直接关系国民教育的质量。按照规定，国民学校校长由县长聘委，既可由保民大会举荐，经县府考核聘任，也可由县长直接聘请保外人士担任。教员可由校长会同保国民学校委员会其他成员商议后聘任，同样需要经过县府考核通过。不同规模的国民学校，其教师编制也不一样。设有儿童班、成人班各 1 班的保国民学校，可以设校长兼教员 1 人。每增加一班，增设专职教员 1 人。由几个保合办的联立国民学校，可设校长兼总务主任 1 人，教员兼教导主任 1 人。每增加一班，增设专职教员 1 人。乡（镇）中心小学是完全小学，分高小和初小，可设有校长 1 人，总务主任 1 人，教导主任 1 人，专职教员若干人。校长和教员属国家公教人员，可以享受部分国家公职人员的福利。据国民政府 1943 年兵役法规定，现任小学以上教师具有学校正式聘书，并报主管教育行政机关备案者，为缓召准则；社教人员如经小学教师审查合格者，可比照小学教师予以缓召。[①] 在战争年代，许多人为了躲避兵役而谋求教师职位。

根据教育厅的要求，国民学校校长及教员须具备下列资格之一方可聘用：①师范学校及高中师范毕业者。②乡村师范、简易师范或师范讲习科毕业者。③师范学校附设之保学师资训练班及各县保立小学师资训练所毕业者。④中等学校毕业者。⑤小学教员检定合格者。⑥曾任小学教员三年以上成绩优良者。⑦高小毕业经民众干部训练班毕业者。⑧曾任私塾塾师成绩优良或有相当程度者。

表 4－4　龙泉县民国时期小学教师学历

年份	大学高师毕业	普师毕业	简师毕业	旧制中学毕业	高中毕业	初中毕业	小学毕业	其他	合计
1939	—	11	27	4	1	10	227	1	281
1941	—	5	21	8	—	10	386	64	494
1943	4	7	87	11	66	44	332	43	594
1944	—	6	53	16	7	91	180	190	543
1945	3	4	55	16	11	91	180	198	558
1947	—	7	50	18	59	97	246	95	572
1948	1	3	50	18	55	94	220	91	532

资料来源：浙江省龙泉县志编纂委员会《龙泉县志》，汉语大词典出版社，1994，第 552 页。

① 浙江省龙泉市档案局编《龙泉民国档案辑要》，中国档案出版社，2010，第 114 页。

从表 4－4 可以看出，国民学校教员的总体素质较差。龙泉县小学教员由正式的师范与简师培养的非常少，绝大多数是小学毕业及非教育系统出身者。据 1941 年统计，全县 400 余名教师中，只有 81 人合格。为了提高学校教员的素质，浙江省教育厅建立了进修制度，专门对教师进行培训。培训分为两种，一种是教师离职参加培训班，由湖湘乡村师范附设短期师资培训班，专门招收龙泉、景宁、庆元三县具有小学毕业以上程度的小学教职员进行培训。二是由龙泉县举办短期训练班，专门对教职员进行技能培训，至 1948 年共举办 26 期。此外，龙泉县对国民学校教师进行甄别试验，也就是进行审查考试，考试合格发给甄别合格登记证。1947 年，全县有 189 人参加了甄别试验，合格者 134 名。尽管如此，龙泉县国民学校的师资学历偏低，教学水平较差。1945 年 1 月，龙泉县教育科长汤慧光向县长徐渊若报告说："职本学期与科内人员分区视导结果，目不识丁者有之，精神萎靡者亦有之。人员既滥，素质又差，如不予以严格调整，本县教育势难振兴。"① 1949 年 1 月，岱垟乡第十二保保民联名给县长呈文，声称该保国民学校"校长廖芳荣，系一私塾出身，学识低庸，对于现代教育尤无经验，时有错字未能辨正，不能提起学龄儿童兴趣，故学童每感学校如地狱，自愿放弃学业，形成有校无生之现象。请速荐贤才接充，以利教育"②。事实上，国民教育推行后，需要庞大数目的师资，若由正式的师范与简师去造就，是缓不济急的，势必大举短期训练。这样，在量的方面或可以勉强解决，但粗制滥造，良莠不齐则是自然。

三 受教育的权利与义务

在推行国民教育，设立国民学校之前，并不是所有适龄儿童都有接受教育的机会。一般而言，那些比较富庶、重视教育的家庭子女才有机会接受教育，即儿童是否接受教育完全由家庭自主决定。然而，国民教育推行以后，适龄儿童、失学儿童、失学成年都被国家纳入国民基础教育系统，由政令强

① 浙江省龙泉市档案局编《龙泉民国档案辑要》，中国档案出版社，2010，第 118 页。

② 《为廖芳荣空挂校长名义专收租不聘教员授课呈请撤职》，《岱垟保校卷》，龙泉市档案馆藏，档案号：13－3－432

制入学。换言之，按照国家法令要求，学龄儿童接受教育不仅是权利也成了义务。权利可以放弃，但义务则不能不履行，否则就可能会受到惩处。

自1940年起，国民政府就颁布了实施国民教育的办法细则，规定学龄儿童必须强迫入学。为了实施强迫学龄儿童入学，浙江省教育厅颁布了《浙江省各县市乡镇强迫入学委员会办事通则》《学龄儿童及失学民众强迫入学办法》和《浙江省各项市学龄儿童及失学民众违学罚锾保管处置办法》等法令，通令各县市严格执行，保证学龄儿童能够接受国民教育。龙泉县政府根据教育厅的法令，特制订《教育行政实施计划》，组织调查统计学龄儿童及失学民众，建立乡镇强迫入学委员会，由乡长、保长、乡保队附和学校校长兼任，并聘任各学校教员为委员。强迫入学的程序分为劝学、警告、罚锾。劝学，即对于应入学而不入学的学龄儿童和失学民众，由强迫入学委员会书面或口头劝告，限期入学；警告，即经劝告无效，仍坚持不入学者，将其姓名张榜公示，予以警告，并限期入学；罚锾，即经榜示警告后，仍未遵行者，得于限期期满后之10日内，由强迫入学委员会呈由县政府处以1元以上5元以下之罚锾，无力缴纳罚锾者，得按罚锾数目代以相当之工役，并仍限期入学。为提高强迫入学力度，县政府还聘请教育警察，协助各级保国民学校执行劝学或强迫就学，征收经费和解决教育上的纠纷等。在具体实施过程中，县政府还对各乡镇保长布置了具体的任务，如凡失学民众未能逐日到校者由该管乡镇保长及乡镇保队附负完全责任，并每日由该管保长、保队附到校会同校长点名，各级学校校长将旷课失学民众姓名每隔三日列表报送各级乡镇，保长及保队附遵照办理。[①]

强迫入学的办法不可谓不严格，但章程条例的拟订和任务的派发，并不意味着各乡镇保能实际执行。从龙泉县保国民学校档案材料中看不出强迫入学有多大程度上得到落实执行，反而学龄儿童和失学民众不愿入学的案件倒是非常多。龙泉县由于僻居深山，民风不开，教化难行。与外界相对隔绝的乡民对家国政治往往充满陌生感，对国家权力的渗透和教化的实施显然具有天然的抵触作用。一方面强迫入学显然超越了当时乡村民众既有的传统观念和教育理念，大部分民众认为子女入学与否，完全由自己负责，与政府无关。另一方面乡民

① 浙江省龙泉市档案局编《龙泉民国档案辑要》，中国档案出版社，2010，第113页。

毕竟太穷，生计不易，兴办国民学校所需的摊派费用和子女入学时须交的学谷，也是一项额外的支出，从经济利益上来看也是不划算的。

于是，“劝学”和“督学”也就成了当时保国民学校校长一项重要任务，由此也使校长与乡民之间矛盾重重。黄鹤乡第二保地处偏僻，家长毫不重视儿童教育，普遍视教育为附设，全保学龄儿童30余人，前来就读者只有10人，尚有13名男孩，7名女孩未能来入学。为此，保国民学校校长方士强多次前往劝学，但毫无效果。1942年12月，方士强不得不呈文县长，请求县派教育警察强迫入学：“查本校开课已久，就学儿童寥寥无几，按户督促，已十余次，可恨一般儿童家长，目无法纪，均以置若罔闻，故意放肆游荡，甚至有者特以此行动，借以拖延校租。设非厉行强迫入学，则本校无以整顿。职任本校长，责无旁贷，只得呈请迅予派警莅校，协助强迫入学，以免儿童荒废学业，贻误教育之推行。”① 在方士强看来，失学儿童家长的行为是置法纪于不顾，并有意违之。他所历陈的“于心不忍”“责无旁贷”，表明他已然成为国家在乡村的化身，“以免儿童荒废学业，而利教育推行”也表达了要将国家使命坚决推行的决心。另外，他还提到了更为关键的乡村实情，即有些家长有意以儿童不入学为手段，从而拖延、逃避校租。其实这涉及的是经济利益问题，并非单纯的传统观念和教育理念问题。黄鹤乡教育指导员报告，“本乡近年以来，各保国民学校虽普遍设立，但因办理不善，管教无方，人事时局两相关系，致入学儿童，日渐减少”②。

学龄儿童入学不足的同时，失学成人班的强迫入学则更不尽如人意。1941年，龙泉县县长崔履堃向各乡镇保国民学校所下发训令，要求学龄儿童和失学成人应实施强迫入学。其在公文中声称：“查推行国民教育，每乡镇中心学校及保国民学校，每学期至少应奉行成人班或妇女班一班，早经本府令饬遵照在案。兹查各校尊令办理，填表具报者固多，而因循违悮，延未奉办者，亦复不少。现三十年度第一学期开始已久，各该校对于成人班或妇女

① 《为呈请迅予派警执行强迫儿童入学由》，《岱垟保校卷》，龙泉市档案馆藏，档案号：12-2-22。

② 《请转饬本乡乡保长及国民学校校长报送儿童前来本校升学并乞令遵由》，龙泉市档案馆藏，档案号：12-2-5。

班，本学期应至少奉办一班。关于招生事宜，依照强迫入学办法办理。"[①] 然而，其效果不明显。据龙门乡第四保保校校长饶以珍声称："本保地瘠民贫，悉数谋生在外，成人班无从兼办。理合将妇女班具报开学，奈因本地妇女知识未开，报名人数不足。曾经校长多次宣传并令学生分组出外宣传，令其报名而人数又少。"[②] 再加上乡保长均不重视，该保妇女班未能开学。即便奉令开办成人班，其入学率也很低。东升、西平镇联立中心学校校长季贤康也声称："本校民教部妇女班学生杨招弟等久未到校，于本日上午七时由本校教师亲往劝导，仍置之不理，殊属有碍推行民教之意旨，理合开具名单一份，备文报请钧府派警强迫入学，并将其家长带案罚办，以资推行。"[③]

与保国民学校校长控诉乡民截然相反的是，也有不少乡民为了维护自身的利益控诉校长。兰渠乡第六保由吴氏众祠捐租 90 余石设立吴氏私立香山初级小学，后改设为保国民学校。该校儿童入学很高，失学成人也积极参加成人班，学校经费开支充足。然而，学校改设后的校长周兆生"腐败而不能胜任，空费金钱而收效全无"。因而遭到乡民控诉，乡民在呈文中认为校长周兆生根本不称职，"其出身乃系一铁匠，全未受过教育，甚至连何谓算术、作文均不懂，真是白字连天，对于举办教育之宗旨尚不明了。除照学校历休假外，时常停课。现法定公务员不能经商，其反将学校经费，移作经商之用。再查周兆生虽经考试合格，但闻系托人代考，以保其兵役不会征抽"，并强烈要求县府撤换校长。[④] 无独有偶，1942 年 6 月，天平乡第三保国民学校校长季永盛也被乡民控诉，认为其不仅"办学腐败，贻害学童，虚挂空名，坐食学租，置校务全不顾，以赌博为常业"，还滥用职权，"历聘避役之壮丁为教员，非但不要薪给支出，尚有缓役费之贴入，纯是利用学校营私"。[⑤] 1948 年，天平乡乡长季善文向县府反映："该乡第三保国民学校校长

① 《为令饬切实奉办成人妇女班推行国民教育由》（1941 年 10 月 8 日），龙泉市档案馆藏，档案号：12－2－15。

② 《龙门乡第四保国民学校校长绕以珍呈县府函》，龙泉市档案馆藏，档案号：12－2－15。

③ 《龙泉县东升西平两镇联立中心学校校长季贤康呈县长崔履堃函》（1940 年 5 月），龙泉市档案馆藏，档案号：12－2－15。

④ 《为周兆生滥司教职避兵役贻害子弟请予更委以维教育由》（1944 年 7 月），龙泉市档案馆藏，档案号：12－2－1。

⑤ 《天平乡第三保学童家长代表季子文等呈县长崔履堃函》（1942 年 6 月），龙泉市档案馆藏，档案号：11－2－169。

李根培办学腐败，对于教育漠不关心，全年往外经商，每学期授课日数，均未能达到规定标准，仅委托不合格者执教十几天就算了事。”①

在20世纪40年代，保国民学校作为乡村社会推行国民教育的载体，已然成为国家机器的一部分，政府通过制定规章、制度来辅助它的实施。在这种情况下，任何阻碍保国民学校推行的行为都不利于国民教育的发展，都有可能受到控诉和惩处。因而“无视教育”“贻害学童”“办学腐败”“有碍教育儿童前途”等词成为校长、保长、教员，甚至乡民控诉对方的重要理由。②这种相互的控诉，无形之中使保国民学校校长、保长和乡民都扮演着乡村教育监督者的角色，起着沟通地方与国家的桥梁作用，使国家统治“在场化”“具体化”，也使国民教育和保国民学校得以发展。

四　保长、校长与士绅

国民学校在乡村社会的普遍推行，给乡村社会的权力结构带来了不小的冲击。中心学校、保国民学校是政府在乡村社会普及教育，教化民众的重要场所，也是各乡镇、保的文化中心和活动中心，乡民大会、保民大会等公共事务多半在学校开展，校长、教员亦参与其间，甚至扮演着重要角色。因此，保长、校长也就成为政府在乡村社会的两大代言人。两者在推行政令时既有合作，也有利益的冲突。他们之间的关系最具张力，一定程度上能够反映出乡村社会的人际关系和权力网络。

国民教育推行以前，私学、私塾占主导，意味着乡村教育操控在乡绅手里。而国民教育推行之后，所有中心学校、保国民学校校长须由县政府委派。尽管地方可以向县长推选校长候选人，但任命权始终在政府之手。尽管地方乡绅对此极度不满，但无法挑战政府权威，只能批评县政府委派的校长对当地环境不熟，人地不相宜。而政府主管教育人员对于此种批评，则常常

① 《为本乡第三保国民学校校长李根培办学腐败报请准予免职另委贤能接充由》（1948年2月），龙泉市档案馆藏，档案号：11－2－169。

② 《为呈请派员协拨本乡寺租以充本校基金由》（1943年9月26日），龙泉市档案馆藏，档案号：12－2－25；《为呈请迅予派警莅校执行强迫儿童入学由》（1942年12月11日），龙泉市档案馆藏，档案号：12－2－25；《为呈报到差日期及前任校长李根培抗不移交祈迅即令饬办理移交以便开学指令示遵由》（1948年4月7日），龙泉市档案馆藏，档案号：11－2－169。

置之不理，并责备地方人士不应侵越行政职权。校长任命问题实际上是政府与地方乡绅对教育权的争夺。在这个争夺过程中，保长和地方乡绅作为乡村社会原有权力网络的一分子，常常会结成联盟，共同对付外来的校长。

1939 年 6 月，龙泉县道泰区黄鹤乡方观传、方振华、方士谦、方赵寿、方观发、方振大、方关仁（保长）七人领命负责整理乡立吴岱初级小学校款，整理完竣后通过县府委任为该小学赞助委员。[①] 方观传等七人属于同一家族，换言之，吴岱初小由方氏家族所掌控，由此似乎也可判定方氏家族在当地势力较大。1940 年 1 月 9 日，吴岱初小奉令改设黄鹤乡第二保国民学校，方观传为主任，召集筹备人员集会，商讨改设国民学校，公推校长事宜。在此次会议上，方观传被筹备会公推为保国民学校第一任校长。原吴岱初小校长郑德让在向黄鹤乡第二保办公处汇报时称，“职查该方观传整理一切校务亦甚努力，文字现尚充足，人品属实和平。现本保甲级壮丁并共六十六名，查观传抽中竿五十四号，确系继承独子，但兵役方面毫无妨碍，推定伊为继任校长显系无误，将来必有进步工作，于地方文化方面有最大利益”，恳请批准。[②] 尽管方观传被推举为新校长，但不知何故却并未获得县长委任。县长反而任命家境一般的李友仁为代理校长，任期为一学期。

对于李友仁被任命为校长之事，方观传等人极为不满，但又不敢公然抗命，只好在暗中给李设置障碍，使其知难而退。1940 年 2 月，保国民学校正式开学，但以方观传、方观仁为首的赞助委员会却迟迟不给学校经费。3 月 18 日，李友仁召集方观传、方观仁、方关发、方振大、方士谦、方振华等赞助委员会商讨学校经费问题。他在会议上说：“本校校租要到秋收时才有收入，可是我是一介寒儒，对于创办校具和伙食等一切的开支，不能先行垫付，请各位设法解决，以便校务的推进。”对于李友仁之要求，其他委员均表示目前无款可支，秋收之前的费用须由校长李友仁先行垫付。并提出解决问题的唯一办法是“推选方观传为校长，李友仁改任教员，费用可由方观仁

① 《道泰区黄鹤乡乡立吴岱初级小学校款整理委员会呈县府函》（1939 年 6 月 28 日），龙泉市档案馆藏，档案号：12－2－25。

② 《吴岱初级小学校长致黄鹤乡第二保办公厅函》（1940 年 1 月 10 日），龙泉市档案馆藏，档案号：12－2－25。

垫付”。家境一般的李友仁出于无奈，不得不表示同意。[①] 21 日，李友仁向县政府提出辞职。他在辞呈中表示：“本校之经费，须至秋收时，租谷收入，始得取用。奈职家境贫寒，在秋收前所有一切开支，力难先行垫付。故于本月十八日召开赞助会，要求设法解决。会议结果举出方观传为校长，而职担任教员。所有教员薪金等一切开支，悉由方观传负责付出等情记录在案。然职既蒙委任校长，敢不竭尽绵薄，努力进行，只因上述原委，亦出于事势所迫之举也。”[②] 可见，尽管李友仁有万分的不愿，但苦于经济原因不得不接受。很显然，方观传等人倚仗家族势力和经济实力，以经济为手段，迫使李友仁辞职，由他继任校长，并且先斩后奏，造成既定事实。然而，方观传等人的行为显然是在挑战县长的权威。这显然不为县长所接受。县长唐巽泽对于李友仁的请辞不予批准。

县长两次否定赞助委员会推选的校长人选，令觊觎校长之位已久的方观传极度不满。方观传等人将这种不满转向了校长李友仁，方观传、方关仁等人非但不履行赞助委员会、保长襄助办学之职责，反而与校长李友仁作对，从中作梗，阻碍国民教育的推行。4 月 11 日，校长李友仁为了推行校务，不得不再次求助于县长唐巽泽。他在呈文中说：“窃本校自开学以来，入校就学儿童，仅居十名之谱，并查全保学龄男女，虽已超过三十有奇。业经职按户劝导，加以督促数次，毕竟未见增加。于是复再以诲人不倦之精神，施以恳切之劝导，讵又置若罔闻，懵然如故。但职究其原因，即因该村文化水准过于低落，各儿童家长及保长等主要人物，视教育为附设，墨守旧章。虽经多次劝导，均不督促儿童来校。际兹抗战建国时期，教育为复兴自强之要举，而该村毫无国家民族之观念，不注重为战时适应之要求。况且本第二保保长方关仁亦系受过相当训练之干部人员，岂其胞弟，正达学龄迄今尚未送校，似此其破坏存意，一想可知。呈请钧长迅赐派警督促，一面令饬该保长以身作则，强迫入学，而利进行，并乞令知，实为公便。”[③] 8 月 3 日，李友

① 《龙泉县黄鹤乡乡立吴岱初级小学赞助会记录》（1940 年 3 月 18 日），龙泉市档案馆藏，档案号：12－2－25。

② 《为必须经费无从开支况职家贫无力垫付因事势所迫请求准予更换校长由》（1940 年 3 月 21 日），龙泉市档案馆藏，档案号：12－2－25。

③ 《为呈报本校学龄儿童不来就学致碍推行恳请派警督促同时严令该保长负责强迫乞令知由》（1940 年 4 月 11 日），龙泉市档案馆藏，档案号：12－2－25。

仁再次向县府呈报办学经过及其困难情形。他在呈文中写道：赞助会主任方观传，赞助员方关仁、方士谦、方关发、方振华、方赵寿等人，其中除方振华、方关发、方赵寿三人稍有热心办学者外，其余四人皆是敷衍表面，各怀鬼胎，绝无光明磊落之态度，并且都是自私自利不管公益事业。入学儿童仅居十名以内，不见增加。本校校舍附设方氏宗祠，似属可用，唯有少数民众不明公众事业之重要，往往抱着自利来阻碍教育之推行。本校外堂左角一间有十多副棺木堆着，所有者拒不搬移。校长之生活及学校开支赞助会均不负责，只得暂向亲友借用。赞助会且有消极破坏教育之举动。①

可见，由于未能获得校长之职，赞助委员会不仅不愿襄助办学，反而处处设置障碍，使保国民学校无法正常运转。与此同时，从中也可以看出如果没有保长以及当地乡绅的大力支持，保国民学校的推行举步维艰。其实，自保甲制度推行之后，保长与当地乡绅在乡村社会已建立了一个固有的乡村权力网络，这个网络具有地缘性、血缘性和排他性。而保国民学校在乡村的设立，一定程度对原有的权力网络结构产生了冲击与挑战。保长与乡绅为了维护原有的权力结构，对外来的保国民学校校长有着天然的排斥心理，并试图将校长之职掌控在原有的权力网络中。黄鹤乡第二保国民学校校长李友仁的失败，并不是他能力和学术水平差，而是因为他来自于原有权力关系网络之外，并损害了原有权力结构的利益。因此，虽然李友仁能够得到县长的任命与支持，但失去方氏家族内部核心成员的支持，保国民学校难以正常运作。1941 年初，县长最终批准了李友仁辞呈，不得不任命由赞助委员会推荐的新校长巫复元。而巫复元与方观传等人关系亲近，属于原有权力关系网络内的人，并愿意将学校的财务大权完全由方观传负责。自此，黄鹤乡第二保国民学校才真正转入正轨。② 黄鹤乡第二保国民学校的校长之争，并非特例，其背后反映的是国家权力深入乡村时与乡村宗族势力之间的一种冲突与磨合。

---

① 《为报告本校两月来工作经过及困难情形由》（1940 年 8 月 3 日），龙泉市档案馆藏，档案号：12－2－25。

② 《龙泉县黄鹤乡第二保国民学校赞助委员会会议记录》（1941 年 2 月 25 日），龙泉市档案馆藏，档案号：12－2－25。

五　新学与乡村社会的变迁

保国民学校的创设和推行使乡村基础教育由传统的旧式教育逐步走向现代小学教育，推动了乡村民风民俗的变革，成为政府整合与治理地方社会的重要手段。从龙泉近代新式教育的出现，到1940年国民教育的推行，其初等教育虽有一定的发展，但学校数、受教育人数均与人口数极为不相匹配，大多数小学只停留在县乡一级，保仅有少数的私塾，而这些私塾仍然是旧式教育，所教内容陈旧，塾师的素质差，往往国文不如初中，常识不如小学，新的思想固然不解，旧的亦不清楚。由于学校数量少，私立学校和私塾收费都较高，当时乡民生活普遍穷困，绝大多数的学龄儿童被拒之于学校大门之外。国民教育的推行极大地改变了这一状况，缓解了清末新学制变革以来的乡村教育危机。保国民学校替代了原有乡村的私立学校和私塾，在乡村教育中占据绝对优势地位。至1948年，龙泉县共有乡镇中心国民学校30所，保国民学校226所，私立完全小学2所，私立初级小学10所。[①] 从学校、学级、教职员、学生数来看，私立小学所占比重已是非常小了。可以说，这是政府在龙泉历史上第一次把义务教育推广到乡村，虽然不能真正普及到“人人有学上，人人有书读”，但它使乡村众多的学龄儿童获得了受教育的权利。此外，保国学校在实施过程中逐步建立了师资聘任与培养制度、督导制度、现代意义的课程标准和教学内容。国民教育的推行，使龙泉乡村教育得到前所未有的发展。

保国民学校的设立，不仅使学龄儿童有了入学的机会，也使广大失学成人得到了补习教育。由于受封建思想的影响，妇女长期被剥夺了受教育的权利。从龙泉县剑丰乡国民教育统计报告（见表4－5）中可以看出，保国民学校一方面让众多的女学龄儿童接受了教育，另一方面也使很多成年妇女走进了保国民学校的成人班和妇女班。国民教育的普及对乡村社会的传统观念产生了极大的冲击，为广大的青年妇女走进学校创造了条件。姑且不说这种教育的成效如何，单说广大乡村妇女冲破传统思想与家庭的束缚走进学校这一事实，就足以说明它对乡村社会所带来的变化是巨大的。

---

① 浙江省龙泉县志编纂委员会编《龙泉县志》，汉语大词典出版社，1994，第534页。

表 4-5 龙泉县剑丰乡国民教育报告

学校性质	在校儿童数		成人班与妇女班			
	男　童	女　童	成人班	学生数	妇女班	学生数
中心学校	98	32	1	56	1	68
国民学校	261	53	8	196	5	154

资料来源：《各项调查统计表卷（一）》，龙泉市档案馆藏，档案号：10-1-156。

值得一提的是，有少数优秀的学生从保国民学校毕业后，被保送到中心学校继续深造。1942 年，龙泉县曾要求各保长暨校长负责保送国民学校四年级优秀学生到中心学校继续学习，如保送儿童因家境贫寒，各保国民学校应酌予补助。[①] 如黄鹤乡中心学校 1947 年的毕业生中有 6 位学生是 1945 年从各保保送而来的。

表 4-6 黄鹤乡各保国民学校保送中心学校就学的学生成绩（1947 年）

姓名	性别	年龄	住址	入校年月	毕业年月	成绩总平均
方樟发	男	15	黄鹤第十保	1945 年	1947 年	67.91
方益松	男	15	黄鹤第十保	同上	同上	66.40
毛焕年	男	12	黄鹤第六保	同上	同上	63.90
徐启祥	男	12	黄鹤第五保	同上	同上	61.25
曹凤鹤	女	12	黄鹤第六保	同上	同上	60.38
曹福弟	女	12	黄鹤第六保	同上	同上	60.38

资料来源：《龙泉县黄鹤乡中心国民学校第六届毕业生成绩报告表》，《黄鹤中心校卷》，龙泉市档案馆藏，档案号：12-2-5。

毫无疑问，国民教育和保国民学校的推行并不是一帆风顺的，不仅受到传统教育思想与理念的阻碍，还因各种利益纠葛受到地方乡绅的抵制。国民教育推行以前，私学、私塾在乡村地区占主导，地方教育的各项权利由乡绅掌握，但国民教育推行后，政府通过委派校长、教员，逐步介入、掌控地方教育，给乡绅阶层造成了巨大冲击。然而，在保国民学校设立之时，政府又不得不依靠乡绅等地方人士的襄助，以解决经费、校舍等问题，因而不少乡绅出任了赞助委员会。他们凭借赞助委员会委员的身份“对学校行政妄加干

① 《请转饬本乡乡保长及国民学校校长保送儿童前来本校升学并乞令遵由》，《黄鹤中心校卷》，龙泉市档案馆藏，档案号：12-2-5。

涉”，“他们不合理的要求，校方为了经费关系，不得不勉强接受”，甚至有的“要求废除音、劳、体、美等科目”①。双方在人事任命、经费处置、课程设置等各个方面都有交锋与斗争。

然而，随着国民教育的普遍推行，政府对保国民学校的控制日益加强，而地方乡绅的影响力则日益衰退，并不得不逐步退出赞助委员会，将地方教育的控制权交给由政府培植起来的党、团人员。从龙泉县上东乡第四保第一国民学校基金保管委员会的换届可以看到这一趋势。“本校基金保管委员会，任期早已届满，且各委员年老事烦，不能继任，自愿卸责于青年办理。”② 除保长周真溥（当然委员）稍微年长外，其余各委员均为年轻人，都曾担任或现任公职，并且除邱大耐外，皆为（国民党）党员、（三青团）团员，清一色国家公教人员（见表4－7）。这也反映了政府权力日益向基层社会延伸，乡村事务的管理者日益党团化与政治化。

表4－7　上东乡第四保第一国民学校基金保管委员会委员履历

姓名	性别	职别	年龄	籍贯	职业	党员或团员	略履
毛培瑞	男	主任委员	24	龙泉	教员	党员	小学教员登记合格 现任小学教员
李　功	男	当然委员	28	龙泉	校长兼教员	党员	小学教员登记合格 现任校长兼教员
周真溥	男	当然委员	47	龙泉	保长	党员	曾任乡民代表二年
李　瓒	男	聘任委员	35	龙泉	商	党员	现任第三十八区分部书记
姜　崑	男	聘任委员	23	龙泉	保队附	团员	现任黄鹤乡保队附
毛叶青	男	聘任委员	23	龙泉	教员	党员	现任民众学校校长兼教员
李友仁	男	聘任委员	24	龙泉	教员	党员	小学教员登记合格 现任本校级任教员
李光荣	男	聘任委员	21	龙泉	警	党员	现任特务班班长
邱大耐	男	聘任委员	25	龙泉	工		曾任县警察一年

资料来源：《为改组本校基金保管委员会检送记录履历表等件祈核备案即予发给聘书由》，龙泉市档案馆藏，档案号：12－2－31。

① 翁茂庭：《我对于革新慈溪教育的意见》，《慈溪教育》第1卷第3期，1948。

② 《为改组本校基金保管委员会检送记录履历表等件祈核备案即予发给聘书由》（1943年9月25日），龙泉市档案馆藏，档案号：12－2－31。

事实上，保国民学校与传统意义上的学校教育有着明显的不同。它除了具有文化教育的功能外，还具有整合和控制社会的功能。保国民学校在乡镇保的普遍设立，使政府权力进一步深入乡村。政府利用保甲和保国民学校，把政治的力量和教育的功能结合起来，对民众实施政治教化和思想控制，一定程度提高了政府对乡村的调控和整合能力。

第五章　基层民意机关：乡村治理的民主化

抗战时期，国民政府为了推行新县制，动员民众参加抗战建国，提高基层社会的自治能力，将保甲融于自治之中，创设了基层民意机关乡镇民代表会、保民大会和户长会议。[①] 乡镇民代表会、保民大会、户长会议与县参议会共同构成了新县制下的民意机关，也使传统意义的保甲制度开始向近代民主转型。[②] 抗战时期，浙江省在黄绍竑等人的推动下，保民大会、乡镇民代表会开展得如火如荼，成为当时新县制的一大亮点。“保民大会之在浙江推行，是浙江省的政治走上民主政治的第一阶段和必要步骤，它跟广西所推行的村民大会先后媲美，素为各界人士所称道。”[③] 浙江省龙泉市档案馆保存了大量有关抗战时期乡镇民代表会和保民大会的资料。通过这批档案资料，可大致了解抗战时期龙泉县的乡镇民代表会和保民大会的组织职权及其实际运作情形。

一　基层民意机关之缘起

保甲制度原本是传统中国国家政权控制基层社会的一项重要制度，在稳

① 胡次威：《四川省乡镇民代表会首次会议决议案之检讨》，《县政》第3卷第6期，1944，第24页。

② 沈成飞：《广东抗战时期的保民大会与基层民众动员》〔《中山大学学报》（社会科学版）2007年第6期〕对战时广东省的保民大会进行了专题论述。此外，范国权的《论新县制时期的保甲制度》（《档案与史学》1999年第2期）、曹成建《试论20世纪40年代四川新县制下的基层民意机构》〔《四川师范大学学报》（社会科学版）2001年第4期〕也论及保民大会，杨焕鹏《论南京国民政府时期保甲性质的转变——以浙江省为中心》〔《鲁东大学学报》（哲学社会科学版）2009年第6期〕、《战后乡镇自治运动中的保甲制度——以嘉兴县为例》（《中国农史》2004年第3期）论及浙江省的保民大会。

③ 《关于保民大会的几个问题》，《浙江潮》第48期，1939，第872页。

定基层社会、维系君主专制统治上确实发挥了积极作用。清末民初由于地方自治的兴起，保甲制度一度退出历史舞台。然而，1930 年代国民党为了巩固基层政权，重新在乡村社会推行保甲制度。保甲制度重新推行之后，遭到了不少有识之士的抨击，认为它与民主时代格格不入，存在种种弊端。“保甲是消极的，为暂时的救急之策；自治是积极的，是长久的百年大计。而其涵义的广狭万不能相提并论。”① 因为保甲是出于安定社会秩序的需要，是辅佐官治的制度。而自治则是地方人民参政的阶梯，是整个宪政系统中的基层组织。“保甲制度只有消极作用，没有几多积极作用。”“要真正改善各级行政机构，必须将现行行政机构的基础——束缚了人民全副手脚的保甲制度，加以彻底的变革，而代之以由民主原则组成而能尽量发挥民众力量的乡村自治制度。”②

浙江作为保甲制度推行的重要省份，同样也深感传统保甲制度的种种弊端。时人认为：“我们浙江这次推行保甲，替代闾邻，把原来自治制度，当然无形推翻。不过所推翻者是自治制度，并不是自治事业，因为浙江的自治，虽已达到组织完成的时期，却未开始完成县自治的工作，这几年以来，所以只有躯壳的成功，而没有灵魂的作用。”③ 1939 年，《浙江潮》发表文章认为保甲：“第一，它是少数人统治的工具，完全是自上而下的管制系统；第二，它是封建残余的渣滓，保甲长大多数为乡村中的土劣所把持，作为他们鱼肉乡民并图私利的工具；第三，它仅仅是自上而下的推行政令而连政令也不会都能推行的机构。”这三大缺点，说明了老百姓完全处在被动之地位，不符合民主之精神。然而，当下又并不能“马上把保甲制度废除，政府也不会废除”，因为还没有更为妥善的办法来代替它，所以，“要想种种方法来补救，来改善保甲制度在抗战期间所发生的缺点，使它更适合目前抗战的要求”。④

面对保甲的种种弊端，时任浙江省政府主席的黄绍竑，认为必须改进保甲组织，建立基层民意机关，并提出要建立保民大会。1938 年，黄绍竑在省

---

① 陈柏心：《地方自治推行问题》，《地方自治》第 2 卷第 1、2 合期，1936，第 1 页。

② 李宗黄：《现行保甲制度》，中华书局，1933，第 183 页。

③ 叶木青：《现行地方行政及自治制度之认识》，《学校生活》第 117 期，1935。

④ 《关于保民大会的几个问题》，《浙江潮》第 48 期，1939。

政府工作报告中提出了要健全基层行政机构一案，要求各地普遍召开保民大会，“保民大会为推行一切新政的基础”。为此，浙江省政府还拟定了保民大会办法，通令各县执行。[①] 其实，在黄绍竑提出设立保民大会之前，广西已在 1936 年试行村街民大会制度，并取得良好效果。[②] 黄绍竑出身于桂系，对广西推行的村街民大会制度极为称赞，提出“应该学习广西普遍召开村街民大会的宝贵经验，也普遍地召开保民大会，使保卫浙东的吼声，深入普遍到浙省个个民众的心头和每一个山陬海洋里去”[③]。

1939 年元旦，黄绍竑发表《一年来浙江政治的回顾与前途展望》一文。他在该文中三次提到要设立保民大会，他强调：“在培养民主精神方面，以保民大会为实施的基础，各县尚不能普遍的施行，实为缺憾。就已往施行的实际来说，有许多地方收到不少的效果，有许多地方发生若干的纠纷，这是民主政治必经的阶段，而有赖于今后之继续训练与培养的”，“拿保甲制度来说，保民大会还不能普遍的举行”。[④] 在黄绍竑的推动下，浙江省开始大力推行保民大会，并于 1939 年 8 月颁布了《浙江省各县保民大会会议暂行通则》和《战区各县举行保民大会办法》，要求各地在 1939 年 10 月底之前普遍设立保民大会。“浙江的保民大会自从黄主席倡导之后，已经有了不少的成绩与收获……要把农村中散漫的民众集合起来、组织起来，加以训练与教育，提高民众的文化水准与政治认识，使民众团结在政府的周围，贡献其力量于抗战。同时，要真正解除人民的束缚与痛苦、健全下层的行政机构、改良兵役制度、促进民众战时生产，保民大会是最要紧的第一步，同时也可以说是最中心迫切的工作之一。”[⑤] 自此，保民大会在浙江省开展得如火如荼。

在浙江试办保民大会之际，国民党中央也开始提出要设立基层民意机关。1939 年 6 月 8 日，在国民党召开国防最高委员第八次常务会议上，蒋介石以军事委员会委员长的名义向会议提出了“县各级组织纲要案”，建议充实乡镇保甲组织，在基层设立民意机关，即召集由各户长参加的保民大会，

① 何平：《论浙江的保民大会》，《浙江潮》第 90 期，1939。
② 李琴、张伟：《官意与民意之间：1930 年代广西的村街民大会》，《史学月刊》2006 年第 8 期。
③ 百炼：《普通召开保民大会保卫浙东！》，《浙江潮》第 98 期，1940。
④ 黄绍竑：《一年来浙江政治的回顾与前途展望》，《浙江潮》第 44 期，1939，第 795 页。
⑤ 陈达：《对保民大会工作的意见》，《浙江潮》第 100 期，1940，第 30 页。

选举保长、副保长和乡镇民代表；由乡镇民代表组成乡镇民大会，选举乡镇长和县参议员；由县参议员组织县参议会。[①] 1939年8月31日，国防最高委员会第十四次常务会议修正通过了《县各级组织纲要》。

1939年9月19日，国民政府正式公布了《县各级组织纲要》。纲要规定："县为地方自治单位，为独立的法人。县之面积过大或有特殊情形者，可分区设署。区署为县政府之辅助机关，代表县政府督导各乡镇办理各项行政及自治事务。县下设乡镇，乡镇为法人，乡镇设乡镇公所，乡镇长、副乡镇长由乡镇民代表会选举。乡镇以下为保甲，以保甲为乡镇之构成分子，与乡镇同为自治阶层，且为最基本的细胞单位。保设保办公处，保长、副保长由保民大会选举。"纲要与1929年公布的《县组织法》有了很大变化，把县由"既是行政基层单位，又是自治单位"改为"地方自治单位和独立法人"，具有独立的财政权；把县以下基层组织由县、区、乡镇保甲三级制改为县、乡镇保甲两级制，提高了乡镇保甲的地位，有利于地方自治的推行。纲要还规定县设立县参议会，乡镇设立乡镇民代表会，保设立保民大会，甲设立甲长会议作为各级组织的民意机关。[②] 至此，乡镇民代表会、保民大会和甲长会议也就成为保甲制度的重要内容，并为传统意义的保甲制度注入了新的元素，对于健全基层组织机构，培养民众的民主精神，增强抗战情绪等都有积极的意义。[③]

二　基层民意机关的组织职权

《县各级组织纲要》颁布后，国民政府虽然要求各地设立乡镇民代表会、保民大会和甲长会议等基层民意机关，但起初并没有订立乡镇民代表会和保民大会的职权和选举办法。作为基层民意机关设立较早的省份，浙江省在1939年就规定了保民大会和乡镇民代表会的组织职权和选举办法。

---

① 《军事委员会委员长蒋中正提"县各级组织纲要案"》，秦孝仪主编《中华民国重要史料初编——对日抗战时期》第四编，战时建设（二），台北，中国国民党中央委员会党史委员会，1988，第1959页。

② 《县各级组织纲要》，秦孝仪主编《中华民国重要史料初编——对日抗战时期》第四编，战时建设（二），台北，中国国民党中央委员会党史委员会，1988，第1990~1998页。

③ 何平：《论浙江的保民大会》，《浙江潮》第90期，1939。

浙江省政府规定，关于乡镇民代表会的设立，在中央乡镇民代表会组织规程尚未颁布以前，本省为了培养民主精神，加强抗战动员，宣扬推行管、教、养、卫各项施政起见，暂依照1939年9月12日省政府委员会1099次会议通过的《浙江省各县乡镇民代表会议暂行通则》之规定办理，以一乡镇或一区署之乡镇联合举行之。关于乡镇民代表会的召开办法，通则规定乡镇民代表会开会时县政府派员出席指导，其出席人员包括乡镇长、副乡镇长、本乡镇各保保长、乡镇民代表。乡镇民代表由各保保民大会选举代表各二名，任期一年，得连选连任。乡镇民代表会至少每3个月举行一次，或由代表总数三分之一以上请求临时举行。会议由乡镇长召集，其联合各乡镇举行的，由各乡镇长会商，报请区署召集，于会期前7天以书面通知会议日期与地点。会议由乡镇长担任主席，其联合数镇举行者，由各该乡镇长互推一人为主席。由各乡镇公所工作人员担任纠察，维持会场秩序，并由主席指定记录。乡镇民代表会的职权主要包括，①制定或修正本乡镇规约及与其他乡镇间之公约；②筹集乡镇事业经费；③本乡镇应兴革事项；④各保代表二人以上之提议并另经代表二人以上联署之提案；⑤本乡镇三分之一以上保长或甲长或户长，或一百人以上居民联署建议事项；⑥各保民大会决议提请讨论事项。[①]

关于保民大会的设置，浙江省政府规定，在中央保民大会章则尚未颁布以前，暂依照1939年8月14日省政府委员会第1094次会议通过的《浙江省各县保民大会会议暂行通则》进行。关于会议的召开，浙江省规定每保可以单独召开保民大会，也可与其他保联合召开保民大会，至少每3个月举行一次，由保长召集，联合数保举行者，由各保长联合召集。以鸣锣或其他方法告明开会地点与时间，以本保过半数之户长出席为法定人数。保长因故不克召集时，得由该管乡镇长代为召集。关于保民大会会议程序，浙江省规定联合数保举行者，由各保长互推一人为主席，保长因故不能为主席时，由副保长主席，均不能主席时，由出席之指导员或由其指派保内素孚众望之住民为主席。由各甲长担任纠察，维持会场秩序，并由主席指定记录及司仪大会应在本保公共场所室内举行，开会时间应不妨碍保民工作。各保户长如无故不

---

① 浙江省民政府厅：《新县制》（上编），1940，第137～139页，龙泉市档案馆藏，档案号：临-2-111。

出席连续二次者，应由保长予以警告，连续三次者，得命其缴纳本保公益费一角。保民大会的职权：①制定和修正保甲规约；②筹集保甲事业经费；③审查本保住民申请免缓兵役；④本保兴革事项；⑤甲长与住民建议事项。[①]龙泉县根据浙江省的要求在全县设立保民大会，并在第二次县政府干部会议上，制定了《龙泉县保民大会简则》。规则要求保民大会出席人员为保长、副保长、甲长、全体保民，保民大会须有全保住户半数以上之出席者方能举行，开会时以保长或副保长为主席，如保长或副保长均因事缺席时，由乡镇长代行其职务；保民大会每月开会一次，由保长召集，如有特别事件或住户三分之一以上之要求时，可召集临时会。[②]

为了推行新县制，普遍设立基层民意机关。1941 年 8 月 9 日，国民政府公布实施《乡镇组织暂行条例》。条例共 9 章 70 条，对乡镇的区划与编制、乡镇民代表会、保民大会、户长会议、乡镇务会议、保务会议、乡镇公所、保办公处等均做了详细的规定。

关于乡镇和乡镇民大会，条例规定乡镇内之编制为保甲，每乡镇以 10 保为原则，不得少于 6 保，多于 15 保。乡镇之划分，以人口、经济、文化、交通等状况为标准。乡镇民代表会由本乡镇之保民大会各选举代表二人组织之。乡镇民代表会之职权：①议决乡镇概算，审核乡镇决算事项；②议决乡镇公有财产及公营事业之经营与处分事项；③议决乡镇自治规约；④议决本乡镇与他乡镇相互之公约；⑤议决乡镇长交议及本乡镇内公民建议事项；⑥选举或罢免乡镇长；⑦选举或罢免乡镇之县参议员；⑧听取乡镇公所工作报告及乡镇公所提出询问事项；⑨其他有关乡镇重要兴革事项。乡镇民代表任期 2 年，连选得连任。乡镇民代表违法，或失职，由保民大会罢免之。乡镇民代表会置主席 1 人，由乡镇民代表互选之。乡镇民代表会每三个月开会一次，由主席召集之。如遇特别事故，或乡镇民代表三分之一以上请求时，得举行临时会议。议案之表决，以出席代表过半数之同意，罢免案应有出席代表三分之二以上之同意。乡镇民代表会决议案送请乡镇长分别执行，如乡镇长延不执行，或执行不当，得请其说明理由，如仍认为不满意时，得报请

---

① 浙江省民政府厅：《新县制》（上编），1940，第 140～141 页，龙泉市档案馆藏，档案号：临－2－111。

② 东陵：《龙泉县保民大会实施经过》，《大风》（金华）第 95 期，1939，第 7 页。

县政府核办。[①]

关于保与保民大会，条例规定保以甲为原则，不得少于6甲，多于15甲。保设保公处，置保长一人，受乡镇长之监督指挥，办理本保自治事项及县政府委办事项，并设副保长一人襄助之。保民大会，由本保每户推出一人组织之。其职权：①议决本保保甲规约；②议决本保与他各保间相互之公约；③议决本保人工征募事项；④议决保长交议及本保内公民五人以上提议事项；⑤选举或罢免保长、副保长；⑥选举或罢免乡镇民代表会代表；⑦听取保办公处工作报告及向保办公处提出询问事项；⑧其他有关本保重要兴革事项。保民大会，每月开会一次，由保长召集之，遇有特别事故，由保长或本保20户以上之请求，召集临时会议。保民大会非有本保各户出席人数过半数之到会，不得开议。议案之表决，以出席人过半数之同意行之，可否合数时，取决于主席。罢免案之成立，应有出席人三分之二以上之同意。保民大会出席人，对于与本身有利害关系之议案，不得参与表决。保民大会开会时，保长主席，保长有事故时，副保长主席，保长副保长俱有事故时，由大会推举一人主席。保民大会开会时，保长、副保长对于与本身有利害关系之事件，应行回避，由大会推举临时主席。保长对于保民大会负有布置议场及办理会议记录、报告经办事项、答复出席人之询问、整理议决案件、公布大会决议案等主要任务。保民大会决议案，送请保长分别执行，如保长延不执行，或执行不当，得由其说明理由，如仍认为不满意时，得报请乡镇公所转呈县政府核办。保长对于保民大会之决议案，如认为不当，得附理由，送请复议，对于复议结果，如仍认为不当时，得呈报乡镇公所转呈县政府核办。乡镇公所对于保民大会之决议案，认为有违反三民主义或国策情事者，得开明事实，呈请县政府核准后，予以解散，另行召集，并由县政府呈报省政府备案。[②]

相较于1939年浙江省的规定，国民政府颁布的《乡镇组织暂行条例》赋予乡镇民代表大会和保民大会更大职权，不仅具有选举权，也具有决定本乡镇或本保内重要事项的权力，一定程度上对乡镇长、保长起了监督作用，

---

① 《乡镇组织暂行条例》，《中华民国史档案资料汇编》第五编第二辑，政治（一），1998，第121页。

② 《乡镇组织暂行条例》，《中华民国史档案资料汇编》第五编第二辑，政治（一），1998，第121页。

更能够体现新县制下基层民意机关的性质。

1942 年 5 月 6 日，内政部公布了《保民大会议事规则》，对保民大会召开的程序及会议形式做了详细规定。该规则规定：保民大会开会前五日由保长召开保务会议，将本月开会要讨论的各事项先行审查，拟具办法，提交大会讨论。保民大会开会之日期、时间及讨论事项，由保长于开会前三日通知各甲长遵行通知各户，并在保办公处门前以大字通告。保民大会开会前 20 分钟先摇预备铃一次，届开会时再摇一次。各甲长听见开会铃声应即从速率同本甲内各户出席人员到会出席，不得迟到，主席未宣告散会前，未经主席许可不得先行退席。保民大会开会时应备置保民大会出席簿，出席人除签名外，并应注明本人所属的甲数及户主姓名。开会之程序：摇铃开会；全体肃立；向党国旗及国父遗像行三鞠躬礼；主席恭读总理遗嘱；主席宣布开会，报告各甲缺席人数及全保到会人数，并报告上次决议案及办理经过情形；进行讨论。保民大会每次开会以两小时为限，如有延长必要时由主席决定之。携带武器者、饮酒昏乱者、喧扰会场不服制止者由主席令退席。①

三　保民大会的运作

保民大会的组织及职权在一系列法规、条例中得以体现。然而，要全面了解与其相关的实际运作情况，还需从具体的运作中加以分析。

1. 基层选举

《县各级组织纲要》第六条规定："中华民国国民，无论男女，在县区域内居住六个月以上年满二十岁者为县公民，有依法行使选举、罢免、创制、复决之权。"② 保民大会作为基层的民意机构，自然成为基层公民行使选举、罢免等权利的一个重要途径。

选举和罢免保长是保民大会的一项最基本的职责，也是公民行使选举权和罢免权的重要体现。"保是地方乡镇的组织细胞，保长之选举应该先于乡

---

① 《保民大会议事规则》（1942 年 5 月 6 日内政部公布），于建嵘主编《中国农民问题研究资料汇编·第一卷（1912～1949）》（下册），中国农业出版社，2007，第 1015～1016 页。

② 《县各级组织纲要》，秦孝仪主编《中华民国重要史料初编——对日抗战时期》第四编，战时建设（二），台北，中国国民党中央委员会党史委员会，1988，第 1990 页。

镇长选举。保有成效，而后施之于乡镇；乡镇有成效，而后施之于县。"① 1938 年 3 月 30 日，县长唐巽泽颁布训令："案查本县前曾订定各乡镇保甲长人选标准及任免办法通令试行在案。惟现在保长副保长之产生改由保民大会公选，对于该办法第九、第十两条，应予停止适用。"②同年 5 月，唐巽泽再次向各乡镇长强调："保甲制度，上承乡镇，下达民众，不独借以养成自治习惯增进自治力量，并为辅助政府推行政令之唯一机构，是故保长之人选，极关重要，应慎重甄选。"为此，向各乡镇颁发了《调整保长须知》，详细规定了保长选举（改选）之条件。要求各区署、乡镇派指导人员出席保民大会，进行公平选举，将选举情形以书面报告之形式（附当选人简明履历表）由乡镇区署转县政府核委。③ 1943 年，龙泉县长徐渊若也强调："乡镇保甲长之产生，应用选举制度"，"保长或副保长由本保保民大会选举，于三日内由大会主席将选举结果连同会议记录、会议概况报告表、当选人履历书备文呈由乡镇公所转呈县政府核委"。④

表 5－1　龙泉县保民大会选举或改选保长记录

会议名称	召开时间	参加人数（人）	主要事项
西平镇第六保保民大会	1943 年 9 月 7 日	85	原保长叶介泉因病免职，吴作仁得票 70 张，当选为保长
西平镇第一保保民大会	1943 年 10 月 18 日	63	廖锡椴得票 60 张，当选为保长
西平镇第八保保民大会	1944 年 7 月 27 日	73	黎镶凤辞职，杨克诚得票最多，当选为保长
东升镇第八保保民大会	1945 年 12 月 30 日	40	陈金生辞职，王兆霖得票 30 张，当选为保长

资料来源：《西平镇保自治人员任免卷》，龙泉市档案局藏，档案号：10－1453；《福源乡参议员乡民代表卷》，龙泉市档案局藏，档案号：10－1－193；《东升镇保甲自治人员任免卷》，龙泉市档案局藏档案号：10－1－576。

---

① 黄朴心：《乡镇保长民选问题》，《建设研究》第 7 卷第 4 期，1942，第 11 页。

② 《本县前颁之乡镇保甲长人选标准及任免办法第九、十两条予停止适用令仰知照由》，《乡镇保甲长人选标准任免办法卷》，龙泉市档案馆藏，档案号：10－1－456。

③ 《调整保长须知》，《乡镇保甲长人选标准任免办法卷》，龙泉市档案馆藏，档案号：10－1－456。

④ 《选任乡镇保甲长应行注意事项》，《乡镇保甲长人选标准任免办法卷》，龙泉市档案馆藏，档案号：10－1－456。

选举乡镇民代表是保民大会的又一项基本职责，也是公民行使选举权和罢免权的另一个重要体现。根据《乡镇组织暂行条例》的规定，县公民年满25岁，近乡镇民代表候选人试验或检核及格者，得被选为乡镇民代表会代表，但现任本乡镇区域内之公职人员、现役军人或警察、在校学生除外。乡镇民代表之选举由各保保长在本保召集保民大会举行之。选举用无记名方式进行，投票完毕后应当场开票。当选人以得票数较多者定之，票数相同者，以抽签定之。选举完毕后，由乡镇长录报县政府确定并公布，报省政府备案。乡镇民代表任期2年，可连选连任，违法、失职者由保民大会罢免之。[①] 1942年，国民政府考试院规定“乡镇保甲干部人员考试为特种考试，得分为甲、乙、丙三级。乡镇保甲干部人员考试及格后，其甲级得以乡镇长，乙级得以保长及乡镇公所股主任及干事，丙级以甲长及保办公处干事选用”[②]。自1942年起，龙泉县开始在部分乡镇试行乡镇民代表选举，1944年4月开始正式举行第一届乡镇民代表选举，1947年3月开始举行第二届乡镇民代表选举。[③] 表5－2～表5－5为龙泉县金田乡乡镇民代表履历表。

表5－2　1944年龙泉县金田乡乡镇民代表履历

保　别	姓　名	年　龄	学　历	经　历
一保	潘道升	39	私塾5年	曾任乡民代表数年，甲长9年
一保	游国琪	25	安仁中心学校毕业	现任国民学校校长兼教员、曾任乡镇民代表
二保	游廷昆	48	私塾5年	曾任乡民代表3年
二保	项剑金	46	私塾3年	曾任甲长多年
三保	刘瓒英	44	高小毕业	曾任小学教员2年，乡民代表3年
三保	刘火根	30	小学毕业	曾任小学校长3年
四保	叶光文	32	私塾3年	曾任甲长5年
四保	陈丐儿	40	私塾3年	曾任乡民代表3年
五保	刘大道	40	浙江第十一师范毕业	曾任中心学校校长兼教员多年

① 《乡镇民代表选举条例》，秦孝仪主编《中华民国重要史料初编——对日抗战时期》第四编，战时建设（二），台北，中国国民党中央委员会党史委员会，1988，第2184～2185页。

② 杨学为、朱仇美、张海鹏等主编《中国考试制度史资料选编》，黄山书社，1992，第870～871页。

③ 《龙泉县工作报告计划》，浙江省档案馆藏，档案号：L033－001－0821。

续表

保　别	姓　名	年　龄	学　历	经　历
五保	刘大康	45	私塾3年	曾任乡民代表3年
六保	金俊德	40	私塾3年	曾任乡民代表3年
六保	陈正有	41	私塾3年	曾任甲长3年
七保	叶其磐	39	私塾3年	曾任乡民代表3年
七保	周永房	32	私塾3年	曾任甲长3年
八保	周盛郊	30	小学毕业、县干部训练所毕业	曾任保长2年，国民学校校长2年
八保	周盛耿	52	小学肄业	曾任村长2年

资料来源：《龙泉县金田乡乡镇民代表履历表》，《金田乡参议员乡民代表卷》，龙泉市档案馆藏，档案号：10－1－192。

表5－3　1947年龙泉县金田乡乡镇民代表履历

保　别	姓　名	年　龄	学　历	经　历
一保	潘道升	42	私塾5年	曾任乡民代表3年，甲长多年
一保	游国琪	28	安仁中心学校毕业	现任国民学校校长兼教员
二保	周继定	26	初小毕业	曾任特务班等职
二保	项剑金	50	私塾3年	曾任甲长多年
三保	刘瓒英	48	高小毕业	曾任小学教员2年，乡镇民代表数年
三保	刘火根	35	小学毕业	曾任小学校长、乡镇民代表
四保	叶根寿	49	私塾3年	—
四保	陈丐儿	44	私塾3年	曾任乡镇民代表数年
五保	刘正温	68	私塾10年	—
五保	朱德勋	62	私塾3年	曾任甲长7年
六保	叶奶宝	44	私塾4年	曾任乡民代表3年
六保	陈正有	46	私塾3年	曾任甲长8年、乡镇民代表
七保	金兆磐	36	初小毕业	曾任保长11年
七保	金兆华	53	私塾5年	—
八保	周盛郊	34	小学毕业、县干部训练所毕业	曾任保长2年，国民学校校长2年
八保	周土生	28	高小毕业	曾任保长、保国民学校校长8年

说明：1947年6月25日，叶奶宝死亡，其乡民代表资格由候补代表金俊德递补。

资料来源：《龙泉县金田乡乡镇民代表履历表》，《金田乡参议员乡民代表卷》，龙泉市档案馆藏，档案号：10－1－192。

从金田乡两届乡镇民代表的名录来看，全乡共有8个保，每保共选举2名代表组成。1944年第一届乡镇民代表中，其中有8位曾任乡民代表，另外8位虽未曾任乡民代表，但也均曾担任过一定职务，全部具有一定的保甲工作经验。在1947年的第二届乡镇民代表选举中，第一届代表有8人得以连选连任，占总数的50%，既为乡镇民代表输入了新鲜血液，又确保了乡镇民代表工作的连续性。

另外，从资料来看，并不是所有乡镇的乡镇民代表都是由各保选举2人组成。从龙泉县龙溪乡有11个保，而其第一届乡镇民代表共有42名代表组成，每保平均4人或5人。其第二届乡镇民代表则缩减为23人。在这23名代表中，有15名代表得以连选连任。

表5-4　1944年龙泉县龙溪乡当选乡镇民代表履历

姓　名	年　龄	学　历	经　历	姓　名	年　龄	学　历	经　历
叶必松	30	私塾5年	现任保国民学校校长	项国琛	37	私塾2年	曾任保国民学校校长
吴马生	49	私塾4年	曾任保乡民代表4年	项福顺	30	私塾2年	—
周福田	33	私塾3年	曾任甲长	吴元昌	41	私塾3年	曾任甲长
周玉田	35	私塾3年	曾任甲长	余王生	27	私塾5年	龙泉壮丁总队教员
叶老吴	32	干部训练所	曾任乡民代表4年	毛昌松	38	私塾2年	曾任甲长
叶法彩	46	私塾3年	曾任甲长3年	吴天和	25	私塾2年	—
叶发余	32	私塾3年	曾任甲长3年	柳火林	32	私塾3年	曾任乡民代表
叶发寿	36	私塾3年	曾任乡民代表	余俊德	34	私塾3年	曾任保国民学校校长
刘步尧	21	私塾4年	现任保国民学校校长	柳春松	28	私塾3年	—
刘　营	31	初中肄业	曾任乡财务干事	余汉和	34	私塾2年	—
刘永善	23	师范毕业	现任保国民学校校长	叶火蔍	26	高小毕业	曾任乡保队附
刘作库	23	初中肄业	现任保国民学校校长	叶枝佳	21	高小毕业	—
刘明斌	30	私塾4年	曾任保长	叶天尧	36	私塾2年	曾任甲长2年

续表

姓　名	年　龄	学　历	经　历	姓　名	年　龄	学　历	经　历
刘明财	25	私塾 3 年	现任保队附	吴启颐	35	私塾 5 年	曾任保长 4 年
刘明堂	35	私塾 3 年	—	吴启文	32	私塾 3 年	曾任保国民学校校长
项金余	31	私塾 3 年	曾任乡民代表	叶宗邦	29	私塾 2 年	曾任甲长
项国树	57	私塾 3 年	本保保管委员主任	吴希茂	23	私塾 3 年	曾任保队附 3 年
洪水政	29	县立中心学校毕业、干训所毕业	乡民代表、学校校长、县参议员候选人	何应仁	33	初中肄业	曾任乡民代表
郭洪睿	28	私塾 3 年	—	何应孝	26	初中肄业	曾任国民学校教员
项马发	31	高小毕业	现任保国民学校校长	李朝彬	26	高小毕业	曾任保队附 2 年
叶吴晓	45	私塾 3 年	本保保管委员主任	李朝邦	44	私塾三年	曾任甲长 2 年

资料来源：《龙溪乡当选乡民代表名单》，《龙溪乡参议员及乡民代表卷》，龙泉市档案馆藏，档案号：10 - 1 - 191.

表 5 - 5　1947 年龙泉县龙溪乡当选乡镇民代表履历

姓　名	年　龄	学　历	经　历	姓　名	年　龄	学　历	经　历
叶必松	32	私塾 5 年	现任保国民学校校长	项国琛	39	私塾 2 年	曾任保国民学校校长
吴邦源	52	私塾 3 年	曾任保乡民代表 4 年	余王生	29	私塾 5 年	龙泉壮丁总队教员
叶老吴	35	干部训练所	曾任乡民代表 4 年	吴元昌	45	私塾 3 年	—
叶发余	34	私塾 3 年	曾任甲长 3 年	余一兴	40	私塾 3 年	未曾检核
刘永进	24	私塾 3 年		柳火林	35	私塾 3 年	曾任乡民代表
刘炎生	26	龙泉简易师范毕业	—	叶枝佳	23	高小毕业	—
刘　营	33	初中肄业	曾任乡财务干事、现任保长	叶天尧	38	私塾 2 年	曾任甲长 2 年
刘作库	25	初中肄业	现任保国民学校校长	叶宗邦	31	私塾 2 年	曾任甲长

续表

姓　名	年　龄	学　历	经　历	姓　名	年　龄	学　历	经　历
杨必惠	28	私塾2年	未曾检核	吴希茂	25	私塾3年	曾任保队附3年
项金余	33	私塾3年	曾任乡民代表	李承攻	53	私塾3年	未曾检核
洪水政	31	县立中心学校毕业、干训所毕业	乡民代表、学校校长、县参议员候选人	何应孝	28	初中肄业	曾任国民学校教员
叶吴晓	45	私塾3年	保管委员主任				

资料来源：《龙溪乡当选乡民代表名单》，《龙溪乡参议员及乡民代表卷》，龙泉市档案馆藏，档案号：10－1－191。

作为民意机关代表，乡镇民代表的选举竞争颇为激烈，不少人为了能够当选想尽各种办法，有些人甚至愿意放弃乡镇长、保长职务。1944年，小梅镇第4保谢卓元，已担任保长11年，在保民大会上被推举为乡镇民代表后，他主动要求辞去保长职务。[①] 无独有偶，小梅镇副镇长刘芹也于1944年10月19日呈请辞去副镇长之职，以就任镇民代表。[②] 龙溪乡第三保刘营1944年当选为第一届乡民代表，1945年又当选为第三保保长。根据《乡镇民代表选举条例》的规定，保长不能兼任乡镇民代表。1947年，刘营为了能够连选连任第二届乡民代表，多次向乡长呈请辞去保长职务。[③] 1947年3月30日，金田乡第四保为了选举2名乡民代表召开保民大会。全保到会人员有周七妹、刘根秀等73人，达到法定人数。会议由保长陈根养为主席，推选刘根秀为监票员，周七妹为检票员，乡长项天骥到会指导。经与会代表记名投票，陈根养得25票为最多，叶光文得23票排名第二，当选为乡民代表；陈根林得11票，陈正传得9票，当选为候补代表。因陈根养为现任保长，按

① 《为奉令应辞一职谨辞保长职务以就镇民代表而符法令请准予转报祈鉴核由》，《小梅镇参议员及乡民代表卷》，龙泉市档案馆藏，档案号：10－1－185。

② 《为当选镇民代表应辞去副镇长一职并请颁发镇民代表证书以符法令祈核转由》，《小梅镇参议员及乡民代表卷》，龙泉市档案馆藏，档案号：10－1－185。

③ 《龙溪乡第三保保长刘营呈请辞职》，《龙溪乡参议员及乡民代表卷》，龙泉市档案馆藏，档案号：10－1－191。

规定自然不能当选。乡长项天骥当场认定陈根养的当选是无效的，并要求第四保保民大会予以重选。然而，保长陈根养却不服，并让各住民回家，并令其子陈大东抢去空白会议记录和选举人名册，使重选无法进行。不得已，乡长项天骥只得于4月14日重新在乡公所召开第四保保民大会，由保队附陈正元代理主席，进行重选，结果选举陈丐儿、叶根寿二人为乡民大会代表。然而，保长陈根养对重选结果不服，并向县长控告乡长项天骥“横行不法，破坏选举”。[①] 此外，有的人为了当选乡镇民代表，也进行贿选。1947年，金田乡第二保周继定，为了当选乡民代表，在选举之前极力拉选票，甚至给部分保民每人法币1000元。[②] 由此可见，在乡村社会里，乡镇民代表对于地方精英还是有不少吸引力的。

2. 处理地方事务

保民大会作为民意机构，它对本保的地方事务具有讨论、建议、监督和决议的权力。据统计，龙泉县在1939年共召开128次保民大会，共讨论决议393件议案。其中有关地方自卫事宜的议案有25件，抚恤战士家属21件，社会救济的议案有17件，征兵、征役的议案13件，垦荒与合作事业11件，派捐募款11件，检举及审查舞弊事件9件，保公产公款处理8件，兴学办校7件，平抑物价7件等。[③] 这些议案，大多涉及保民的切身利益，因而为保民所乐意参加。保民大会也就成了保民自治的重要场所。至1940年6月，全县共召开保民大会2500余次。

保民大会也是保长传递政府信息，执行政府政策的一个重要场所。黄绍竑强调：“要用保民大会为政令推行的着眼点，没有什么可以怀疑的。”[④] 抗战时期，龙泉县先后颁布了《龙泉县余粮管制办法》和《龙泉县余粮及没收粮食分配办法》，要求全县进行粮食登记，口粮每人每月食米25市斤，谷以出米率七折计算，余粮必须由公店收购，违者悉数没收。为了宣传和执行

---

① 《为金田乡乡长项天骥妨害投票舞弊呈请核办由》，《金田乡参议员及乡民代表卷》，龙泉市档案馆藏，档案号：10－1－192；《呈报第四保改选乡民代表经过情形》，《金田乡参议员及乡民代表卷》，龙泉市档案馆藏，档案号：10－1－192。

② 《金田乡第二保违法选举请求宣告无效》，《金田乡第二届乡民代表选举案》，龙泉市档案馆藏，档案号：10－1－192。

③ 东陵：《龙泉县保民大会实施经过》，《大风》（金华）第95期，1939，第8页。

④ 黄绍竑：《政治进攻中对各界几个迫切的期望》，《浙江潮》第39期，1938，第720页。

这一政策，各乡镇保长纷纷召开保民大会，对保民进行宣传粮食统制政策。茶丰乡第九保的保民大会由小梅区署派事务员方岩金亲临保民大会，并作宣传动员工作。在此次保民大会上，各保民一致同意将余粮出售给公店。若有匿报者，经人检举，查明属实后，全部没收，并将出售款的三成奖励给举报人。然而，保民谢议林对此不予理会，仍将自家余粮私售给船户，最后遭到保民检举。[①] 1941 年，浙江省实行粮食总调查及田赋改征实物的政策，龙泉县各乡镇纷纷召开保民大会，宣传食粮调查及田赋改征实物的意义，并印制宣传书，张贴标语，讲解征实标准及手续。[②]

战时征兵、征役是一项极为浩大而又艰难的工作，每年各保都有派征名额。1944 年，龙泉县全年配额新兵 1563 名，实际征兵数 1673 名，军事征用各种劳力 48380 名。1945 年，配额新兵 1382 名，军事征用各种劳力 24727 名。[③] 当征兵、征役出现困难时，保民大会往往成为解决问题的一个重要途径。1948 年，由于战事紧急，浙江省被要求增加征兵名额 5000 人，龙泉县也被分配数十名新增名额。面对多年如此繁重的兵役，百姓已是苦不堪言。为了解决此次新增的名额问题，道泰乡召开保长大会和各保民大会，最终一致决议决定雇用志愿兵。其雇用经费由各保 26 ~ 30 岁之间的壮丁分派。[④]

保民大会也是保民维护自身利益的重要场所。公粮摊派涉及保民的基本利益，因此一旦保长接到乡镇公所分派的任务后，往往都是先召开保民大会，商讨摊派办法之后才进行征收。然而，有时保长和当地富绅也会相勾结，私下确定摊派数额。1944 年 11 月，双平乡各保奉县政府之命征收公粮。第十一保保长项朝松和该保首富项仁合谋，私下召集数人决定商讨分派办法，并伪造签名单，以保民大会的名义对保民进行摊派。结果遭到该保保民王陈清、王陈亮、练章田、练章元等人联名控告，并要求重新召集保民大会，公平确立摊派数额。“本保奉令摊派乡镇公粮，理应召开保民大会依法公平摊派，方符合法理。然本保有富绅项仁、项朝松等人勾结一般为富不

---

① 浙江省龙泉市档案局编《龙泉民国档案辑要》，中国档案出版社，2010，第 160 页。

② 《龙泉县兰渠乡举行三十年度召开会议纪录》，《卅年度粮食税调查法令卷》，龙泉市档案馆藏，档案号：14 - 4 - 159。

③ 《龙泉县战时民力耗用统计表》，《战时民力统制卷》，龙泉市档案馆藏，档案号：10 - 1 - 88。

④ 浙江省龙泉市档案局编《龙泉民国档案辑要》，中国档案出版社，2010，第 179 页。

仁，自恃威势，竟于十一月二十三日私聚密室，不依法定人数，私自捏造签到，号称保民大会，专权私派，减轻自己负担。主持私派者项仁为保内首富，有田赋八十余亩，所派不过六百三十斤。项朝松有田赋三十余亩，所派只有一百五十斤。而农民王陈清所有田赋不满二十亩则派其六百斤，赤贫陈孔余、王志法亦派其负担三十五斤。负担过重者，不胜枚举。项仁等为富不仁，串通私派，如此违法摊派，民等实难甘服。请求准予令饬保长再行召集保内住民，再开保民大会，公平摊派。"[①] 可见，保民大会虽然可以作为政府推行政策的工具，但也可以成为保民维护自身利益的重要途径。

3. 宣传动员民众抗战的利器

全面抗战爆发后，动员广大的乡村民众支持和参加抗战成为国民政府的一项重要任务。蒋介石认为："中国持久抗战，其最后决胜之中心，不但不在南京，抑且不在各大都市，而实寄于全国广大之乡村与广大强固之民心。"[②] 然而，长期以来国民党在乡村社会缺乏强有力的宣传机器，如何在乡村宣传和动员民众也就成了一个难题。保民大会成立后，成为乡村社会的民意机构，也使政府终于有解决这一难题的利器。1938 年 12 月，浙江省主席黄绍竑说："过去县政府只知道贴布告，一般政工队同志亦只知道贴标语、叫口号，其收效是很微的，所以举行保民大会，要县府同人及政工队全体动员，求其实现，以传达省方政令及推进各种工作。"[③]龙泉县长唐巽泽也强调龙泉县要发动全民抗战，必须实行民主政治。动员民众、组织民众、武装民众是一切工作的中心任务，保民大会实为保甲制度下社会动员的民意机关。[④] "保甲制度中，保是基层的政治组织，保民大会就是最基层的民意机关。要保证抗战的胜利，就得发动民众。保卫家乡、驱逐日寇，就要召开保民大会来做政治动员，报告抗战形势与战事消息、灌输战时知识、训练战时技能。"[⑤] 1939 年新县制推行后，浙江省政府对现行保甲组织进行了调整，并制

① 《请迅饬保长召集保民大会秉公摊派以昭公允》，《田赋征集卷》，龙泉市档案馆藏，档案号：16－6－1。

② 《蒋委员长论全民动员》，阮毅成等：《组织民众与训练民众》，战时出版社，1938，第 1 页。

③ 黄绍竑：《政治进攻中对各界几个迫切的期望》，《浙江潮》第 39 期，1938，第 720 页。

④ 龙泉市档案馆、政协龙泉市文史委员会编《龙泉：浙江抗战大后方》，2008，第310～311页。

⑤ 陈宁清：《论保民大会的理论与实践》，《地方行政》第 2 卷第 2 期，1941，第 47 页。

定了《完成县以下各级民意机关原则案》，规定9月底以前，全省各保保民大会全数召开完毕，确定保民大会为训导民众、宣扬政令及推行管、教、养、卫等各项措施政机关。[①] 至此，保民大会也就成为宣传和动员广大乡村民众支持抗战的利器。

1939年初，国民政府为了提高民众抗日的决心和信心，制定了《国民抗敌公约》，认为"第二期抗战业已开始，我凡国人，尤应精诚团结、矢志救国，各抱抗战必胜之决心，始能获得最后之利胜"[②]。为此，国民政府要求全体国民以宣誓的方式表示个人对抗战的态度，并颁布了《国民公约暨宣誓实行公约办法》。办法规定，自3月1日起，用一个月的时间来完成全民宣誓，以此"培养抗战精神，发挥抗战力量"，"举行宣誓以乡镇（联保）或保为单位，由乡镇长（联保主任）或保长在规定日期召集户长举行宣誓大会，由户长代表全家老幼宣誓，并在誓约上签名画押"[③]。

1939年3月19日，浙江省政府分令各县（市），要求以保为单位召集保民大会，举行宣誓仪式，每人在誓约上签字、画押、盖章或按指印，年龄在13岁以上的青年男女均应参加宣誓。1939年4月10日上午9时，在龙泉县在公众运动场举行有41个单位参加的联合宣誓仪式。5月10日，各乡镇开始举行宣誓仪式，并要求各保分别召开保民大会进行宣誓。宣誓内容为："不做敌国顺民；不参加伪组织；不做敌军军官；不为敌人带路；不为敌人侦探；不为敌人做工；不用敌人纸币；不买敌人货物；不卖粮食及一切物品给敌人。"至5月20日，全县各乡镇各保均完成宣誓。[④] 1940年11月，龙泉县为了提高民众抗战情绪，达到出钱出力，鼓励士气，保卫浙东，收复浙西起见，在全县发动保卫大浙江运动。要求全县城区和各乡镇保广泛宣传，组织各种战时服务队，发动全县民众，检举囤积居奇，严禁赌博，清查户口，查禁贩卖敌货，组织献金活动。为此，各保纷纷召开保民大会，向民众宣传保卫大浙江运动，检举奸商、肃清汉奸

① 《浙江省办理保甲案》，内政部档案，中国第二历史档案馆藏，档案号：12-2-1549。

② 《令发国民抗敌公约暨宣誓实行公约办法仰遵办具报文》，《后方勤务》第22、23期合刊，1939，第17页。

③ 《全国举行抗敌公约宣誓》，《教战》第5期，1939，第6页。

④ 龙泉市档案馆、政协龙泉市文史委员会编《龙泉：浙江抗战大后方》，2008，第29页。

敌探等。

四　乡镇民代表会的运作

关于乡镇民代表会的设立和召开，1941 年 12 月，国民政府内政部规定实行新县制已满两年，且已完成下列各项任务的县，经省政府派员调查确实，报请内政部核准后，才能设立乡镇民代表会：①健全机构，即县政府、乡镇公所、保办公处、均依《县各级组织纲要》规定调整充实完成，现任县各级干部人员全部经过训练；②编查户口，依照保甲户口编查办法，编整完竣，办理户籍人事及暂居户口登记；③整理财政，财务行政制度依法确定；④规定地价，全县土地经过测量或申报，造有地籍图册；⑤设立学校，至少每 3 保有一所国民学校，每乡镇有一所中心学校；⑥推行合作，每 3 保有一合作分社，每 2 乡有一合作社，县有合作联社；⑦办理警卫，全县警卫组织健全；⑧四权训练，保民大会普遍设置完成；⑨推进卫生，每 3 保有一卫生员，每 2 乡有一卫生所，县政府所在地设有卫生院；⑩实行造产，乡镇造产事业至少有 3 种以上，每乡镇造产年收益达一万元以上；⑪开辟交通，县与乡镇之间道路按照规定修筑完成；⑫实施救恤，设有救济院。[①]

内政部的规定显然过于严格。正因如此，直至 1942 年 12 月，全国也只有 302 个县设立了乡镇民代表会。浙江作为较早设立乡镇民大会的省份，截至 1940 年年底，已有 31 个县召开了乡镇民代表会。1941 年由于绍兴、余姚、慈溪、奉化等县相继沦陷，举行乡镇民代表会的县大为减少，至 1941 年年底，全省只有 17 县召开了乡镇民代表会，“且各县乡镇民代表仍多未能按照民权初步发言，会议记录更欠整齐，亟待切实督导”[②]。根据 1939 年 9 月公布的《浙江省各县乡镇民代表会议暂行通则》的规定，浙江各县的乡镇民代表会显然没有达到内政部的要求。[③] 1943 年，内政部不得不对此加以修

---

① 《内政部在第三次全国内政会议提新县制推进案及其决议》（1941 年 12 月），秦孝仪主编《中华民国重要史料初编——对日抗战时期》第四编，战时建设（二），台北，中国国民党中央委员会党史委员会，1988，第 2078 ~ 2079 页。

② 《县各级组织纲要浙江省实施总报告》，浙江省档案馆藏，档案号：L030 - 000 - 0058。

③ 《县各级组织纲要浙江省第一年实施报告》，浙江省档案馆藏，档案号：L030 - 000 - 0057。

改，放宽其限制条件，并提出了《成立县各级民意机关步骤》。步骤规定："保民大会开会六次以上，经政府考核无异者，得成立乡镇民代表会。乡镇民代表会开会四次以上，经政府考核无异者，得成立县参议会。"①

根据内政部的新规定，1944 年浙江省正式进行第一届乡镇民代表选举。1944 年 3 月，龙泉县政府训令各区乡镇举办乡镇民代表改选，正式成立乡镇民代表会："查县参议会奉令召集成立在即，所有各该区乡镇民代表亟宜一律予以改选，限四月底前办理完毕。"之后，全县 4 区 33 乡镇 349 保分别举行乡镇民代表改选。八都区位于龙泉县西边，与赣闽交界，下辖八都镇、岱垟乡、竹垟乡、瀑云乡、宝溪乡、住龙乡、锦溪乡共 7 个乡镇。区长彭光伟在接到县政府训令后，随即制订了《八都区各乡镇民代表改选补充办法》，确定了全区各乡镇民代表改选日期为 4 月 20 日至 26 日，并派员赴各乡镇指导改选。② 1947 年，浙江省再次进行了乡镇民代表改选，并成立了第二届乡镇民代表会。

乡镇民代表会不仅具有选举罢免乡镇长的权力，而且对乡镇长还具有监督权，使乡镇长不能为所欲为。根据 1939 年 9 月公布的《浙江省各县乡镇民代表会议暂行通则》，乡镇民代表会会议由乡镇长召集，其联合各乡镇举行的，由各乡镇长会商，报请区署召集。会议由乡镇长担任主席，其联合数镇举行者，由各该乡镇长互推一人为主席。③ 这种规定，显然有利于乡镇长控制乡镇民代表会。1941 年《乡镇组织暂行条例》公布后，明确规定乡镇民代表会置主席 1 人，由乡镇民代表互选之。乡镇民代表会每 3 个月开会一次，由主席召集之，从而一定程度避免了乡镇长对乡镇民大会的操纵。1947 年 8 月 10 日，龙泉县道泰乡召开第二届乡民代表会，选举乡民代表会主席。然而，道泰乡乡长陈东试图控制选举，拉拢部分代表提名其胞兄为乡民代表会主席。然而，陈东的行为遭到其余乡民代表会代表的抵制。老羞成怒的陈东和部分代表退席，致使大会选举不足法定人数而被迫中止。乡长陈东的行为引起了大部分乡民代表的愤怒，8 月 12 日，他们联名向龙泉县长陈述"乡

---

① 《成立县各级民意机关步骤》，《中央党务公报》1943 年第 12 期，第 84 页。

② 《八都区各乡镇民代表改选补充办法》，《八都区选举乡镇民代表》，龙泉市档案馆藏，档案号：11－2－136。

③ 《县各级组织纲要浙江省第一年实施报告》，浙江省档案馆藏，档案号：L030－000－0057。

长陈东因自民三十四年上半年起至今，所有一切经费报销并未提交代表会审查通过，其中舞弊甚多。现竟异想天开，勾结部分代表，假借乡长威权，当场公然强迫指定各代表选举其胞兄陈积畴为代表会主席，图借隐闭经费舞弊通过报销，当时有一部分代表不受威胁，则乡长陈东改串代表五人私自退席，以致人数不足，宣告留会。该乡长陈东如此行为确实违反法令，妨害选举"，并要求县长予以惩戒。①

乡镇民大会是乡镇事务的决议机关，对本乡镇的重要事务具有决议之权，其决议的事项，乡镇公所必须执行。乡镇公所设立的乡镇财产保管委员会必须由乡镇民代表会推举组成，乡镇公所的经费预算、经费收支、摊派、筹款、征役以及地方建设事项等必须经乡镇民代表会审核通过。龙泉县金田乡共有 8 个保，16 名乡镇民代表会代表，每三个月召开一次会议。1945 年 7 月 9 日，金田乡为了讨论乡公所办公地点、乡民代表会会址、推举乡财产保管委员会委员等事项，召开乡民代表会。会议由游国琪主席，县参议员刘大海、乡长项天骥列席会议。

会议首先讨论了乡公所的办公地点问题。由于乡长项天骥事先未经乡民代表会审议通过，擅自将乡公所的办公地点迁往交通不便的下田村，从而引起代表的不满。会议决议乡公所迁回原处办公，并要求"乡公所应择用廉洁公正之人员方能为地方服务，为民众谋福利，对于贪污横行之乡级人员，应尽量发挥力量排除之"。

其次，会议决议"择定本乡周山头第四、五保国民学校为本会会址"。最后，讨论乡财产保管委员会委员名单，"除乡长、副乡长为当然委员外，公推潘道升、游廷昆、刘瓒英、陈丐儿、金俊德、陈正有、周盛郊等人为委员，推定叶其磬为主任委员，由乡公所聘任，报请县政府核备"。县参议员刘大海在此次会议上发表讲话，他说："各位为人民之喉舌，代表民意，应站在公正之立场，以全乡人民之意思为意思，应以'富贵不能淫，威武不能屈'之精神，来与恶劣环境斗争，排除万难，决不要怕受阻力。"②

---

① 《龙泉县道泰乡民代表会代电》，《道泰乡参议员乡民代表卷》，龙泉市档案馆藏，档案号：10－1－198。

② 《龙泉县金田乡乡民代表会》，《金田乡参议员乡民代表卷》，龙泉市档案馆藏，档案号：10－1－192。

乡镇民代表会为乡镇自治之民意机关，也是县参议会的产生机关，它负有选举和罢免县参议员的权力。根据1941年8月9日公布的《县参议员选举条例》的规定，县公民年满25岁，经县参议员候选人试验或检核及格者，得被选为县参议员。县参议员选举分为区域选举和职业选举。区域选举是由乡镇民代表会负责选举，每乡镇可以选举1名县参议员，候补1名。[①] 1944年龙泉县各乡镇民代表普遍设立后，开始县参议员的选举。1945年1月16日，福源乡乡民代表选举县参议员，经投票表决，潘厚回得18票，为最多数当选为县参议员，潘厚承得4票，当选为候补参议员。[②] 全县33个乡镇民代表会分别选举1名参议员，另外职业团体选举农会5名，商会2名，工会2名，教育会1名，中医公会1名，全县共44位参议员。1945年7月30日，龙泉县参议会在龙泉县政府大礼堂正式成立。

五　成效与弊端

基层民意机关是民主宪政过程中基层民主政治发展的产物，是地方自治的有效手段。时逢抗战，乡镇民代表会和保民大会在动员民众、训练民众、推行地方自治方面确实发挥了重要作用。自治与动员的双重结合成为乡镇民代表会和保民大会的重要特征。

从自治的层面而言，乡镇民代表会和保民大会是对传统保甲制度的有益补充，在基层民主政治的推行中发挥着一定的作用。1938年，黄绍竑在永嘉县开会时强调："乡镇保甲组织——过去不健全，许多政令全都是空的。现在许多事情都以健全保甲为出发点，所以，专署方面要特别注意，就是要督促各县普遍举行保民大会，我看见许多县分开保民大会，就解决了许多重大问题。"[③] 事实上，抗战时期，乡镇民代表会和保民大会在征集壮丁、筹集保甲经费、征收粮食或赋税、进行农垦等地方自治事务中发挥了重要作用。更

---

① 《县参议员选举条例》，秦孝仪主编《中华民国重要史料初编——对日抗战时期》第四编，战时建设（二），台北，中国国民党中央委员会党史委员会，1988，第2166～2169页。

② 《奉令举行选举县参议员情形》，《福源乡参议员乡民代表卷》，龙泉市档案馆藏，档案号：10－1－193。

③ 黄绍竑：《政治进攻中对各界几个迫切的期望》，《浙江潮》第39期，1938，第720页。

重要的是，乡镇民代表会、保民大会等基层民意机关的设立和运作，为普通民众提供了一个参与政治，参与地方事务管理的平台，也使普通民众得到了一定的训练，“保民大会成为训练人民行使四权的中心场所”。[①] 乡镇民代表会、保民大会、户长会议与县参议会共同构成了新县制下的民意机关，也使传统意义的保甲制度开始向近代民主转型。

值得一提的是，中共对战时基层民意机关的设立也多持肯定态度，并努力将基层民意机关作为开展政治工作的平台。1939 年 7 月下旬，时任中共浙江省委书记的刘英在中共浙江省第一次代表大会上曾讲道：“保民大会开始普遍的举行，及乡镇保甲制度的改革，现在省政府已明白规定保民大会不但可以提出问题，而且可以建议，可以组织特种委员会，可以撤换和改造（选）保甲长，及对年高的、贪污的乡保甲长的调换，与待遇的相当提高等。”[②] 此次会议通过了《中共浙江省第一次代表大会关于目前抗战形势与浙江党的任务的决议》，并强调：“全浙党员应该积极赞助保民大会、乡镇代表会的召集，以健全下层政治机构，同时选派能代表民意的代表，出席县参政会，消除政民间隔阂，沟通政民间的关系，使普遍一致具体执行抗战决议，使战时民主政治迅速的进步。”[③] “中共政工队员在乡村中协助政府进行保甲制度的改良，贪污枉法乡保甲长的检举与惩办，特别是保民大会的召开，更是浙江抗战政治中一件最有意义、最有价值的新猷，对于人民痛苦的解除，农村黑暗的澄清，行政效率的增进，民主精神的培养有非常重大的贡献。”[④] 中共也充分利用保民大会宣传共产党的政策与主义，“政工队每到一处，都召开村民大会或保民大会，宣传党的抗日民族统一战线政策，宣传毛主席的持久战的理论。批驳那些亡国论、速胜论和宿命论等错误思想，宣传八路军和新四军英勇抗日的事迹”[⑤]。1940 年，中共浙南特委在总结报告中

---

① 汪镕三：《保民大会》，《县政》第 3 卷第 3 期，1944，第 2 页。

② 浙江省档案馆编《浙江革命历史档案选编：抗日战争时期》（上），浙江人民出版社，1987，第 111 页。

③ 浙江省档案馆编《浙江革命历史档案选编．抗日战争时期》（上），浙江人民出版社，1987，第 127～128 页。

④ 林初：《本省战时政工队的回顾与展望（节录）》，罗未央主编《浙江革命进步文化历史文献选编》，浙江美术学院出版社，1993，第 633～634 页。

⑤ 中共浙江省委党史研究室编《浙江战时政治工作队》，当代中国出版社，1999，第 368 页。

说："深入的向地方士绅与乡镇保甲长解释我党的抗日主张与商谈各种抗日动员的工作，协助他们开保民大会、国民会，协助他们举办学校补习班，帮助他们动员志愿兵上前线，帮助他们劝募救国公债，并采取协调的原则，排解地主与农民之间的许多纠纷。这样一来，许多公正的士绅与进步的乡镇保甲长，对我党的主张与青年的爱国热忱深表同情，自动的出来赞助救亡工作。""利用政府法令与保民大会，领导民众进行改选贪污乡保长的运动，争取了许多公正人士出来充任乡保长。"①

然而，由于战乱不断，民众生活困苦，普通民众对参加保民大会和户长会议积极性不高。根据《龙泉县保民大会简则》的规定，保民大会每月举行一次，实际上，若月月举行，在政府方面，派不出这么多的指导员，在民众方面，也不可能月月参加此类会议，所以只能"有事便开，无故不举行"。② 保民大会召开时，保民多以身体不适、外出、道路不佳、家中有事等作为缺席的借口。1943 年 10 月 18 日，西平镇第一保召开保民大会，出席人数 63 人，缺席人数 32 人。③ 高缺席率很难说明大会选举结果是全体保民的意志体现。即便是选举产生的保甲长，在实际的任免中也被乡镇干部所操纵。1944 年 3 月，西平镇第八保召开保民大会，周守卿年富力强、勤谨精明，得票最多数，理应当选保长。然而，镇长弃周守卿而不用，却指定廖赞臣为该保保长。廖某，年逾半百，精力衰弱，并且双目近视，其本人都承认无法胜任该职。④ 所以，保民大会召开时经常出现混乱局面。1939 年 5 月 18 日，西平镇第六保召开保民大会，保民饶尚彬当场发言，揭露保长受贿之实，到会者百余人，闻言之下，众皆哗然，议论纷纷，会场秩序为之大乱。⑤

在战时，征兵、征税、征粮始终是政府的头等大事，因而乡镇民大会和

① 《中共浙南特委关于抗战以来浙南两年工作的总结（节录）》（1938 年 5 月至 1940 年 4 月），中共浙江省委党史研究室编《浙江战时政治工作队》，当代中国出版社，1999，第 33 页。

② 东陵：《龙泉县保民大会实施经过》，《大风》（金华）第 95 期，1939，第 8 页。

③ 《龙泉县西平镇保民大会会议概况报告表》，《西平镇保自治人员任免卷》，龙泉市档案馆藏，档案号：10 - 1 - 453。

④ 《呈请准予辞职保长转委接充由》，《西平镇保自治人员任免卷》，龙泉市档案馆藏，档案号：10 - 1 - 453。

⑤ 《西平镇饶尚彬传案申斥具悔过切结》，《殴打案卷》，龙泉市档案馆藏，档案号：10 - 1 - 527。

保民大会所讨论的各项自治事业中，往往以摊派、征兵、征粮等事务为主。1940 年 1 月 12 日，严山乡第四保召开保民大会，决议筹建小学，需预算经费 500 元，按保民 44 户摊派，最高者摊派 100 元，最低者摊派 4 元。[①] 1944 年 9 月 27 日，福源乡召集乡民代表保长会议，讨论年度保务支出 16.42 万元的摊派事宜，第一保摊派 2 万元，第二保摊派 1.5 万，第三保摊派 1.2 万元，第四保摊派 1.6 万元，第五保摊派 1.2 万元，第六保摊派 2 万元，第七保摊派 0.8 万元，第八保摊派 1.2 万元，第九保摊派 2 万元，第十保摊派 1.25 万元，第十一保派 0.52 万元，第十二保摊派 1.2 万元。而后各保长分别召开保民大会，将上述摊派经费下派至各户。[②] 可见，乡镇民代表会和保民大会也就逐渐成了政府吸取地方资源的工具。

对此，时人评论说："我们也不要过高地估计了今天的保民大会，以为省政府命令一下，各地保民大会一开，便足以赶走日本鬼子了。""有些地方把召开保民大会当作应付上头公事的一种工作，只要形式做到，实际的效果便不去讲究，使保民大会成为有名无实的东西……以致摩擦时起、纠纷横生。""有些地方的保民大会仍操纵在土劣手里，他们操纵了保民大会，便假借民意，对外招摇撞骗，对内欺诈舞弊，弄得保内人民怨恨异常，视开保民大会为畏途。""有些人认定保民大会是保甲制度的一部分，所以认为保民大会的工作也便是如何宣布政府的法令、征兵、执行政府的法令。于是，每次保民大会的召开，几乎都是应付政府的问题，征兵、派款、捐粮草、派夫子等，而没有与民众的生活打成一片，没有把动员民众放在第一位，而把应付差事放在第一位。差事应付过了，保民大会也便完结。"保民大会上所讨论的地方自治事务，又多为议而不行，"只有白纸黑字的决议案，而无切实的执行，这使热情厚朴的乡民大失所望"。"开保民大会时，民众很少提出具体的意见，乡镇保长不去指导并启发乡民，而且有些乡民提出意见时，也有遭大会主持者抵制不理的事实。"[③]

总之，乡镇民代表会和保民大会等基层民意机关的设立，从制度上为

---

① 浙江省龙泉市档案局编《龙泉县民国档案辑要》，中国档案出版社，2010，第 111 页。

② 《龙泉县福源乡召集乡民代表保长联席会议纪录》，《福源乡参议员乡民代表卷》，龙泉市档案馆藏，档案号：10－1－193。

③ 百炼：《普遍召开保民大会保卫浙东！》，《浙江潮》第 98 期，1940，第 114 页。

保甲制度增添了民主色彩，对于推行地方自治，提高民众政治素养具有积极意义。然而，由于基层民意机关创设于战时的环境之下，一方面民众生活困苦，参与政治生活的兴趣不高，另一方面政府为了应对外患和“戡乱”，不得不利用保甲强化对基层社会的控制，并借助乡镇民代表会和保民大会等基层民意机关的名义向基层社会吸取资源，从而严重阻碍了基层民意机关应有自治职能的发挥，反而逐步沦为政府从基层社会吸取资源的工具。

第六章　合作与保甲：乡镇保合作社的建立

南京国民政府建立后，遵循“总理遗教”，将发展合作事业作为推行地方自治，救济乡村经济、改造乡村社会的重要手段。1928 年，南京国民政府率先在江苏、浙江两省建立合作社，推行合作运动，发展合作事业。为了配合军事“围剿”，鄂豫皖三省“剿匪总司令部”于 1931 年 11 月设立了农村金融救济处，从事农村金融救济，指导农民组织合作社。1933 年 10 月，又颁布《剿匪区内各省农村合作条例》，要求将合作与保甲相结合，利用农村合作事业，以经济力量配合乡镇保甲制度，实现“管、教、养、卫”之目的。由此，国民政府在江西、安徽、河南、湖北四省大规模推行合作，以农村合作运动来抵制中共的土地革命。抗战时期，国民政府颁布《县各级组织纲要》，实施新县制，将合作运动与地方自治密切相配合，在县乡镇保组织各级合作社，从事信用、运销、生产、保险等各类合作业务。国民政府推行的合作运动，实质上是依靠国家行政力量进行的社会经济政策，对于救济和发展乡村经济，整合乡村社会具有一定的积极意义。①

一　浙江合作事业的兴起

近代以来，中国农村经济凋敝，金融枯竭，农民生活极其贫困，农村社

① 学术界关于国民政府合作运动已有成熟的研究，代表性成果有寿勉成、郑厚博《中国合作运动史》（正中书局，1937）、郑大华《民国乡村建设运动》（社会科学文献出版社，1999）、赵泉民《政府·合作社·乡村社会——国民政府农村合作运动研究》（上海社会科学院出版社，2007）、魏本权《农村合作运动与小农经济变迁：以长江中下游地区为中心（1928～1949）》（人民出版社，2012）、姜枫《抗战前国民党的农村合作运动》（《近代史研究》1990 年第 3 期）、卜国群《中国三十年代的合作运动及乡村改良潮》（《中国经济史研究》1994 年第 4 期）、肖文俊《民国时期浙江农村合作运动研究（1928～1936）》（华中师范大学硕士学位论文，2013）等。

会矛盾日益恶化。为了解决民生问题，孙中山提出要兴办农业合作、工业合作、交易合作、银行合作和保险合作。[①] 1926 年 1 月，国民党“二大”提出“严禁对于农民之高利贷及从速设立农民银行，提倡农民合作事业”[②]。南京国民政府成立后，将合作事业视为实现民生主义的一项重要手段。1928 年 2 月，蒋介石、陈果夫、张静江等人联署向国民党中央提出“组织合作运动委员会建议案”，认为“解决民生问题的方法，虽不止一种，但合作运动却是最稳妥的，最切实的，最合于民生主义的一个重要方法”，并提议应在“中央与经济设计委员会之下设立合作运动委员会，专司研究宣传及指导合作运动的职务”[③]。同年 10 月，国民党中央执行委员会第一七九次常务会议通过了“下层党部工作纲领案”，将识字、造林、造路、合作、保甲、卫生、国货等 7 项运动列为下层党部必须办理事项。[④] 根据这一纲领，江苏、浙江两省率先开始办理合作运动。

1928 年，浙江省先后颁布了《浙江省农民银行条例》和《浙江省农村信用合作社暂行条例》，成立了浙江省农民银行筹备处，委任许玻为筹备处主任，兼办合作指导事宜。1929 年 8 月，浙江省政府将合作事业之指导、奖励、宣传、监督等事项，划归建设厅办理，在建设厅内设合作事业室。[⑤] 同年 12 月，建设厅订定《浙江省合作社规程》，举凡“信用、购买、贩卖、利用”等合作社均包含在内，成为浙江省合作事业的纲领性法规。1930 年 10 月，浙江省农矿处成立，合作事业一度划归该处管理，到 1931 年 1 月，农矿处被撤销，合作事业又重归建设厅办理。1932 年 6 月，建设厅恢复了合作事业室，并设置专员，由浙江大学教授陈仲明负责。1933 年 4 月，为提高合作事业室之职权，将其与建设厅各科并列，内分合作事业与农业金融两股，每股设主任 1 人，技士 2 人，科员 3 人，指导员 4 人，分别承办各股事宜，

① 孙中山：《地方自治实行法》，《孙中山全集》第 5 卷，中华书局，1985，第 224 页。

② 荣孟源主编《中国国民党历次代表大会及中央全会资料》上册，光明日报出版社，1985，第 134 页。

③ 寿勉成、郑厚博：《中国合作运动史》，正中书局，1937，第 107 页。

④ 秦孝仪主编《革命文献》第 84 辑，台北，中国国民党中央委员会党史委员会编，1980，第 306 页。

⑤ 《浙江合作事业概括》，浙江省档案馆藏，档案号：L084－000－0002。

由合作室专员总揽其成。[①] 1935 年 2 月，建设厅为贯彻振兴农业政策起见，将农业总场、第四科及合作事业室合并为农业管理委员会，分设合作、稻麦、棉业、森林、肥料五管理处，合作事业室并入该会改名为合作事业管理处，以陈仲明为主任，唐巽泽为副主任。1936 年 1 月，合作管理处撤销，恢复合作事业室，直隶厅长，与各科并列。6 月，合作事业室改为第二科，下设合作事业和农业金融两股。[②]

在合作运动推行之初，浙江省主要以建立信用合作社为主，因为“农村中最缺乏者莫如生产资金，而农民最感痛苦者，莫如高利贷之压迫，故提倡组织信用合作社，足以供给农村生产资金，解除高利贷压迫，使农民痛苦减少，则合作事业推进必易”[③]。1928 年 7 月，浙江省颁布《浙江省农村信用合作社暂行条例》，作为组织信用合作社重要法规。1929 年，全省设立信用合作社 143 社，社员数 4524 人，股金达到 17217 元。至 1935 年，信用合作社达到 1147 社，社员数 31286 人，股金 125883 元。[④] 信用合作社之所以能得到迅速发展，“除了环境的需要外，还有另外两个原因，其一是信用合作社收效迅速，可以迅速解除高利贷痛苦，获得生产资金，故农民特别欢迎；其二是人数较少，设备费不大，组织较易，因此一经提倡，即纷纷成立”[⑤]。除了信用合作社外，浙江省也鼓励发展运销、生产、消费、供给、保险等合作社。1930 年，全省先后成立了运销合作社 5 社，消费合作社 6 社。1933 年，浙江省对全省合作社进行整顿，要求发展多种合作社。1933 年之后，生产、运销、消费合作社得到迅速发展，社员数及股金额也有显著的增加。至 1935 年，全省共有生产合作社 395 社，运销合作社 110 社，消费合作社 37 社，供给合作社 58 社，保险合作社 9 社。

① 黄石、陈仲明：《八年来浙江合作事业的演进》，《浙江省建设月刊》第 9 卷第 3 期，1935，第 157 页。

② 《浙江合作事业概括》，浙江省档案馆藏，档案号：L084 - 000 - 0002。

③ 黄石、陈仲明：《八年来浙江合作事业的演进》，《浙江省建设月刊》第 9 卷第 3 期，1935，第 158 页。

④ 《浙江合作事业概括》，浙江省档案馆藏，档案号：L084 - 000 - 0002。

⑤ 黄石、陈仲明：《八年来浙江合作事业的演进》，《浙江省建设月刊》第 9 卷第 3 期，1935，第 159 页。

表 6-1 浙江省合作社概况（1933~1935 年）

合作社类别	合作社数			合作社社员数			合作社股金		
	1933 年	1934 年	1935 年	1933 年	1934 年	1935 年	1933 年	1934 年	1935 年
信　用	858	1124	1147	21626	29771	31286	85584	120764	125883
运　销	26	64	110	2010	9532	11372	22831	121522	132042
生　产	150	238	395	3556	6100	10281	12873	27204	52426
消　费	15	22	37	977	1586	2570	8063	10510	15863
供　给	9	21	58	589	955	2495	3278	6073	11462
保　险	1	1	9	55	55	383	376	376	798

资料来源：《浙江合作事业概括》，浙江省档案馆藏，档案号：L084-000-0002。

抗战前，浙江合作事业得到了迅速发展，但也存在种种弊端。1933 年，浙江省曾对全省合作社进行考核，结果 60 分以上的合作社只有 40%。唐巽泽不得不承认“全省合作社质的方面的检讨，使我们惭愧、失望”，“合作事业推行之初，指导人员多以为合作社成立愈多，愈著成绩。在下乡作宣传工作时，每以合作社成立后可以申请借款为宣传资料，以致信用合作社逐日增多。因为组织合作社的宗旨既被误认，而且各社在举行一次成立大会，选出理监事，借到借款后，社务就无形停顿”[①]。陈仲明也认为：“由于信用合作社成立太多，难免不发生粗制滥造的流弊，流弊之大者，除借款外别无业务，除成立外即无会议。至于用途不当，账目不清，社务腐败，更是比比皆是，不一而足。”[②] 尽管如此，浙江合作事业的推行还是为农村注入了新鲜血液，一定程度上缓解了农村金融枯竭的局面。“农村金融之枯竭，与高利贷盘剥之繁苛，为本省普遍之现象”，“且自二五减租以后，业主怀恨佃农，实行经济绝交，农民告贷无门”，农村信用合作社的组织，“便利了小农借贷，收效至宏”。[③]

二 乡镇保合作社的建立

抗战前，浙江省合作事业在杭、嘉、湖一带发展迅速。抗战爆发后，为了

① 唐巽泽：《推进中之浙江省合作事业》，《浙江省建设月刊》第 9 卷第 2 期，1935，第 54 页。

② 黄石、陈仲明：《八年来浙江合作事业的演进》，《浙江省建设月刊》第 9 卷第 3 期，1935，第 159 页。

③ 韦保泰：《浙江省办理农业金融之过去与未来》，《浙江省建设月刊》第 9 卷第 3 期，1935，第 168 页。

适应战时经济管制和物资分配的需要，浙江省于1938年1月创立了浙江省战时物产调整处，并将合作事业划归该处管理。同年，浙江省颁布了《浙江省战时合作社暂行办法》，目的在于建立合作社的新经济制度，其特点在于：①体系上采取四级制，即省、县、区、乡镇分别建立合作社，并与行政区域相配合。②组织上采用全民制，以全体居民加入为原则，为吸引民众入社，规定每股股金仅收2角。③业务上一律采取兼营制，即生产、运销、信用、供给、保险等。④社务上采取社长制，以期处事迅速。暂行办法的出台，使浙江合作事业有了新的发展，乡镇成为组织合作社的基本单位。

为了推行战时合作社，浙江省决定先在第九行政专区的丽水、龙泉、庆元、景宁、云和、青田等10县实施，然后再向其他县区推广。为强化各县对合作事业的领导，省建设厅在第九区各县政府内设立了合作事业室，分别派出主任指导员1人，指导员若干人，负责推动各县合作事业的发展。与此同时，省建设厅又大力培养合作人才，并令第九区各县合作社选送青年优秀社员300人分别集中在龙泉、松阳、丽水进行短期训练，学习合作知识与抗战常识。1938，第九行政专区的丽水、龙泉、庆元、景宁、云和、青田等10县按照战时合作社暂行办法建立了乡镇合作社，在全区467个乡镇中，已有430个乡镇成立了乡镇合作社。战时合作社在第九行政区推行之后，金、衢、严、绍、温、台、宁等府属各县相继效仿。自1938年至1940年，全省有53县设立了合作事业室，共组织战时乡镇合作社1337社，社员达到413476人，股金总额达到7177253元。①

表6-2　浙江省第九区各县合作事业指导人员与指导经费统计（1938年）

县别	指导人员数	每月经费数（元）	省每月补助费（元）	县别	指导人员数	每月经费数（元）	省每月补助费（元）
丽水	8	25200	19500	云和	7	26000	20000
松阳	8	31000	21000	青田	5	28000	20000
龙泉	13	30900	20000	景宁	8	23200	19000
遂昌	9	29000	23000	缙云	8	26248	19248
庆元	11	25000	25000	宣平	7	24500	17500

资料来源：浙江省政府建设厅编《抗战期间浙江省建设事业概括》，1938，第21页。

① 《浙江合作事业概括》，浙江省档案馆藏，档案号：L084-000-0002。

表6-3　浙江省第九区各县乡镇合作社社员人数统计（1938年）

县　别	乡镇数	社　数	全县户数	社员人数	共认股数	股金总额（元）
丽　水	64	61	32702	10965	37880	1620560
龙　泉	47	45	43383	20100	72572	1591440
遂　昌	50	51	28460	21066	40491	977360
青　田	46	48	60425	18442	47572	965580
缙　云	73	74	52207	18377	72011	1520220
景　宁	24	24	28092	21875	50377	1007540
庆　元	56	25	24478	5964	20312	406140
松　阳	59	61	33665	11293	31519	792740
云　和	29	30	18546	9134	15654	343460
宣　平	19	21	19847	14091	41052	111240

资料来源：浙江省政府建设厅编《抗战期间浙江省建设事业概括》，1938，第22~23页。

新县制实施后，国民政府行政院在1940年8月9日公布了《县各级合作社组织大纲》，规定“县各级合作社为发展国民经济之基本机构，应与其他地方自治工作密切配合”。县各级合作社的组织系统，一为县合作社联合社，二为乡镇合作社，三为保合作社。同时要求“以乡镇为中心，先就每乡镇，设乡镇合作社，逐渐普及各保合作组织，以达到每保一社，每户一社员为原则”。此外，大纲对合作社的解散及社员出社都做了强制性规定：“保合作社只有在与其它社合并、破产、政府解散的三种情况下方可解散。”① 新县制下的合作社进一步强化了合作与保甲的关系，使县各级合作社的业务区域与县乡镇保的行政区域合二为一。

1941年3月，浙江省遵照《县各级合作社组织大纲》的要求，制定了《浙江省县各级合作事业大纲》，决定对全省合作事业进行调整。首先，建立自上而下的合作事业管理机构，对合作事业加强指导。在省建设厅内成立合作事业管理处，下设合作行政、合作组织、合作业务、合作教育、合作监查

① 《县各级合作社组织大纲》，《农贸消息半月刊》第3卷第5期，1940。

五课，并将农业金融事务分别融化于各课办理；在行政督察专员公署设立合作事业督导员，负责本区内合作事业的巡回督导；在县政府设立合作事业室，派主任合作指导员1人，指导员、助理指导员若干人，县合作事业室与各科并列隶属于县长。其次，对全省合作社重新进行调整，逐步建立县合作联社、乡镇合作社、保合作社和专营合作社。再次，厘清了各级合作社的业务。规定县合作社联社主要业务：①办理社员各种生产品及消费品之采购。②设置规模较大之农场、工厂，办理生产及加工业务。③设置社员社不能单独购置之各种器械或其他设备。④办理社员社产品之集中运销。⑤举办社员社必需而不能单独经营之业务。⑥承政府之委托统一收购全县特产、土产，并主持重要日常必需品之分配事宜。乡镇合作社主要业务：①协助乡镇农场从事农业生产合作，并尽量求生产技术之改进与生产合作之管理。②置办动力设备，经营小规模之工业及各项加工业务。③集中社员或社员产品，委托县联合社运销。④设置农仓，经营农仓业务。⑤吸收存款，办理社员暨社员放款等金融业务。⑥办理日用品、生产用品之消费和供给业务。⑦置办生产运输之牲畜器械及其他设备，以供社员之利用。乡镇合作社经营运销业务时应以当地大宗特产为主，乡镇合作社经营消费及供给业务之种类以批购粮食、食盐、油料、火柴、布匹、棉花、药品、画报、文具、优良品种、改良农具、肥料等货品为主，以最公平之价格分别售给社员或社员社。乡镇合作社办理信用业务为使社员或社员社存借之便利，应尽量采用往来透支方式，其办理放款应以对社员订有存款合同者为主。保合作社主要业务为：①利用荒山、荒地举办公私垦殖事业。②协助保公共农场推行良种良法。③兴修农田水利。④集中社员产品，转送乡镇合作社共同运销。⑤举办社员零星存款，定期向各社员收集，转存乡镇合作社，并受乡镇合作社之委托，放款给社员。⑥受乡镇合作社之委托，办理社员日常用品、生产用品之分配。[①] 自1941年至1943年，除沦陷区外，全省各县已基本完成合作社的调整。至此，浙江省合作事业转变为以县联合社为主导，以乡镇合作社为重心，以保合作社为发展，以特产专营社为县各级合作社的辅助，从而确立了新的合作社体制。

---

① 《浙江省县级合作事业大纲》，浙江省档案馆藏，档案号：L033－006－0001。

表 6－4　1946 年浙江省合作社分类统计

社别		社数	社员数		股金数
单位合作社	一般合作社	2783	72972		249586
	战时合作社	175	58038		129265
	专营合作社	288	42142		6798498
	保合作社	3442	329776		9998848
	乡镇合作社	913	452644	590	13821035
县区联合社	一般合作社区联社	26		306	6490
	战时合作社区联社	5		39	5415
	一般合作社县联社	8		195	20395
	战时合作社县联社	3		95	2760
	新县制合作社县联社	33		511	7130465
总计		7676		1736	38162757

资料来源：《浙江合作事业概括》，浙江省档案馆藏，档案号：L084－000－0002。

表 6－5　1941～1946 年新县制合作社进展

年份	保合作社数	乡镇合作社数	专营合作社数	县联社数
1941	761	319	104	1
1942	1512	522	158	10
1943	2432	678	217	15
1944	3297	875	276	26
1945	3370	905	285	33
1946	3442	913	288	33

资料来源：《浙江合作事业概括》，浙江省档案馆藏，档案号：L084－000－0002。

三　龙泉合作事业的发展

龙泉地处浙江边陲，经济落后，在战前未能发展合作事业。抗战爆发后，龙泉成为浙江抗战的大后方，许多省级机关团体和企事业单位纷纷迁驻，人口大增，政治经济地位重要。浙江省政府为了稳定抗战大后方，非常重视龙泉经济的救济与发展，并于 1938 年 1 月任命浙江省合作事业室主任、建设厅第二科科长唐巽泽出任龙泉县长。唐巽泽长期致力于合作事业的发展，上任伊始便决心在龙泉大力推广合作事业，以活跃农村金融、增加生产、发展运销、调节消费，发展农村经济。

1938 年 1 月，龙泉县政府设立了合作事业室，以范达枚为主任，配备合作指导员 14 人，合作辅导员 4 人，统筹办理全县合作社组织指导业务和监督工作。[①] 合作事业室下设第一、第二股，第一股为指导股，负责掌管合作事业之组织指导，宣传品和规章表册之拟订，合作社业务进行之调查与考核，合作事业之宣传，战时合作金融之计划推进及监督，合作社贷款之审查及介绍，协助合作社进行抗战活动，以及合作社之咨询答复等事项；第二股为登记股，掌管合作社之登记审核，合作社业务之报告汇集，图表之绘制等事项。

同年，浙江省颁布《浙江省战时合作社暂行办法》，提出建立乡镇合作社为工作重心，并在第九行政专区的丽水、龙泉等县试行。为了贯彻省政府的决定，龙泉县集中财力和人力，以道太区为试点，推行合作事业。为此，在县长唐巽泽的带领下，全体合作指导员同赴道太区组织合作社，并用 10 天时间在该区的 10 个乡镇全部建立了乡镇合作社。然后，再由道太区推广到全县其他各区乡镇。至 1938 年年底，龙泉县的城区和各乡镇普遍建立了战时合作社，总社和分社共计 110 社，合作社社员 30033 人，股金达到 17416. 4 元。[②]

表 6 -6　1938 年龙泉县各区战时合作社一览

内容 \ 区别		城　区	八都区	小梅区	道太区	安仁区	总　计
社　数（个）	总　社	5	10	10	10	10	45
	分　社	2	11	12	27	13	65
社员数（人）	总　社	233	3932	4379	3676	6433	19553
	分　社	630	2218	2458	3188	2310	10480
股金数（元）	总　社	982. 8	3921. 1	3560. 6	922. 8	2674. 4	12061. 8
	分　社	162	1784. 8	934	1694. 6	779. 1	5354. 6

资料来源：龙泉市档案馆、政协龙泉市文史委员会编《龙泉：浙江抗战大后方》，第 99 页。

① 范达枚：《抗战时期龙泉推行合作事业略述》，《龙泉文史资料》第 6 辑，1987 年 10 月，第 84 页。

② 龙泉市档案馆、政协龙泉市文史委员会编《龙泉：浙江抗战大后方》，第 97 ~98 页。

在调整合作社的同时，龙泉县还对全县合作干部进行了分期业务培训，每期培训时间为10天，培训内容包括合作概要、植桐、制茶、蚕桑浅说、供运概要、合作法规、垦荒须知、合作会计、造纸概要、示范农场等课目。

表6－7　1940年龙泉县八都区合作干部训练名单

姓　名	年　龄	职　别	姓　名	年　龄	职　别
雷方人	21	助理员	黄继璋	25	瀑云乡社职员
徐敬学	40	助理员	李马全	35	黄岑头纸业社长
巫开明	23	助理员	吴学贤	21	纸业社职员
林大宋	19	助理员	蓝献深	22	木岱口分社职员
曾文麟	29	助理员	陈杭林	23	分社职员
毛　仁	22	助理员	王子任	24	竹垟乡社长
吴维翰	21	乡镇辅导员	雷孝真	23	高平分社长
李怀德	22	区联合社职员	雷樟全	21	锦溪乡社长
蒋建候	35	区联合社职员	雷孝林	20	良溪分社长
徐敬南	24	区联合社职员	陈吴达	21	东平分社长
毛名炎	30	区联合社职员	徐显通	23	松渠分社长
杨时德	33	大垣分社职员	吴陈水	26	高大门分社长
雷枝海	28	深上村社职员	龚度平	24	宝溪分社长

资料来源：《合作干部及民众训练》，浙江省档案馆藏，档案号：L033－001－0214。

1941年，龙泉县根据《县各级合作社组织大纲》和《浙江省县各级合作事业大纲》的要求，对合作社进行了相应的调整。龙泉县政府训令各乡镇，为加强本县乡镇合作组织，充实内容，便利统制，以应战时需要起见，全县各乡镇合作社，依照新编乡镇一律加以调整。各乡镇原合作社或分社在调整时，进行清算，清算人员由社员大会就社员中选任，清算人依照合作社法规定，清理本社债权债务，清算后如有资产余额，由清算人拟订分配方案，交社员大会决定处理，然后宣布解散。新编制的各乡镇依照合作社法，创立新的乡镇合作社及保分社。新的合作社在召开社员大会之后，须将合作社章程、理监事职员名册呈请县政府鉴核批准，准予登记后，正式成立。至1942年，龙泉县完成了合作社的调整，全县共设立县合作联社1所，区合作联社4所，乡镇合作社34所，并成立了专营合作社8所。各乡镇合作社以分配社员食盐、食米及供给日用品等消费业务为主，生产、运销、信用次之。专营合作社以经营垦殖、蚕丝、瓷器、消费、信用业务为主，其专营合作社分别为八都镇埜窑纸业生产合作社、八都镇浆溪纸业生产合作社、岱垟乡瓷业合作社、竹垟乡际上蚕桑生产合作社、锦溪乡深坑垦荒生产合作社、八都镇溪口瓷业生产合作社、城区码头信用消费合作社、城区消费合作社。

根据规定，在乡镇合作社组织健全，业务较正常情形下，才可以指导设立保合作分社。保合作分社必须得有该保五分之一以上住户加入方可成立。保合作社理事主席或经理得兼任该保经济干事。保合作社着重于社员的集体教育，其业务之经营应与乡镇合作社取得密切配合。[①] 自 1943 年起，龙泉县先后在安仁、东升、天平、竹垟等乡镇设立保合作分社，共计 28 所。至 1946 年，全县有县合作社 1 社，乡镇合作社 31，保合作社 28 社，社员 29767 人。[②]

表 6-8　1946 年 7 月龙泉县各级合作社组织一览

合作社名称	社员数	股金数（元）	成立时间
龙泉县合作联社	37 社	57070	1941 年 10 月
城区合作社（东升、西平）	2850 人	20600	1941 年 6 月
民权乡合作社	1800 人	9000	1941 年 7 月
天平乡合作社	901 人	6000	1941 年 8 月
双平乡合作社	1138 人	3000	1941 年 6 月
三溪乡合作社	845 人	5600	1941 年 9 月
瀑云乡合作社	845 人	5600	1941 年 9 月
剑池乡合作社	735 人	6800	1941 年 10 月
宝溪乡合作社	1100 人	5500	1941 年 9 月
八都镇合作社	1550 人	14000	1941 年 8 月
黄鹤乡合作社	866 人	7000	1941 年 8 月
道太乡合作社	892 人	5270	1941 年 10 月
安仁镇合作社	1415 人	8000	1941 年 10 月
剑湖乡合作社	852 人	3936	1941 年 7 月
金田乡合作社	1043 人	7800	1941 年 11 月
桐溪乡合作社	742 人	7991	1941 年 7 月
龙门乡合作社	674 人	6124	1941 年 10 月
竹垟乡合作社	893 人	6800	1941 年 8 月

① 龙泉市档案馆、政协龙泉市文史委员会编《龙泉：浙江抗战大后方》，第 107 页。
② 《龙泉县工作报告计划》，浙江省档案馆藏，档案号：L033-001-0821。

续表

合作社名称	社员数	股金数（元）	成立时间
住龙乡合作社	850 人	2400	1941 年 5 月
查川乡合作社	1076 人	7712	1941 年 9 月
锦溪乡合作社	1120 人	8000	1942 年 1 月
金石乡合作社	862 人	5200	1942 年 2 月
茶丰乡合作社	887 人	7044	1941 年 8 月
梧垟乡合作社	1200 人	7020	1941 年 10 月
福泽乡合作社	1753 人	4800	1943 年 2 月
岱垟乡合作社	1558 人	3660	1942 年 1 月
龙溪乡合作社	1122 人	10705	1942 年 10 月
兰渠乡合作社	1055 人	6700	1942 年 2 月
小梅镇合作社	1163 人	6000	1941 年 9 月
雁川乡合作社	300 人	600	1942 年 10 月
龙南乡合作社	1230 人	8030	1942 年 5 月
福源乡合作社	4682 人	8085	1942 年 4 月
安仁镇第 8 保合作社	64 人	1740	1943 年 12 月
安仁镇第 9 保合作社	53 人	1850	1943 年 12 月
安仁镇第 10 保合作社	69 人	2230	1943 年 11 月
安仁镇第 11 保合作社	84 人	1808	1943 年 12 月
安仁镇第 13 保合作社	70 人	906	1943 年 8 月
安仁镇第 15 保合作社	159	848	1943 年 6 月
东升镇第 9 保合作社	80 人	315	1943 年 8 月
东升镇第 11 保合作社	61 人	300 元	1943 年 9 月
东升镇第 13 保合作社	143 人	874	1943 年 5 月
天平乡第 1 保合作社	125 人	1086	1943 年 9 月
天平乡第 2 保合作社	110 人	2100	1943 年 11 月
天平乡第 3 保合作社	87 人	3262	1943 年 12 月
天平乡第 4 保合作社	155 人	1254	1943 年 8 月
天平乡第 6 保合作社	230 人	1820	1943 年 8 月
天平乡第 7 保合作社	139 人	1454	1943 年 8 月
天平乡第 8 保合作社	104 人	932	1943 年 9 月
天平乡第 9 保合作社	117 人	1200	1943 年 9 月

续表

合作社名称	社员数	股金数（元）	成立时间
兰渠乡第3保合作社	128人	1066	1943年9月
兰渠乡第4保合作社	94人	754	1943年9月
兰渠乡第6保合作社	110人	950	1943年9月
竹垟乡第3保合作社	199人	1700	1943年9月
竹垟乡第4保合作社	100人	952	1943年9月
竹垟乡第5保合作社	137人	1122	1943年9月
竹垟乡第6保合作社	73人	742	1943年9月
竹垟乡第7保合作社	91人	728	1943年9月
竹垟乡第8保合作社	84人	718	1943年9月
竹垟乡第9保合作社	103人	752	1943年9月
竹垟乡第10保合作社	66人	634	1943年9月
龙泉县党部员工消费合作社	138人	420	1942年1月
浙江邮电员工消费合作社	152人	671	1942年1月
中国农业银行永庸分行员工消费合作社	76人	5930	1942年11月
两浙盐务龙泉分局员工消费合作社	53人	7470	1943年3月
交通处养路所员工消费合作社	33人	2500	1943年4月
花沙布局员工消费合作社	394人	2040	1943年3月
浙东电力厂员工消费合作社	37人	2800	1943年3月
浙江电信局员工消费合作社	183人	28600	1943年10月
中国银行杭州分行员工消费合作社	85人	47800	1943年6月
龙泉地方法院员工消费合作社	45人	13500	1943年9月
中央银行杭州分行员工消费合作社	49人	9800	1943年10月
财政部贸易委员会浙处员工消费合作社	23人	10000	1943年7月
两浙盐务管理局员工消费合作社	442人	5710	1944年1月
浙江省蚕丝管理会员工消费合作社	46人	3670	1944年4月
浙江第四监狱员工消费合作社	33人	56500	1945年1月
龙泉县木材运销合作社	48人	507500	1945年9月
安仁农田水利合作社	28人	56元	1942年12月
牛门山垦殖生产合作社	13人	500元	1943年6月

资料来源：《龙泉县合作事业工作报告》，龙泉市档案馆藏，档案号：10－1－11。

龙泉县各级合作社之宗旨：扶助社员，增加生产，便利运销，流通金融，调节消费，并经营其他适当业务，以增长本乡经济利益，改善人民生活，协助政府动员民众参加抗战。因此，龙泉县合作社的工作主要是围绕信用、生产、运销等业务而展开的。

（1）信用业务。合作社的信用业务主要负责办理存款、放款、汇兑、储押及代理收付等事项。在浙江办理合作事业的起初阶段，主要是以信用合作社为主。然而，随着信用、供给、运销等各类合作社的发展，资金已成为重要问题。“抗战时期，由于物产阻销，经济枯竭，挽救之道，莫过于利用民力，组织合作社，促进生产，扩充销路，节制消费，力储民食。而合作事业之推行，非由大量资金周转不可。”[①] 为了解决资金问题，浙江省于 1938 年 1 月颁布《浙江省筹设省县合作金库办法纲要》和《浙江省省县合作金库进行办法》，期以政府力量促进合作金库之普遍建立。1938 年 3 月，省合作金库组织成立，股本总额为 100 万元。5 月，丽水、龙泉、云和、庆元、景宁、金华等 39 县合作金库也先后成立。[②]

龙泉县合作金库正式成立于 1938 年 5 月 1 日，其办公地址设在东升街关帝庙。最初由浙江省合作金库拨提倡股 4 万元，本县各方热心人士及合作社认购 1.5 万元。以范达枚为董龙泉县合作金库第一届董事会事长，以汤弼为龙泉县合作金库第一届监事会监事长，周季材为经理，董启文为副经理。下设行政业务、合作指导、财会、总务等 5 股。龙泉县合作金库成立后，颁布了其办理原则三项：①深入农村，使农村借贷合理化，即本县在各乡镇分设办事处，使其资金深入农村，其贷款之方式务求简便，使农民获得实利。②培育农民自有、自管、自享的合作金融制度，使农民资金合理的供求，吸收地方资金，供给农民之需要，支取合理的利息，使农村资金自给自足。合作金库业务不仅放款于农民，还须用储金购股办法，创造农民自有资金，使农民逐渐能购买股票，而达到自有、自营、自享的合作金融制度。③合作金库之贷款方式，完全依照实业部颁布之《合作金库规程》办理，与一般商业银行界以营利为投资目标完全不同，要使农民受益。[③]

龙泉县合作金库成立后，其信用业务得到迅速发展。这种以政府主导、民间集资，互惠互利的方式组建的合作金库，以低息甚至无息的方式向农民发放

① 《龙泉县合作金库》，浙江省档案馆藏，档案号：L073－000－0140。

② 浙江省政府建设厅编《抗战期间浙江省建设事业概括》，1938，第 5 页。

③ 《龙泉县合作金库》，浙江省档案馆藏，档案号：L073－000－0140。

农贷，提供农业生产最基本的资金，缓解了农村金融枯竭的局面，促进了农业恢复与发展，并一定程度打击和抑制了高利贷的恶性发展，缓和了乡村社会的矛盾。如1939年龙泉县推行冬种运动，要求各乡镇一律扩种冬作，务使境内无分毫休闲田地为止。各乡镇扩种冬作由乡镇保甲长、合作社社长组长、农会干事、乡镇辅导员督导执行。凡农户需要冬耕生产放款，除城区由县农会办理外，其余均归各乡镇合作社负责转贷。1940年5月底以前由贷放合作社或农会负责收回，缴还合作金库。冬作生产放款利息由政府负责，5月底以后由农户负责。[①] 1939年，龙泉县合作金库吸收存款余额11633元，发放贷款余额137301元，其中信用放款62603元，仓库放款128999元，消费放款9485元，运输放款7261元。[②] 至1941年底，累计信用放款3732199.62元，抵押放款256135.29元，累计结余信用放款513861.66元，抵押放款15502.22元。1942年，合作金库向社员放款543167.27元，吸收存款32571.33元。[③]

1943年，龙泉县根据国民政府颁布的《合作金库条例》对合作社再次进行了充实改进，规定县合作金库业务以专营或兼营各级合作社，合作社团及合作业务机关为主要对象，个人业务往来以合作社社员存款、汇兑及仓储为限。1943年，全县加入金库的合作社有37家，社员21637人，已登记合作社尚未加入金库的17社，社员11391人，合作社股本1613股，认股金额15130元，农业银行提倡股8537股，认股金额85370元。全年向14所保合作社1264名社员放款572350元，向15所乡镇合作社14753名社员放款29574.49元，向县联合社及分社放款105321.72元，以及工业合作社和其他法团合作社放款3371.93元，总计向34社，16034人，放款710618.14元。[④]

（2）生产业务。合作社推行的生产业务主要还是集中在垦殖、造林、畜牧、养鱼及各种小型工业方面。它们虽然不是农村经济中最主要的产品，但却一定程度改变了传统的单一农业生产结构，使农村经济变成了多元化生产，为农村经济注入了新的活力。浙江省本为缺乏粮食之区，浙西各县相继沦陷后，全省缺粮更为严重。为此，浙江省颁布了《战时开垦荒地暂行办

① 《龙泉县合作事业》，浙江省档案馆藏，档案号：L033－006－0187。

② 周南、泮陈瑞：《龙泉县合作金库》，《龙泉文史资料》第6辑，1987年10月，第96页。

③ 《龙泉县合作金库》，浙江省档案馆藏，档案号：L073－000－0140。

④ 《1943年龙泉县合作金库运作情况》，《龙泉：浙江抗战大后方》，第185～186页。

法》，要求各县设立中心农场，组织垦荒合作社，利用保甲组织发动保民，大力开垦荒山荒地，扩充生产面积，种植杂粮。办理以来，成效显著，其中龙泉、遂昌、云和、景宁、丽水、青田、庆元等县开垦7万多亩，尤以龙泉县开垦54700亩为最多。与此同时，省政府通令第九区各县利用闲田及公私荒地，扩大冬季作物之种植，并要求各县向县合作金库贷款万元，放贷给农户，作为购办冬作种子及肥料之用，其贷款利息由省库负责偿还。1938年，合作社金库共向第九区各县农户放贷5988281元，扩充冬种面积24646244亩。[①] 同年8月，浙江省建设厅为了发展战时经济，又在丽水太平区、龙泉八都区、遂昌王村口区、松阳古市区、青田海口区设立了战时经济实验区。

根据浙江省政府的要求，龙泉县设立了县中心农场，重点负责调查各区荒山荒地情况，宣传垦荒，督导农民垦殖，推广优良品种。其中由中心农场推广的水稻6506号稻种，亩产提高了两成。1938年，全县扩充冬季作物5万余亩，栽培小麦、豆类等。1939年1月，龙泉县八都区经济实验区正式成立，由区长求良儒兼任主任。实验区主要工作是发动农民开荒、推广冬种增产粮食、组织合作社。自1939年1月至1940年11月，八都区经济实验区开垦荒地9792亩，种植水稻2075亩，产量3780担，玉米3567亩，产量7009担，马铃薯4030亩，产量17355担；创立八都繁殖场，埜窑、松巨、盖竹示范农场，推广优良品种中稻1号、10号、309号等，推广面积达到5307亩。[②]

唐巽泽对八都区经济实验区取得的成就极为推崇，并力主推广。1940年1月26日，他训令各乡镇保长，要求各乡镇保实施公垦。之后，龙泉县政府颁布了《龙泉县政府指导垦殖荒地计划大纲》《龙泉县各合作社举办公垦实施办法》，认为“本县山多田少，每年粮食生产不敷甚巨，向赖外县接济，勉能维持。自上年产米各县相继管制，来源断绝，民食堪虞。补救之道，莫过于运用保甲机构及合作社组织，垦殖荒地，增加粮食生产”[③]。并规定各保由保民大会推选5~9人组成公垦经营管理委员会，对本保公有荒地进行开垦，种植粟谷杂粮。各乡镇合作社每社至少垦殖50亩，每保至少垦殖10

① 浙江省政府建设厅编《抗战期间浙江省建设事业概括》，1938，第14页。

② 《战时经济实验区》，《龙泉：浙江抗战大后方》，第114页。

③ 《龙泉县政府指导垦殖荒地计划大纲》，《龙泉县各合作社举办公垦实施办法》，龙泉市档案馆藏，档案号：14-4-204。

亩，各区派指导员进行技术巡回指导。自1940年2月至1941年2月，全县各合作社及所有保甲机构，至少垦殖预定计划的二分之一，即2600亩。对于保有荒山，县政府则要求各保组织国民工役，广泛种植油桐，其中城区要求500亩，八都区500亩，道太区600亩，安仁区200亩，小梅区200亩。①

1941年，龙泉县继续利用各合作社推行扩种冬季作物，并向各乡镇派遣指导员进行指导。1942年，制订了扩种冬作生的实施步骤。县设督导处，下设贷款股、技术股、宣传股、督导股；各乡镇设督导分处，有正、副主任；保设指导员。扩种冬季作物主要有小麦、大麦、蚕豆、豌豆、油菜等几种。全县种植面积为2万亩，落实到户，做到按户登记，鸣锣晓谕，逾期不翻耕者，由乡镇长、保甲长应予处罚。在政府的督导下，1943年的冬种面积扩大到136973.3亩，1944年扩大到137152.5亩。②

为了救济和优待出征军人家属，龙泉县先后设立了县救济工厂和出征军人家属纺织合作工厂。县救济工厂成立于1938年7月，设有缝纫部、洗衣部、肥皂部、雪花膏部，主要制作军装、生产肥皂和雪花膏。出征军人家属纺织工厂成立于1940年4月，以合作方式组织，由县优待委员会拨提倡股1万元，社员股本2000元，县合作金库透支5万元作为流动资金。工厂社员除管理及技术人员外，全部都是本县出征军人家属。③ 这些合作工厂，不仅救济了出征军人家属，而且也生产了许多物美价廉的日常用品。

（3）供销、运销业务。合作社供给米、煤、食盐、食油、杂粮、酱醋、糖、菜、杂货、花纱、药品、布匹、文具、种子、肥料、农具、家畜、树苗、机器等各类日常生活和生产必需品。尤其是抗战时期，食盐、食用油、粮食、布匹、棉纱等各种日常生活消费必需品非常紧缺，通过合作社的运销，乡村民众能相对低价获得这些基本的日常生活必需品，一定程度降低了农民的负担，维护了社会的稳定。

龙泉山多田少，粮食素来不敷。1939年2月，在浙江省第九区粮食会议上，龙泉县长报告称龙泉缺粮57007担。1940年2月，据龙泉县粮食总调查统

① 《龙泉县政府指导垦殖荒地计划大纲》，《龙泉县各合作社举办公垦实施办法》，龙泉市档案馆藏，档案号：14-4-204。

② 龙泉市档案局编《龙泉民国档案辑要》，中国档案出版社，2010，第233页。

③ 《龙泉县纺织合作工厂案》，龙泉市档案馆藏，档案号：13-3-380。

计，全县人口166597人，缺粮95982担。[①] 面对缺粮问题，县长唐巽泽多次召集米业、盐业及其他商业行业领袖，地方热心人士会议，筹设龙泉县交易公店。唐巽泽说："什么叫合作社？'合'是合起来，'作'是做，'社'是团体，'合作社'是大家合起来做的团体。我们大家都是老百姓，必定要大家合起来做，才可以把事情做好。交易公店、合作社、合作金库应密切联系，三位一体，力求相互扶助，庶使事业趋于发展。"[②] 1938年2月，筹备委员会成立，唐巽泽任主席，叶香圃任副主席，委员有范达枚、凌鹤留等人。3月1日，交易公店正式成立，由叶香圃为董事长兼经理，资产总额为19000元，商股12000元，省认提倡股7000元。交易公店主要供销粮食、食盐、煤油等日常生活必需品。交易公店采用三级价格制，即对分店和合作社实施廉价，对同业店实施批发价，零售门销则用市价。交易公店自开业以来，由于物资货源充足，价格合理，交易公平，深受社会各界和广大社员的支持。业务得到迅速发展，据1939年统计，全年销售总额达到117092元。[③]

关于合作社的运销，主要是将龙泉本地特产瓷器、木材、桐油、木炭等运销至上海、宁波、温州各地，并从上海、宁波、温州各地购置米、油、盐、农具器械等分配给社员。八都区是龙泉瓷业中心，有40所私人瓷厂，制造各种日用瓷和仿古青瓷。为了发展特产运销，龙泉于1941年鼓励私人瓷厂建立合作社，在温州等地设立分销处。据统计，1941年龙泉产出桐油14000担，木炭25000担，茶油9500担，瓷器8500篓，宝剑3000把，以及各种菇类、药材。[④]这些特产大部分都是通过合作社运销至外地的。为了仓储各种产品，龙泉合作社还建立了各种农仓，在城区设立了农业仓库1所，在各乡镇合作社或分社设立183所简易仓库。农业仓库在流通金融，调节物产，平准物价，免除勒卖勒买，增进社员福利方面起了较大作用，很受社员的欢迎。

毫无疑问，龙泉的合作运动也存在各种问题和缺陷。首先是乡镇保合作社容易被乡镇保长等少数人把持，并成为其谋利的工具。合作运动与保甲运动本为国民政府推行地方自治的两个不同途径。然而，由于国民政府推行的

---

① 龙泉市档案局编《龙泉民国档案辑要》，中国档案出版社，2010，第153页。

② 陈瑞：《记龙泉县交易公店》，《龙泉文史资料》第6辑，1987年10月，第97页。

③ 龙泉市档案局编《龙泉民国档案辑要》，中国档案出版社，2010，第236页。

④ 龙泉市档案局编《龙泉民国档案辑要》，中国档案出版社，2010，第147页。

合作运动主要依赖于政府的力量，尤其是新县制实施后，合作运动又以乡镇合作社为重心，发展保合作社，规定合作社的业务区域与保甲行政区域合二为一，从而最终使合作社与保甲捆绑在一起，乡镇保甲人员成为合作事业推行的领导者和重要骨干。这虽然有利于乡镇保合作社的组织和运作，但也为乡镇保长把持合作社事业提供了机会。何况“合作的动力是由上而下而非自发的由下而上的，一般无知的贫农往往不知合作的真谛，不能利用合作，反为一般土豪劣绅所操纵而为合作美名所利用”[①]。1945 年，龙泉县曾对各乡镇合作社进行调查，发现有少数乡镇合作社原有资金被负责人移用，甚至用以放高利贷。通过整理，龙溪乡合作社追回股金 8400 元、安仁镇合作社追回股金 4183 元、屏南乡合作社追回股金 6155 元、民权乡合作社追回股金 9134 元、查川乡合作社追回股金 7973 元、三溪乡合作社追回股金 4000 元。[②]正如时人所称：“在没有信用合作社以前，高利贷者只能用他自己的资本来剥削农民，现在他们可以不费什么力，利用信用合作社向农贷机关借得钱，假公济私，赤手来剥削农民。而且以前以个人名义出借的款项，回借款比较困难，现在利用合作社的名义，不但多一层保障，必要时还可凭借官厅的权力，加压力于欠债的农民。”[③] 其次是由于龙泉合作行政的人事变动较大，影响了合作事业的推行效果。1940 年 12 月唐巽泽离任后，龙泉的合作事业受到一定程度的影响。1945 年龙泉县对合作事业进行整顿时认为：“以往合作行政，因人事更动对县区内之合作各部门工作人员未能严密联系，致工作力量不能集中，影响合作事业之推进。本县合作事业平均发展，且每乡镇均有一合作社之设立，惟尚欠健全，事业殊少开展。”[④] 另外，合作社业务因资金短缺，除县合作社和各机关员工消费合作社稍有规模外，各乡镇合作社不少业务无法开展，合作社的贷款数额小，与农民所需要的款额相差甚远。如 1939 年制定的《龙泉县扩种冬作贷款办法》规定，贷款数额以每亩贷放 1 元 5 角为标准，而且贷款时间为半年，超过半年者，则月息 1 分。[⑤] 尽管如

① 千家驹：《中国农村经济论》，中华书局，1936，第 337 页。

② 《龙泉县三十四年度合作事业工作报告》，《龙泉县合作事业工作报告》，龙泉市档案馆藏，档案号：10－1－11。

③ 朱斯煌：《民国经济史》，银行学会编印，1948，第 371 页。

④ 《龙泉县合作事业》，浙江省档案馆藏，档案号：L033－006－0187。

⑤ 《龙泉县 1939 年份扩种冬作贷款办法》，浙江省档案馆藏，档案号：L033－001－0214。

此，龙泉合作运动自1938年普遍推广以来，建立了县合作联社、乡镇合作社、保合作分社和专营合作社，这种自上而下的合作社体系覆盖了社会各层面，对于动员广大民众参与乡村建设具有积极的意义。合作社、合作金库和交易公店形成三位一体，使合作业务由最初单纯的信用借贷，扩大到了生产、供给、运销等方面，对于缓解龙泉农村金融的枯竭局面，满足农民对日常生活和生产必需品的基本需求，促进农副产品的生产与运销，改良农作物的优良品种，推广新型的生产技术也起到了一定作用。正因如此，龙泉的合作事业一直持续至1949年。

第七章　催粮、征粮与借粮：保甲与战时粮政

抗战前，浙江省的粮食生产虽不能完全自给自足，但通过粮食进口和粮食贸易基本能确保粮食价格的相对稳定。然而，抗战时期，浙江的粮食生产遭到严重的破坏，粮食进口和粮食贸易也遭受严重冲击。加上日军对沦陷区粮食的抢掠和对游击区粮食的高价竞购，致使浙江省面临严峻的粮食危机。为了确保军粮、公粮和民食的基本供应，浙江省政府要求各县积极开展粮食增产与粮食节约运动，1939 年开始实施粮食管制，1941 年 1 月田赋改征米折，成为全国田赋征实的试点省份之一。粮食增产运动使后方各县的粮食耕种面积得到了扩大，粮食种类和粮食产量也有所增加，一定程度确保了战时军粮和公粮的供应。在粮食增产、粮食的征收活动中，保甲组织与乡镇保甲人员扮演了重要角色，成为战时粮食生产与管制的重要力量。

一　粮食增产与节约运动

兵马未动，粮草先行，粮食问题攸关抗战的前途命运。为了确保军粮、公粮和民食的基本供应，国民政府非常重视战时粮食的生产与管理，采取各种措施扩大粮食生产。1938 年 3 月，国民党临时全国代表大会通过《抗战建国纲领》，提出："要以全力发展农村经济，奖励合作，调节粮食并开垦土地，疏通水利；尽力维持农村之秩序，安定农民生活；增加有用作物，如米、麦、杂粮之生产，禁止鸦片等有害作物的种植；设立仓库，积存大宗农产品，以调节各地需要。"① 1939 年 5 月 7 日，行政院在重庆召开第一次全

① 荣孟源编《中国国民党历次代表大会及中央全会资料》（下册），光明日报出版社，1985，第 509 页。

国生产会议，要求各省开发农林资源，利用未垦荒地增加生产，改良旧式农业经营，推广农业科技应用，包括改良种子，防止病虫害，改进肥料、农具、兴修水利，调节农村金融和组织农村合作社，提高战时粮食的生产。[①]

浙江在抗战前即为缺粮省份之一，每年不敷二百余万担。[②] 1937 年年底，杭嘉湖等重要产粮区相继沦陷，海上粮道又遭封锁，浙江大后方各县面临严重的粮荒。扩大粮食生产，已成为省政府十分迫切的任务。1938 年 1 月，浙江省政府将稻麦改良场、土地肥料研究所、林场、昆虫局、水利局、蚕桑改良场等机构紧缩裁并，成立浙江省农业改进所和粮食增产督导办事处，专门负责全省农业和粮食生产。1938 年 7 月，浙江省颁布《战时开垦荒地暂行办法》，要求各县利用保甲组织发动农民，大力开垦荒山荒地，扩充生产面积，种植杂粮。为了鼓励开垦荒地，规定代垦的私荒地，在 3 年内一切收益归承垦人所有，期满后享有永佃权；承垦的公荒地，在抗战时期免交赋租，战争结束后，可继续承佃。[③] 办理以来，成效显著，其中龙泉、遂昌、云和、景宁、丽水、青田、庆元等县开垦 7 万多亩。据统计，自 1938 年至 1945 年，全省共开垦荒地 382567 亩。[④]

在开垦荒地的同时，鼓励农民扩大冬种，利用冬季休闲田地与劳力增加粮产。1938 年，浙江省农改所派出 76 名技术人员，前往各县督导，共扩种面积约 135 万亩。之后，浙江省颁布《浙江省二十八年办理扩种冬季作物人员奖惩办法》和《浙江省二十八年农户扩种冬季作物奖惩办法》，要求各县利用闲田及公私荒地，扩大冬季作物之种植。[⑤] 1939 年，浙江省进一步推广冬种，扩种面积超过 315 万亩。1940 年，龙泉、松阳等 32 县利用保甲组织推广冬种，扩种 300 余万亩，实际增产小麦、豆类等 210 万余担，占全省年粮食产量的 3% 左右。[⑥] 1941 年，临海、黄岩、温岭、天台、仙居等县扩种冬耕面积达 772445 亩，其中大麦扩种面积达 162478 亩，小麦为 484009 亩，

---

① 周开庆主编《经济问题资料汇编》，台北，文海出版社，1979，第 327 页。

② 孙晓村：《浙江粮食调查》，上海社会经济调查所，1935，第 3 页。

③ 浙江省农会编《战时农民运动法规方案汇编》，1939，第 88 ~ 89 页。

④ 戚志远：《浙江之粮食增产工作》，《浙江经济》第 3 卷第 2 期，1947，第 15 页。

⑤ 浙江省政府建设厅编《抗战期间浙江省建设事业概括》，1938，第 14 页。

⑥ 《各省粮食增产之检讨》，浙江省档案馆藏，档案号：L33 - 2 - 82。

豆类 26498 亩，甘薯 99460 亩，全年收获扩种冬季作物 1079672 担。[①]

龙泉县位于浙江省西南山区，山多田少，粮食素来不敷。抗战爆发后，省会及其他县市党政机关、企事业单位和学校南迁，龙泉成为浙江抗战的大后方，人口激增，粮食更加紧缺。据龙泉县政府统计，1938 年全县人口达 16.5 万人，每人每年平均消耗大米 300 斤，共需 4950 万斤大米，全县缺粮 2406 万斤，除杂粮抵补 499 万斤外，尚缺 1906 万斤。1939 年缺粮 1151 万斤。[②] 为了解决粮食问题，龙泉县根据省政府的要求，设立了县中心农场和经济试验区，重点负责调查各区荒山荒地情况，宣传垦荒，督导农民垦殖，推广优良品种。其中龙泉县八都区经济实验区自 1939 年 1 月至 1940 年 11 月开垦荒地 9792 亩，种植水稻 2075 亩，产量 3780 担，玉米 3567 亩，产量 7009 担，马铃薯 4030 亩，产量 17355 担；创立八都繁殖场，埜窑、松巨、盖竹示范农场，推广优良品种中稻 1 号、10 号、309 号等，推广面积达 5307 亩。[③]

1940 年 1 月 26 日，龙泉县政府颁布《龙泉县政府指导垦殖荒地计划大纲》，认为本县山多田少，每年粮食生产不敷甚巨，向赖外县接济。自上年产米各县相继管制，来源断绝，民食堪虞。补救之道，莫过于运用保甲机构及合作社组织，垦殖荒地，增加粮食生产。大纲要求各保由保民大会推选 5 至 9 人组成公垦经营管理委员会，对本保公有荒地进行开垦，种植粟谷杂粮。各乡镇合作社每社至少垦殖 50 亩，每保至少垦殖 10 亩，各区派指导员进行技术巡回指导。自 1940 年 2 月至 1941 年 2 月，全县各合作社及所有保甲机构，至少垦殖预定计划的二分之一，即 2600 亩。对于保有荒山，县政府要求各保组织国民工役，广泛种植油桐，其中城区要求 500 亩，八都区 500 亩，道泰区 600 亩，安仁区 200 亩，小梅区 200 亩。[④]

为鼓励和支持农民扩种粮食，龙泉县政府利用合作金库以低息甚至无息的方式向农民发放农贷，提供农业生产最基本的资金。凡农户需要冬耕生产

---

① 《七区专署卅年中心工作报告提要》，浙江省档案馆藏，档案号：L37 - 00 - 51。

② 《呈送粮食统计表》，《卅年度粮食总调查法令卷》，龙泉市档案馆藏，档案号：14 - 4 - 159。

③ 《战时经济实验区》，《龙泉：浙江抗战大后方》，第 114 页。

④ 《龙泉县政府指导垦殖荒地计划大纲》，《龙泉县各合作社举办公垦实施办法》，龙泉市档案馆藏，档案号：14 - 4 - 204。

放款，除城区由县农会办理外，其余均归各乡镇合作社负责转贷，冬耕生产放款利息由政府负责。自 1939 年至 1941 年年底，累计放款 3732199.62 元。[①] 在县政府的督导和鼓励下，1943 年的冬种面积扩大到 136973.3 亩，1944 年扩大到 137152.5 亩。[②]

表 7－1　龙泉县主要农作物种植面积及产量调查（1938～1941 年）[③]

单位：亩、市担

	1938		1939		1940		1941	
	耕种面积	产量	耕种面积	产量	耕种面积	产量	耕种面积	产量
水　稻	172000	448000	174000	472000	174000	554700	174000	350000
玉蜀黍	6000	18000	10000	34000	25000	65000	28000	75000
甘　薯	5000	29127	6000	31000	4140	24800	11000	55000
大　豆	70	68	100	70	131	105	360	125
蚕　豆	80	60	140	120	357	310	910	550
油　菜	1430	715	6658	5370	6916	6184	18595	18600
大　麦	2766	2766	7192	7200	16200	16200	24000	12100
小　麦	4966	4966	2411	2400	32800	32800	34000	16000

资料来源：《各项调查统计表卷》，龙泉市档案馆藏，档案号：10－1－156。

在扩大粮食生产的同时，政府还号召民众开展节约消费。1938 年，省政府颁发了《节约运动大纲》，号召民众为增加抗战力量而节约，为充实建国力量而节约，为养成国民勤俭风气而节约。省主席黄绍竑提出，在民食问题极度严重之今日，必须一面增加生产，一面厉行节约："不但粮食不足县份，应该切实节制，就是多余县份亦应如此"，"我们平素吃米的习惯，应渐养成食杂粮的习惯，使减少米的需要。同时每顿吃三碗的可改吃二碗，吃二碗的可改吃一碗，自动的来限制食量"[④]。1940 年，浙江省颁发了《浙江省粮食节约运动纲要》，提出粮食节约运动之目标：①限制不必要及不正当之粮食

① 《龙泉县合作金库》，浙江省档案馆藏，档案号：L073－000－0140。

② 龙泉市档案局编《龙泉民国档案辑要》，中国档案出版社，2010，第 233 页。

③ 据龙泉县统计，各类农作物产量平均每亩稻 300 斤，大麦 100 斤，小麦 90 斤，大豆 50 斤，玉蜀黍 150 斤，甘薯 1000 斤。1941 年龙泉遭遇大旱，产量更低。参见《各项调查统计表卷》，龙泉市档案馆藏，档案号：10－1－156。

④ 黄绍竑：《解决当前粮食问题之对策》，《浙江之粮食管理》，1940，第 8 页。

消耗，包括限制酿酒、制糖、制糕点，限制种植糯稻，限制饲养牲畜，防止虫害霉烂；②倡导人们自动厉行节约，即改食糙米，间食杂粮，减餐节食。并要求各县利用国民月会、保民大会及各种集会普遍宣传粮食节约运动之意义。[①]

为了推行和实施节约运动，龙泉县于1939年1月6日成立了由县长唐巽泽、县党部书记何景元、地方法院院长金平森、树范中学主任赵载梁、商会主席刘子明、乡绅吴梓培、养真小学校长郭肃清等人组成的战时节约运动委员会。委员会先后制定了《龙泉县各界战时节约运动初步方案》和《龙泉县厉行战时节约实施细则》，详细规定了日常生活中粮食等物资的节约，婚宴、丧事、交往、习俗等方面的节约，限制茶馆酒楼的开设，严厉限制米质，提倡糙米等，并在城区和各乡镇保设立了劝导团，广泛宣传督导。其中，成效最大的就是禁止将稻谷制成精白米，要求民众改食糙米。因谷之碾米，精白者最多六成，而糙米可达八成。仅此一项，1940年全县节约粮食410万斤。[②] 为了鼓励大家吃糙米，政府向民众宣传“糙米含有多量的维他命，吃糙米不但可以调剂粮食，节省粮食，还可以促进我们的健康”。此外，全县公教职员每年3月5日定期举行节食献金活动，并将节食献金用于购买军粮。[③]

二 粮食调查与粮食管制

为了稳定粮食价格，确保军粮民食的基本供应，浙江省严厉实施战时粮食统制政策。1939年3月，浙江省组设战时粮食管理委员会，负责战时粮食生产、消费、仓储、价格、运输、贸易、统制。1940年3月，又成立浙江省粮食管理处，由省主席黄绍竑兼任处长。粮食管理处按照“统一收购，统一运输，统一分配”的原则，全面调节和管制战时粮食，即粮食收购、运输、分配、生产及消费等各方面均由政府统一管理，粮食已不能视为自由买卖之

① 《浙江省粮食节约运动纲要》，浙江省粮食管理处编《浙江省粮食管理规章汇编》，1940，第65页。

② 龙泉市档案局编《龙泉：浙江抗战大后方》，2008，第95页。

③ 龙泉市档案局编《龙泉民国档案辑要》，中国档案出版社，2010，第237页。

商品。同年4月5日，浙江省颁布《浙江粮食管理办法》，规定各县粮食管理处或县政府应随时办理粮食之调查统计，并应每年举行粮食总调查，粮商住户如不接受粮食调查或有藏匿不报者得依法处罚。粮食管理须厉行生产与节约消费，以期达到全省自给自足，督促各县实施冬耕开垦荒地，限制不必要之作物，禁止或限制主要粮食造酒、制糖、饲畜及其他不必要之消费。①

根据粮食管理办法的规定，每年必须实施一次粮食总调查，1940年8月9日，浙江省公布《浙江省粮食总调查办法》，规定各县成立粮食管理委会，在每届秋收后举行粮食总调查一次。各县粮食总调查以户为单位，每户人口消费量存粮数量及来年秋收前杂粮收获量均应切实调查，以计算每户全年盈余数额。每户以每人每日消费米1市斤为标准，各种杂粮均折为米计算。粮食总调查，应利用乡镇保甲组织，发动县属各机关团体、学校人员参加，以总动员的方式办理。以乡镇为单位，由乡镇公所负责编队，分别携带空白粮食调查清册，挨户实施调查，详细填列。②

根据省政府的要求，龙泉县于1941年开展第一次粮食总调查。为此，在县设立了督察员，由县政府从各机关抽派24人，各区选派3人，共计34人，分别派往各乡镇督查。在督察员的指导下，乡镇设立调查员，每保选派1~2人，由各保的保长、校长、教员、保队附、甲长、干事等人员组成。“上项调选人员务须特别慎重，多用纯洁青年，以期减少弊端而免再陷以往敷衍之恶习。”③ 10月17日，小梅区剑池乡召开第八次乡务会议，选定汤丕顺、汤丕远、周荣根、祝宪、曾建新、华必荣等20人为各保粮食调查员。这些调查员“均系素洁青年，平日热心地方公务，堪可充任”④。从剑池乡、上东乡粮食调查员的情况来看，保长、校长、教员、保队附、甲长、干事等乡镇保甲人员在调查员中占多数，成为粮食总调查的主力。⑤

① 浙江省粮食管理处编《浙江省粮食管理规章汇编》，1940，第15页。

② 浙江省粮食管理处编《浙江省粮食管理规章汇编》，1940，第25~26页。

③ 《为奉电遴选胡曦陈振华周传沿三人为粮食总调查督查员祈核委由》，《卅年度粮食总调查法令卷》，龙泉市档案馆藏，档案号：14-4-159。

④ 《龙泉县小梅区剑湖乡公所呈文》，《卅年度粮食总调查法令卷》，龙泉市档案馆藏，档案号：14-4-159。

⑤ 《龙泉县上剑池乡粮食调查员名册》，《卅年度粮食总调查法令卷》，龙泉市档案馆藏，档号：14-4-159。

表 7－2　龙泉县剑池乡粮食总调查员名册（1941 年）

调查员姓名	年龄	职务	调查员姓名	年龄	职务
黄显寿	52	保　长	郑四连	36	保　长
何孔昭	40	校　长	吴维俭	26	事务员
汤如茂	46	保　长	柳马保	45	保　长
吕诗荣	41	保　长	程成豹	31	保　长
周企安	30	乡队附	王俊久		校　长
刘过文	25	保　长	张显康		财务干事

资料来源：《剑池乡粮食总调查员名册》，《粮食总调查卷》，龙泉市档案馆藏，档案号：14－4－159。

表 7－3　龙泉县上东乡粮食总调查员名册（1941 年）

调查员姓名	年龄	职务	调查员姓名	年龄	职务
周春成	47	区执行委员	毛耀文	24	保队附
周陈禄	47	保　长	张卓富	26	壮丁队长
卓水根	38	乡民代表	张可兴		甲　长
卓樟仁		甲　长	傅正德		乡民代表
李　郁	24	保队附	吴火昌		甲　长
毛英芳		教　员	姜　勋	23	合作经理

资料来源：《上东乡粮食总调查员名册》，《粮食总调查卷》，龙泉市档案馆藏，档案号：14－4－159。

1941 年粮食总调查自 10 月 19 日起，至 12 月 3 日完毕。调查的内容包括甲数、户数、人口数、全年所需粮食总额、田亩总数、本年粮食收获数、历年存粮数等各项内容，并制成表格，汇总送乡镇，由乡镇汇总转送区和县政府备案。

表 7－4　龙泉县金田乡粮食总调查统计（1941 年）

项目 \ 保别	第 1 保	第 2 保	第 3 保	第 4 保	第 5 保	第 6 保	第 7 保
甲数	15	12	15	11	13	14	15
户数	145	112	153	105	132	168	177
人口数	612	519	687	439	587	776	747
全年需粮数量（斤）	201960	171270	226710	144870	193710	256080	246510
田亩总数	3226	441	509	718	3610	407	925

续表

项目＼保别		第1保	第2保	第3保	第4保	第5保	第6保	第7保
本年收获量（担）	谷	82344	117086	153690	177251	207745	103240	235740
	糯谷	11850	8080	29400	14376	14630	12556	14816
	玉蜀黍	3334	450	2500	9780		1500	
	甘薯	13600	4450	4205	13020	18590	28994	52300
存粮数量（担）	米	5980	4229	8870	4789	5157	8755	3095
	谷	53298	70847	119865	54252	112659	109980	145584
	糯米	255	711	7995	4350		8647	
	糯谷	6975	7207	10675	8352	10341	6791	14086
	玉蜀黍	2230	270	2500	2360			
	甘薯	7650	600	1590	4570	6258	17925	13120
	薯丝		1941	430			159	11712

资料来源：《卅年度粮食总调查法令卷》，龙泉市档案馆藏，档案号：14－4－159。

抗战时期，粮食的重要性是不言而喻的，一般民众往往不愿如实申报自己的存粮，对粮食调查颇为抵触，甚至有民众谎报和匿粮。为此，龙泉县规定对于匿粮者，经人检举，查明属实，将悉数没收。梧垟乡第六保第三甲住民徐隆甫，将家中多余稻谷藏匿到大丘田对面尖顶山上。后经人检举，调查人员从山上搜出匿藏的粮食，共计359斛，全部予以没收。八都区共查获46户陈报不实，其中匿藏稻谷13000斤，大米200斤。小梅区共查获匿粮案件59起，涉案稻谷2199斤，大米809斤。这些被查获的粮食，一律没收充公，由交易公店以稻谷1元3斤、大米1元2斤的价格出售给壮丁家属和贫困户。①

在粮食调查的基础上，实施粮食管制，限制粮食流通。1940年5月17日，浙江省颁布《浙江省违反粮食管理办法紧急取缔暂行规则》，明确规定粮食资敌、私运囤积居奇、扰乱价格及其他违法情事者将予以惩处。粮食管制以乡镇为单位，粮食种类分为谷米、小麦、面粉三种，各乡镇住户、商户、宗祠、学校、会社、应将存粮实数，一律遵照规定向保长报告登记，由

① 《粮食总调查报告》，《卅年度粮食总调查法令卷》，龙泉市档案馆藏，档案号：14－4－159。

保长造册送乡镇公所转报县粮食管理处备查。县与县之间粮食流通，每人每次不得超过15斤。乡镇与乡镇间粮食，以自由流通为原则。如有偷运粮食出境者，扣送乡镇公所转送县粮食管理处法办。并在县境内重要地点，设立粮食检查站，检查人员由县自卫团队、警察及乡镇保甲人员担任。乡镇粮食之采购，以自由买卖为原则，由各乡镇统筹办理，各保甲长负责协助。①

除限制粮食流通外，政府还严厉打击粮商囤积居奇和走私。对囤积居奇的粮商，除由县政府没收粮食外，还处以5年以下有期徒刑，课以所得利益1~3倍的罚金。1943年，浙江省制定了《浙江省管制粮价实施办法》，规定除游击区外，各县粮食一律实施限价，限价种类以稻谷、大米、小麦、面粉为主。1944年，龙泉县规定，本县食米关系民生，糙米每石1100元，谷每石550元，小麦每石688元，面粉每担614元，不得超过限价，违者严处。②为了防止粮食走私，各县均设立检查关卡，规定水陆运载出境之粮食，必须持有县粮食管理委员会或县政府及上级机关凭证文件，否则一概作私运论处。对走私米粮者，由县政府没收，平价出售。龙泉县小梅乡粮商陈介夫偷运大宗粮食出境，被县政府查获，没收大米76包，交由粮食公店平价出售。③

三　军粮、公粮与田赋征实

清代田赋实施银、米分征，征银者系地税与人丁税，合称为“地丁”；征米者则主要供给八旗官兵食米及王公百官俸禄，称“漕粮、南米”。民国建立后，田赋的征收仍沿袭清制，并将“漕粮、南米”改称为“抵补金”。1931年，浙江省政府根据中央规定，对田赋的征收进行改革，废除银、米分征，改征银元，分上下两期征收，将“地丁”改为上期田赋，“抵补金”改为下期田赋，所有各项赋税仍照原率带征，原征之“地丁”银每两折银元1.8元计算，折合为5068898.99元；原征之“抵补金”以米每石折征银元3

① 浙江省粮食管理处编《浙江省粮食管理规章汇编》，1940，第23页。
② 龙泉市档案局编《龙泉民国档案辑要》，中国档案出版社，2010，第221页。
③ 龙泉市档案局编《龙泉民国档案辑要》，中国档案出版社，2010，第162页。

元3角，折合2641797.91元。此税制一直延续至1940年。[①]

然而，随着战事的扩大，浙江省杭绍湖等地相继沦陷后，各县粮食紧张，粮食价格高涨，不仅使军粮和公粮的购买成本增加，有时还出现无粮可购的局面。为了确保军粮和公粮，1940年浙江省开始筹划将原有的田赋征收方式改征实物及米折。1941年1月，浙江省政府颁布《浙江省田赋征收实物及米折办法》和《浙江省田赋征收实物及米折办法施行细则》，将田赋按原有各田、地、山、塘应征上下期田赋，以及省正附税、比照田赋标准或按亩征收之税费、带征之公费，依照1936年平均米价折算改征米额，征率按原额每元征稻谷2市斗。由此，浙江省继山西、福建之后成为第三个田赋征实省份。

1941年6月，国民政府鉴于国统区的物价上涨，粮食紧缺，军粮、公粮均面临困难等问题，明令各省将田赋收归中央，改征实物，从下半年起，除辽宁、吉林、黑龙江、热河、河北、察哈尔及新疆7省，因情况特殊不能办理外，其余21省开始实行。并规定一次造册征收，不再分期，以当年之7月1日起至下年之6月底止为一征收年度，征率按原额每元征稻谷2市斗，杂粮区、小麦区征收等价的杂粮和小麦，棉田征收棉花。1942年，按原额每元征稻谷3市斗，另加公粮每元1市斗，并随赋征借每元1市斗5升。1945年抗战胜利，免税一年。1946年，继续征实。但照原额5折计征。每元赋额征粮3市斗，征借粮食1市斗，征收公粮9升。[②]

表7-5　浙江省田赋每元征实征率

单位：升

年度	征实	征借	公粮	合计
1941	20			20
1942	30		10	40
1943	30	15	10	55
1944	30	15	10	55
1946	30	10	9	49
1947	30	15	9	54

资料来源：浙江省银行经济研究室《浙江经济年鉴》，1948，第182页。

① 浙江省银行经济研究室《浙江经济年鉴》，1948，第182页。

② 浙江省银行经济研究室《浙江经济年鉴》，1948，第182页。

田赋收归中央后，军粮由中央统一配额征收。1942 年，浙江省军粮配额 24 万大包（每包 200 市斤），其中派定田赋征收军粮 10 万大包，预备抢购军粮 14 万大包。1943 年，浙江省在征实、征购项下配额军粮 37 万大包，后经第三战区军粮会议商议，增购 6 万大包，合计配额为 43 万大包。1944 年，配额为 32 万大包。自 1941 年至 1944 年，浙江省军粮实际拨交为 1382130 大包。[①] 龙泉作为战时浙江的大后方，其驻军和过境部队平均每月有 5000 人左右，每月需蔬菜副食品津贴 26 万元，每月军粮配额 200 大包。此外，还有临时的征购，1942 年 7 月 6 日第三战区兵站总监通过省政府令龙泉县政府征购大米 3000 包，合计 6 万市斤。而过境部队甚至擅自开仓，强借粮食。1942 年 8 月 28 日，陆军暂编第九军某部强行开仓提去赋谷 2145 斤。[②]

田赋征实不仅为军粮也为省县公粮提供了基本保障。田赋征实前，公粮主要依靠各级粮管机关采购余粮，田赋征实后，省级公粮在赋谷项下拨发，县级公粮主要随赋带征。1941～1944 年，浙江省田赋征实共计 5821070 石，随赋征借 1416242 石。[③] 1941 年以前，龙泉县田赋征收以 179787.9 亩为标准折征正附税。1937～1938 年每亩征正附税 0.7238 元，1939 年每亩征正附税 0.7864 元，1940 年为 0.7968 元。1941 年改征实物后，每亩田科正税 0.1881 元，附税每亩 0.5917 元，正附税合计为每亩 0.7798 元，应征总额为 140198.604 元，并以每元征稻谷 2 市斗，共计 28039.72 石。[④] 1942 年，根据国民政府粮食部的规定，浙江省又将征实标准提高到每元 3 市斗稻谷。同时，龙泉县也对全县土地重新编查，田亩数有所增加。根据新的征实标准和田亩数，1942 年龙泉县应征稻谷增加为 54877.5 石，1943 年为 57589.248 石，1944 年为 55735.826 石。[⑤] 与 1941 年相比，田赋数几乎增加了一倍之多。由于民众不堪负担，征收难度逐渐加大。在 1932 年之前，龙泉的田赋基本能完成九成，但自 1933 年至 1940 年只能完成七成，而 1941 年之后，只

---

① 《战时浙江省历年军粮配额及拨交数统计表》，浙江省档案馆藏，档案号：L37－00－50。

② 龙泉市档案局编《龙泉民国档案辑要》，中国档案出版社，2010，第 252 页。

③ 《浙江田赋粮食管理处卅四年份施政报告》，浙江省档案馆藏，档案号：L29－2－96。

④ 《龙泉县各则土地赋税应征额调查表》，《田赋征集卷》，龙泉市档案馆藏，档案号：16－6－1。

⑤ 龙泉市档案局编《龙泉民国档案辑要》，中国档案出版社，2010，第 208 页。

能完成五成。①

表 7-6　龙泉县田赋征实调查表（1941～1944）

单位：担

年　度	1941	1942	1943	1944
应征稻谷额	28039.72	54877.5	57589.248	55735.826
实征稻谷数	15979.949	25482.434	34273.138	26922.431

资料来源：龙泉市档案局编《龙泉民国档案辑要》，中国档案出版社，2010，第 208 页。

乡镇公粮的征收直接采取摊派的方式进行。为了充实乡镇机构，奠定自治基础，浙江省颁布了《浙江省乡镇级公粮收支保管稽核办法》，规定各县可以征收乡镇公粮。乡镇公粮按田亩征收，每亩最高不得超过稻谷 6 升。1943 年，龙泉县共有 1348 名乡镇保人员，其中职员 262 人，乡队附 33 人，乡丁 33 人，保长 340 人，保队附 340 人，乡镇警察 340 人。乡镇公粮的发放，乡镇级职员、乡队附、干事、书记、保长等月领公粮 5 斗，乡镇警察月领 2 斗 7 升 5 合，乡丁 2 斗 5 升。乡镇公粮照各保富力公平配派，由保长分别派定，造具名册报乡镇公所提交乡镇民代表大会审查通过，再报县政府核准。② 然而，乡镇公粮的征收比田赋征收更加困难。据龙泉县东升镇镇长报告，1944 年度该镇乡镇公粮“尚有大部分欠户，一再催收，仍颗粒未付”，共欠乡镇公粮 23163 斤。③ 无独有偶，民权乡第一保有 37 户欠交 1944 年度乡镇公粮 4685 斤。④ 1945 年 9 月，天平乡乡长连可瑞向龙泉县政府呈文：“本乡 1944 年度乡镇公粮曾依照各户富力公平配派，并经造具清册呈报核备在案。自本年 1 月间开始征收，迄今所收成数仅有二成左右。”⑤除乡镇公粮外，还有各类附加。据 1941 年 2 月龙泉县规定，每元田赋正税，另需征收保安附捐 1 元，自治附捐 0.40 元，抗日事业费 0.20 元，教育附加捐 0.139 元，治虫附捐 0.028 元，救济附捐 0.056 元，县税特捐 0.318 元，特训附捐

① 龙泉县志编纂委员会《龙泉县志》，汉语大辞典出版社，1994，第 122～123 页。

② 龙泉市档案局编《龙泉民国档案辑要》，中国档案出版社，2010，第 62 页。

③ 《东升镇三十三年度乡镇级公粮欠户名册》，《乡镇公粮卷》，龙泉市档案馆藏，档案号：16-6-232。

④ 《民权乡第一保抗缴公粮户清册》，《乡镇公粮卷》，龙泉市档案馆藏，档案号：16-6-232。

⑤ 《天平乡乡长签呈》，《乡镇公粮卷》，龙泉市档案馆藏，档案号：16-6-232。

0.30 元等，并随田赋折征实物。[①] 各类附加更使龙泉县民众苦不堪言。

四　乡镇保甲长与催粮、征粮

乡镇保甲长不仅是粮食增产和粮食调查的落实者，也是地方赋税催征的主要执行者。1935 年 12 月，浙江省政府颁布《保甲催征赋税办法》，要求乡镇保甲长协助催征赋税。1937 年，浙江省政府再次强调该办法的实施，规定各乡镇长及保甲长负责直接向粮户催征赋税。保甲长协同催收所，会同所在地乡镇长查明各保甲号数，编入征粮户册，以此作为催征的依据。编造好的征粮户册由县政府发交各乡镇长，再分发给各保甲长，按册挨户催征。各乡镇长负责督促各保甲长催缴，各保甲长负责向各粮户催缴，必要时各保甲长得向粮户检查粮库、调验契据。如遇粮户就地移转产业，经过乡镇公所盖章证明，各保甲长随时检查税契，并报告给乡镇长，转呈县政府查核。各保甲长查有欠缴赋税各户，迭催不完，须报由县政府酌派员协同催追。会同员警催追后仍抗不完纳者，由各县保甲长调查欠户财产，开单报由县政府，照章办理。保甲长对于大户，如有徇纵、扶隐情事，应同负连带催追责任。各乡镇及保甲长于境内承办催征事务，每届半年，应由县长考查，成绩优劣，给予奖惩。奖励者分为奖章、记功、嘉奖；惩罚者分为撤职、记过、申诫。保甲长催缴成绩，由乡镇长执行初查，报由县长核定。[②] 抗战时期，为了完成田赋“三征”，政府不仅自中央到县成立了田赋粮食管理机构，而且提出要充分利用乡镇保甲机构和保甲人员协助征收、征借和征购，乡镇保甲长成为田赋征实的主要力量。

首先，保甲组织和乡镇保甲长是田赋“三征”的主要宣传者。为了宣传田赋“三征”，各级政府都会制定各种相关的宣传标语，逐层下发，最终由乡镇保甲长负实际的宣传责任，尤其是各保甲长要挨户动员。[③] 1941 年，龙泉县制定了统一的宣传标语，如“有钱出钱、有力出力、有粮出粮，为每个

---

① 《龙泉县税务局催征田赋及各附税税率明细表》，《田赋改征实物卷》，档案号：15－5－201。

② 《提倡保甲催征赋税办法》，《浙江财政月刊》第 10 卷第 2～3 期，1937。

③ 《龙泉田赋粮食管理处卅三年度田赋征实宣传报告表》，《征实宣传卷》，龙泉市档案馆藏，档案号：15－8－280。

国民应尽之天职”；“田赋征实、征购，目的在充实军糈、调济民食”；“本年征实、征购稻谷，限开征后三个月内，一次清完，早完是光荣的，迟纳要处罚的”；“乡镇保甲长应该切实协助征实征购”；“经征人员如有浮收勒索情事，粮户可以随时检举”等内容。[①]“宣传工作历来都是征赋前的重点工作，此项工作虽然为粮食管理处为中心，但地方保甲长却承担着实际的宣传责任，各保甲长要挨户动员。”[②] 11月20日，兰渠乡在本乡第五保英力村国民学校举行1941年度粮食总调查及田赋改征实物召开会议，各保长会同调查员组成田赋临时事务员讲习会。县府派督导员张乃权莅乡指导，规定15日内办完，并令各保长返保后立召开保民大会，宣传调查食粮及田赋改征实特意义，且限一星期内将调查结果由保甲长造具调查清册及统计表，送乡汇转。[③] 与此同时，龙泉县还刊发了《纳粮歌》和《田赋征实三字经》，要求各乡镇保广为宣传。

其次，乡镇保甲长必须负田赋“三征”的连带责任。根据《浙江省各县乡镇保甲长协助催征赋税办法》的规定，乡镇保甲长在田赋“三征”中负有重要职责：①各乡镇保甲长对于该管区域内各种粮户应纳土地赋税，负协助经征机关共同催征之责。必要时，乡镇保甲长并得向粮户检查粮串，查缉隐匿。②各保甲长于每年新赋开征时，应将当年赋税应征标准通知各粮户，并负责散发田赋通知单，领导粮户纳粮。③各保甲长如查有欠缴赋税各户迭催不完，得报由县政府或县田粮处派员催追。④欠粮业户经县田粮处指派员警严追后倘仍抗不完纳，应由各该保甲长调查欠户财产，开单报由县田粮处依法处理。⑤各乡镇保甲长如对欠赋业户有故意徇纵、扶隐等情事者将由县严加惩处。⑥各乡镇保甲长协助催征赋税由县田粮处切实考查成绩酌予奖惩。[④] 1944年，龙泉县长徐渊若训令各乡镇保甲长：“田赋为我国正课收

① 《浙江省三十二年度田赋征实及带购粮食宣传标语》，《征实宣传卷》，龙泉市档案馆藏，档案号：15－8－280。

② 《龙泉田赋粮食管理处卅三年度田赋征实宣传报告表》，《征实宣传卷》，龙泉市档案馆藏，档案号：15－8－280。

③ 《龙泉县兰渠乡举行三十年度粮食总调查及田赋改征实物召开会议记录》，《卅年度粮食税调查法令卷》，龙泉市档案馆藏，档案号：14－4－159。

④ 《浙江省各县乡镇保甲长协助催征赋税办法》，《欠赋法令卷》，龙泉市档案馆藏，档案号：15－5－64。

人，关系军粮民食，至为深巨，各乡镇保甲长，对于下乡征实人员均应竭诚协助，以赴事功”，“各乡镇保甲长并负有妥善保管责任，至征实人员下乡征收，如有舞弊扰民情事，各乡镇保甲长应即率先检举”。[①] 同年，福源乡各保甲长因未能有效协同征收人员办理粮食征收，县长徐渊若对该乡乡长周仁生予以训诫，并责令其转饬各保甲长切实负责协同办理，“毋再视同具文，致干惩处”。[②]

政府利用保甲组和保甲长催粮、征粮和购粮，对于提高田赋征实成效，防止民众囤积居奇和匿藏余粮起了重要作用。然而，乡镇保甲长参与田赋征实也带来了许多流弊。主要表现在：一是贪污和侵占。1941 年月 6 月，岱垟乡第二保保民吴公利等人向县政府控告保长徐敬周非法征收，侵占公款。[③] 7 月，龙溪乡第一保保民周承齐等人控诉该保长吴邦本贪污和侵占乡级公粮。后经县府派员调查，发现该保长所收乡级公粮 2364 斤未开收据，侵占周宗薰、周宗林二户缴纳的 302 斤赋谷，折合法币 9075 元。[④] 八都镇第十三保保民陈树生也向县府控告：“镇长、保长近向各户征收物品与款项均不发给收据”，“以权势威胁，稍忤即指为抗捐，如日前征募征属公宴费，历年均发给收据，本年则不发收据，若公告则更谈不上”，“当此抗战时期，人民出力出钱，但求有益于抗战，保甲人员应开诚布公，以昭大信，以奠法治之基础”。[⑤] 二是乡镇保甲长利用征实之机乱收费用，而自己则尽量逃税或少缴。1944 年 7 月，小梅镇第五保保长骆世忠、骆世豪兄弟借征实之机，采取欺诈手段，违法向保民征收劳役代金等费用，从而遭到副保长叶才勤、第五甲长叶良清、镇民代表张卓如等人的联名控告。[⑥] 三溪乡第二保保长胡永寿所种

① 《县长谕令》，《征实宣传卷》，龙泉市档案馆藏，档案号：15－8－280。

② 《为令该乡长转饬所属各保甲长切实负责协助征收屠宰税由》，《地方捐献卷》，龙泉市档案馆藏，档案号：16－6－28。

③ 《岱垟二保民控保长徐叔周非法征收侵吞公款令前往查复》，《乡镇保甲人员涉嫌贪污卷》，龙泉市档案馆藏，档案号：10－1－521。

④ 《为呈复饬查龙溪乡第一保保长吴邦本多收田赋情形由》，《乡镇保甲人员涉嫌贪污卷》，龙泉市档案馆藏，档案号：10－1－521。

⑤ 《八都乡民呈诉》，《杂卷》，龙泉市档案馆藏，档案号：10－1－560。

⑥ 《为保长骆世忠骆世豪兄弟违法征收劳役代金由》，《接运稻谷卷》，龙泉市档案馆藏，档案号：13－3－408。

之田土，全收稻谷，老少皆知，但每年却以旱地之名缴纳赋税，以减少其赋谷。[①] 对于乡镇保长在征实中的流弊，时人曾讽刺说："乡镇长买田砌屋，保长们吃鱼吃肉，老百姓抱头大哭。"[②]

战时田赋征实、征购、征借，虽然一定程度保障了军粮和公粮，但却减少了民食，不少乡村因此发生粮荒，甚至出现饿死人的现象。1941 年龙泉遭遇大旱，又逢改征实物，致使各地出现严重饥荒，是年龙溪乡一共饿死 180 人，第七保多达 40 余人，全乡逃荒 80 多户；兰渠乡第十保也饿 50 多人，逃荒 10 余户。[③] 据龙泉县志记载，在 1941 年的饥荒期间，该县的济川桥上一天死 7～8 人。[④] 1944 年 6 月，龙溪乡再次发生粮荒。乡长呈文县府，告以"本乡山多田少，全年收获仅足供二三月之需，其余月数悉赖经营香菇及树木购买粮食，以资接济。今年菇月凋敝，树木不销，农村经济除完纳人民应尽之捐税外，早已罗掘殆尽，粮食顿起恐慌"。同年 7 月，福泽乡也向县府报告，"居民十室九空，欲米无钱，饥贫交迫，借贷无门。掘草根采树皮和粮而食者，日有所闻"。屏南乡则呈报，全乡有无粮充饥者 582 人。[⑤]

民众缺粮使抗捐抗赋的行为时有发生。1945 年，福泽乡乡长张强呈文县长："弊乡第十保保长张时俊报告称，该保应派地方捐献经费尚未收清，日前县府派张指导员莅保催收，职当即通知各甲长催收，奈因银根紧迫，本保甲长等全不能征收。该保地方捐献应派 25350 元，除征收 9200 元外，尚欠 16150 元，俯赐准予派警协助征收实。"[⑥]同年，民权乡乡长任观通呈请县府派警催征：本月奉钧令征收乡级公粮，展期至 10 月底收足。唯第一保地接城市，民情刁滑，1944 年乡级公粮，虽认派 50 余担，实收不满 10 担。迭派员前往催征，各公粮户不但不缴，而且避而不见。第一保捐派，认而不派，派而不收，收而不缴，保长欠缴达 10 万元之多，职经报乞核在案。此次避

① 《三溪乡第二保保长胡永寿舞弊减少赋谷》，《地方捐献卷》，龙泉市档案馆藏，档案号：16－6－28。

② 《为民食问题敬告各位乡镇长》，《时事公报》1943 年 9 月 5 日，第 2 版。

③ 龙泉市档案局编《龙泉：浙江抗战大后方》，2008，第 87 页。

④ 龙泉县志编纂委员会《龙泉县志》，汉语大辞典出版社，1994，第 53 页。

⑤ 龙泉市档案局编《龙泉民国档案辑要》，中国档案出版社，2010，第 154 页。

⑥ 《为转请准予派警协助十保征收地方捐献由》，《地方捐献卷》，龙泉市档案馆藏，档案号：16－6－28。

缴公粮，是保民惯技，若不严厉取缔，则该保成为独立保，准赐派警严厉催征，带案追缴或准展期征收。[①] 过度的征粮，不仅造成乡村饥荒，也加剧了官民之间的对立关系。

全面抗战爆发后，国统区的粮食生产、粮食进口和粮食贸易遭受严重冲击。加上日军对沦陷区粮食的抢掠和对游击区粮食的高价竞购，致使国统区面临严峻的粮食危机。为了确保军粮、公粮和民食的基本供应，政府在国统区实施粮食管制，要求各县乡镇积极开展粮食节约和扩大生产运动。龙泉县作为浙江抗战的大后方，是浙江省推行粮食节约与扩大生产运动的重要县份。1938 年，浙江省政府任命原省合作事业室主任、建设厅第二科科长唐巽泽为龙泉县长，利用合作社、保甲组织，全力开垦荒地，扩大粮食生产，推行粮食节约运动，从而使龙泉县的粮食耕种面积得到扩大，粮食种类和粮食产量也有所增加，一定程度缓解了粮荒现象。1941 年田赋征实后，军粮和公粮虽然一定程度得到保障，但民食却大为减少。过度的征粮、借粮和购粮则进一步侵占了民众的基本口粮，造成了严重饥荒，出现饿死人的现象，不少民众为此拖欠，甚至抗缴公粮。然而，在战时粮食增产有限、“军粮优先”的情形下，侵占民食是必然的，也是无奈的选择。为加大征粮、借粮和购粮的力度，政府不得不苛责于乡镇保甲长。乡镇保甲长的参与虽然提高了政府推行田赋“三征”的成效，但也给田赋“三征”带来了种种流弊，进一步加重了民众的负担，使民众对政府的不满与日俱增，并将这种不满转移到了乡镇保甲长的身上。

---

① 《为第一保公粮户抗不缴纳故违政令造具册报仰祈派警严厉催征带案追缴或赐展期征收由》，《乡镇公粮卷》，龙泉市档案馆藏，档案号：16－6－232。

第八章　保甲与兵役：抗战时期的征兵

1936年，国民政府实施《兵役法》，将募兵制改行征兵制。抗战全面爆发后，为了补充兵员，国民政府在国统区全面推行征兵制。作为浙江抗战的大后方，龙泉县是浙江推行征兵制的重要县份之一。抗战时期，龙泉县先后征集了近万名的新兵，成为战时浙江征兵的模范县，为中国的抗战做出了应有的贡献。在征兵过程中，基层兵役机关与保甲组织相辅相成，互相配合，保甲长参与兵役宣传、壮丁调查、抽签和征送等各项工作，对征兵制的推行起了重要作用。然而，由于种种原因，保甲长在征兵过程中常常出现强征、包庇、徇私舞弊等妨害兵役的行为，一定程度上影响了征兵制的实施成效，激化了乡村社会的矛盾。

一　保甲与兵役组织

自清末至民初，中国政府一直试图将募兵制改为征兵制，但直至南京国民政府建立后才开始逐步实现。1933年6月17日，南京国民政府正式公布《兵役法》，自1936年3月1日起正式实施。1936年8月，南京国民政府颁布《兵役法实施条例》，对国民兵役、常备兵役的服役条件、内容、期限，免役、缓役、禁役、停役、除役的具体条件和在乡军人的管理，以及各级兵役主管机关和协办机关的管理事务做了详细规定。

根据《兵役法实施条例》的规定，国民政府为管理全国兵役的最高机关，军事委员会为管理兵役的最高军事机关，行政院为管理兵役的最高行政机关。军事委员会下辖军政部、军训部、军令部和政治部。军政部主管事务包括规划征募区域、分配征募兵员、组织征募机关、处理归休及转役期、管理召集在乡军人、处理缓役免役停役等事务和兵籍事务。行政院内政部主管事务包括确定国籍户籍、调查应服役者年龄身家、布告转送征募事务、调查安置退役兵员和处理国民兵事务。[①]

抗战爆发后，军政部将兵役科扩充为兵役司，分设管区、役务和征募三科，掌管“管区之规划设置及推行事项”“管区各项业务之考核及人事审核事项”“兵役法规之编撰修订事项”“兵役之宣传、奖惩及兵役实施人员之训练事项”“壮丁之调查、检查、抽签事项”“现役兵之征集、募集、分配、入伍、退伍、归休事项” “常备士兵之服役、军士籍、兵籍及统计事项”“国民兵之服役、名籍簿、调查、统计、管理、召集即教育事项”“常备官佐退役、除役实施事项”“备役候补军官佐、预备役军士之考查、登记、召集、服役事项”和“在乡军人之调查、管理、教育、召集事项”。[②] 1939 年 2 月，军政部成立兵役署，下辖征补司、役政司和国民兵司。1944 年 11 月 16 日，兵役署升格为兵役部。[③]

在设立兵役机构的同时，国民政府还建立了管区制度。1936 年 8 月，军政部公布《陆军兵役管区暂行条例》，将全国划分为若干师管区和团管区。每一师管区下设 3 ~4 个团管区，师管区设师管区司令部，团管区设团管区司令部。师管区司令受军政部之命及兵役相关各部之指示，以及管区内常备师长之意旨，处理兵役事务。团管区司令承师管区司令之命，处理兵役事务，包括常备兵、现役兵员之征募、归休，国民兵事项和在乡军人管理等事务。并在苏、浙、豫、鄂、皖、赣 6 省设立淮扬、徐海、金严、温处、芜徽、安庐、淮泗、浔饶、豫东、豫西、豫南、湘鄖 12 个师管区司令部，试办征兵事务。其中浙江省金严师管区下分金华、兰溪、衢县、吴兴 4 个团管区；温处师管区下分永嘉、临海、丽水、云和 4 个团管区。[④] 地方政府作为兵役协办机关，由相应兵役机关进行指导，但两者之间并不存在上下级关

① 《兵役法施行条例》(1936 年 8 月)，训练总监部国民军事教育处编《兵役法规》，训练总监部国民军事教育处印，1936，第 20 ~24 页。

② 《国民政府军政部公布军政部组织法》(1937 年 9 月 6 日)，中国第二历史档案馆编《中华民国史档案资料汇编·第五辑第二编军事（一）》，江苏古籍出版社，1997，第 64 ~66 页。

③ 兵役部役政月刊社编《抗战八年来兵役行政工作总报告》，兵役部役政月刊社印，1945，第 4 页。

④ 兵役部役政月刊社编《抗战八年来兵役行政工作总报告》，兵役部役政月刊社印，1945，第 1 页。

系，兵役机关作为主管机关，行政机关则协助其办理兵役事务。在办理征募事务时，省政府协同师管区办理征募事务，县市政府依团管区司令部之指导，会同办理征募事务。①

抗战全面爆发后，国民政府除在苏、浙、皖、赣、鄂、豫6省增设师管区外，还在湖南、福建两省设立了8个师管区，之后又增加贵州、四川、陕西、甘肃、广东、云南、宁夏等各省师管区筹备处。并在苏、浙、皖、赣、湘、鄂、陕等8省设立兵役管区司令部，以各省保安处长兼任司令，驻省会师管区司令兼人副司令，管区制度逐渐由师、团管区二级制向三级制演变。②

1938年1月，《非常时期军管区司令部组织暂行条例》颁布，规定依现行省区划定某省军管区，并设立司令部。军管区司令部直隶于军政部，下设征募处、编练处、总务科、经理科等机构。③ 其中征募处掌管事务有现役兵之征募补充、退伍归休事项，国民兵、在乡军人、备役候补军官佐、预备役军士之召集服役事项，师团管区司令部和补充部队人事及考核事项，各种役务处理审核事项，兵役法令宣传、调查和考察事项与出征军人家属优待事项等。该条例的颁布将原先的师、团管区两级制改为军、师、团管区三级制。条例颁布后，国民政府先于鄂、湘、皖、赣、浙、闽、豫、陕、川、黔、粤、桂12省设军管区司令部，统辖各该省师管区，管理一省兵役事务；将原先所设兵役管区司令部和国民军训会一律改并入军管区司令部。至1938年底，国民政府共计设立军管区12个，师管区35个，团管区133个，师管区筹备处4个。④

管区制度由二级制转变为三级制，造成了兵役机构重叠和人员的冗杂，各级管区之间公文往来周转反复，事务办理稽延，影响行政效率。1941年10月，国民政府将团管区撤销，改为军、师管区二级制。调整后，全国军管区由原有的12个增至15个，师管区由42个增至109个，独立团管区3个，

① 《兵役法施行条例》（1936年8月），训练总监部国民军事教育处编《兵役法规》，训练总监部国民军事教育处印，1936，第23页。

② 中国国民党中央执行委员会训练委员会编《兵役概论》，中国国民党中央执行委员会训练委员会印，1941，第48~49页。

③ 《非常时期军管区司令部组织暂行条例》（1938年1月），中央训练团兵役干部训练班编《兵役法规汇编（一）》，中央训练团兵役干部训练班印，1942，第1~4页。

④ 兵役部役政月刊社编《抗战八年来兵役行政工作总报告》，兵役部役政月刊社印，1945，第2页。

招募处1个，征兵事务所10个，师管区筹备处1个。其中浙江省军管区下辖永乐、临黄、金衢、丽云、嵊绍、鄞奉、兰嘉等7个师管区。[①] 1944年为增加兵员补充，扩大边区征兵，增设青海师管区，改宁夏师管区筹备处为师管区，并撤销、裁并多处师管区。至1944年6月，全国计有军管区16个，师管区109个，独立团管区2个，征兵事务所17个。之后，随着战势发展，国民政府继对多个管区进行裁员，撤销多个沦陷区师管区。至1944年11月底，全国共有军管区16个，师管区95个，独立团管区2个，征兵事务所5个。浙江军管区减为丽云、金衢、临黄、永乐等5个师管区。[②]

在兵役机构和管区制度建立的同时，县以下的基层兵役组织也逐步形成。1939年12月26日颁布《浙江省县政府组织规程》和《浙江省县政府办事规则》，各县依例设立秘书室、民政科、财政科、教育课、建设科、兵役科、军法室和会计室，设科长5人，科员8～16人。[③] 龙泉县兵役科设立之初，科长一职由县政府民政科科长兼任。龙泉县政府于1939年1月改组后，兵役科科长始派专人任职，以改善兵役事务的办理。[④] 龙泉县兵役科分列四股，分掌不同事务。第一股负责征募兵计划与统制，免缓禁停役事务，国民兵之召集服役，现役兵之调查、抽签、检验、配征、转役、归休、退伍、登记事项和在乡军人与预备军士之召集服役；第二股负责官佐籍与士兵籍之整理、保管、统计事项和办理兵役事务人员之任免、考核、奖惩和训练事项；第三股负责预防和处理逃避兵役事项；第四股则掌理现役兵伤亡抚恤、兵役宣传和兵役法令解答等事项。[⑤] 为兵役工作的有序开展，兵役科设有分类详细的登记簿册，例如壮丁名册、壮丁签号簿、逃兵登记簿、缉获逃兵登记簿、兵役法令解释登记表、现役兵伤亡登记簿和出征军人家属调查表等。不过，观四股掌管事务，一方面可见兵役事务办理分类和权责的明确，另一方面亦可反映出兵役事务之繁杂和兵役办理人员工作之繁重。

---

① 兵役部役政月刊社编《抗战八年来兵役行政工作总报告》，兵役部役政月刊社印，1945，第3页。

② 兵役部役政月刊社编《抗战八年来兵役行政工作总报告》，兵役部役政月刊社印，1945，第4页。

③ 《浙江省县政府组织规程》（1940年3月），浙江省民政厅编《县各级组织纲要之实施》，正报丽水印刷部，1940，第56～57页。

④ 《令遵改组兵役科科长另派齐植璐接充》，《职员任免卷》，龙泉市档案馆藏，档案号0－2－26。

⑤ 《龙泉县政府办事细则》，《县各级组织纲要卷》，龙泉市档案馆藏，档案号0－2－10。

1939年3月，军政部颁布《国民兵组织管理教育实施纲领》，规定以县（市）为最大单位设立国民兵团，限各县市国民兵团于10月中旬成立，至1940年3月31日编组完成。龙泉县国民兵团于1939年12月成立，由龙泉县县长兼任国民兵团团长，下设常备队、自卫队和备役干部会。① 其工作包括国民兵役及龄壮丁的调查和统计，国民兵和壮丁名册的编制，国民兵普通训练，国民兵役证制发，出征军人家属优待工作，相关违反兵役法规事项的处理，常备队的抽签、征集、训练、调补事项，自卫队的召集、训练和服役事项，以及地方警卫事项。② 国民兵团兼具了办理国民兵役和保卫地方安全的作用，同时执行了一部分兵役科的职能。

在国民兵役系统中，国民兵按区乡（镇）、保甲系统依次编为区队、乡（镇）队、保队、甲班，以保长为队长，甲长为班长，保队以上设队附。保甲长挨户清查，登记统计保内壮丁，并召集地方士绅与知识青年讲解国民兵组训法规。在地方社会，保甲长成为征集国民兵服役的直接执行者。保甲系统与国民兵兵役系统及其关系如下：

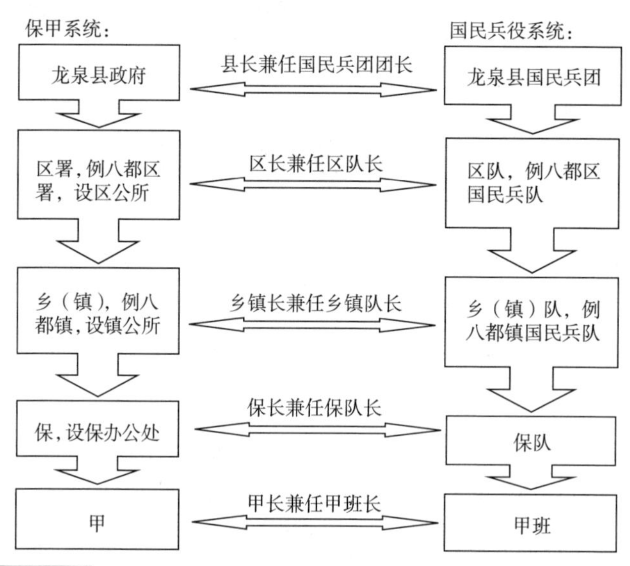

① 《奉电属国民兵团统限于廿九年三月底一律组织完竣仰遵照本省规定日设立由》，《龙泉县国民兵团卷》，龙泉市档案馆藏，档案号M0－2－8。

② 《县（市）国民兵团组织暂行条例》，《龙泉县国民兵团卷》，龙泉市档案馆藏，档案号0－2－8；《县（市）国民兵团团部服务规则》，《龙泉县国民兵团卷》，龙泉市档案馆藏，档案号0－2－8。

自1936年征兵制度实施始，龙泉县在兵役行政系统中隶属于温处师管区丽水团管区。1941年，管区制度调整为军、师管区二级制，龙泉县隶属于丽云师管区。为促进地方兵役事务，各团管区以司令部所驻之县设为兵役示范县，各县国民兵团确定数乡镇为实验区作为兵役模范乡镇。1943年龙泉县被定为兵役示范县，对兵役机构依示范县实施办法进行调整。除科长外，兵役科设科员4人，分掌征募、审核役纪、优待、宣传四项事务，另设指导员、事务员各2人，书记1人；同时县出征军人家属优待委员会迁入县府，与兵役科合并办公。①

1944年龙泉县兵役科裁并入国民兵团，仍由县长兼任，承师管区命令总理全团事务，副团长受团长之命规划全团一切业务并指挥监督全团各级人员处理一切事务。龙泉县兵役科与国民兵团裁并前后，部门设置和人员编制见表8－1。

表8－1 1944年龙泉县国民兵团、兵役科裁并前后对比

年份	1944年裁并前	1944年裁并后
下设部门	常备队、自卫队和备役干部会	警卫股、征募股、编练股、教育股
上属部门	直隶于团管区司令部，地方营卫事宜并受区保安司令指挥；兼团长负全县国民兵组织管理教育之全责	直隶于师管区司令部，兼团长承军师管区之命总理全团一切事务，地方警卫事宜并受全省保安司令部、区保安司令部有关上级机关指导
人员编制	团长、副团长、副官、军需、军医、书记、督练员、政训员、号兵、炊事兵各一名，司书、文书、传令兵、事务员、少年训练员、团附各二名，其中一名由兵役科长兼任，妇女训练员三名	增设征募股，设少校团附兼征募股长一名，上尉股员一名，中尉股员二员，上尉督征员二名，中尉督征员一名，分掌股务、征拨、审查三组业务

资料来源：《为令颁本省各县国民兵团办事暂行细则及团务会议规划》，《龙泉县国民兵团卷》，1944年10月14日，龙泉市档案馆藏，档案号0－2－8，第152～154页。

调整之后，龙泉县国民兵团正式成为兵役事务办理机关，除之前负责的警卫和国民兵事务外，增加了征集现役兵的工作。国民兵团与兵役科之间调整前的权责模糊状态得以解决，现役兵和国民兵征集事务统归为国民兵团办理，自下而上形成了有序的地方征兵系统：

① 《龙泉县政府三十二年一至九月工作报告》，《龙泉县政府三十二年工作报告卷》，龙泉市档案馆藏，档案号0－2－78。

保：设保队，保长兼任保队长，设置保队附兼任警卫干事，专办征兵事务。

乡、镇公所：设县镇队，队士兼任警卫股主任，专任干事一人办理征兵事务；户籍干事兼任办理兵籍、户籍编联统计工作。

区公所：设区队，负责各县乡镇队与县国民兵团之联系。

县：设国民兵团，由县长兼任团长，总理全县征兵事务。①

由甲班至保队至乡（镇）队至县国民兵团至师管区至军管区，征集工作和任务分配更加明确，在简化兵役机构的同时促进兵役事务的办理效率。

为提高兵役干部对兵役制度、兵役法令的了解，切实有效办理兵役事务，龙泉县设立兵役干部训练班，分期进行训练，通过授课等方式向乡镇长、保甲长和队附们讲解兵役常识，包括兵役的意义、征兵制的益处、各国的兵役制度和兵役的种类等内容②，1940 年 8 月 20 日，龙泉县第一期兵役人员训练班期满，合格毕业者计 286 人，于县政府礼堂举行结业典礼。③ 毕业学员分发至各乡镇担任队附工作，但毕业兵役人员尚不能满足每保 1 人的要求。龙泉县 5 个区署受训兵役人数和缺额如下表 8－2。

表 8－2　龙泉县第一期兵役训练班各区分派人数

区　署	乡镇数	保　数	受训人员	欠　额
城　区	4	38	29	9
安仁区	8	83	77	6
小梅区	6	66	62	4
八都区	7	79	41	38
道泰区	9	83	77	6

资料来源：《龙泉县兵役班第一期保队附集训期满小梅区分派人数表》，《龙泉县国民兵团卷》，龙泉市档案馆藏，档案号 0－2－8。

① 《龙泉县三十三年度一至六月份示范工作实施报告》，《兵役示范卷》，龙泉市档案馆藏，档案号 14－4－85。

② 《兵役训练班讲义即龙泉县国民兵团兵役干部训练班第一次小组讨论》，《兵役训练班讲义卷》，龙泉市档案馆藏，档案号 M0－1－45。

③ 《龙泉县国民兵团致龙泉县政府函》，《龙泉县国民兵团卷》，龙泉市档案馆藏，档案号 0－2－8；《龙泉县政府龙泉县国民兵团训令》（1940 年 8 月），《龙泉县国民兵团卷》，龙泉市档案馆藏，档案号 0－2－8。

二　保甲与战时征兵

根据1936年实施的《兵役法》规定，男子年满18岁至45岁者，在不服常备兵役时，服国民兵役，平时接受规定之军事教育，战时以国民政府之命令征集；年满20岁至25岁经检验合格者，入营服常备兵现役，为期三年，满两年归休。常备兵正役以现役退伍者补充，为期六年，战时召集回营；常备兵续役以正役期满者补充，至40岁止，战时亦召集回营。在战时，常备兵各役得延长服役期限。[①] 据此，18岁为国民兵役及龄，20岁为常备兵现役及龄，兵役年龄（简称役龄）自年满18岁至45岁止。处于役龄阶段的体格健康的中华民国男子谓之及龄壮丁，年满20岁至届满25岁者为常备兵现役入营适龄壮丁（简称适龄壮丁）。1936年8月颁布的《兵役法施行条例》对国民兵役和常备兵役服役期限做了更为详细和完备的划定。壮丁自兵役及龄起役至常备兵现役及龄止（即年满18岁至届满20岁），服国民兵役初期，为期两年；年满20岁起至届满25岁，未服常备兵现役的适龄壮丁服国民兵役前期，为期5年；年满25岁至届满40岁之壮丁服国民兵役中期，为期15年，分3期，每期5年；年满40岁至届满45岁之壮丁国民兵役中三期役满后，服国民兵役后期，期满除役（解除兵役义务）。国民兵役作为后备役，主要为战时补充常备兵兵员不足和负责后方守备，国民兵役的实施使得战争不仅体现在现役兵作战，并扩展至全国及龄壮丁和后方人民的共同作战，是抗战兵员的重要来源。

（一）宣传、调查与征送

为了补充战时兵员，号召人民参加和支持抗战，国民政府实施了一系列的兵役宣传。在军阀混战时期，一般民众往往视“当兵”为一种谋生的职业。“好男不当兵”的观念深入民众之心。为了改变民众的观念，国民政府注重激发民众精诚团结、保家卫国的宣传，提出“抗战卫国大义”“当兵杀敌之光荣”等宣传口号，宣扬前线战士“不畏炮火，牺牲极少，激励勇敢进

① 1933年《兵役法》，训练总监部国民军事教育处编《兵役法规》，1936，第1~4页。

取，立功懋赏的精神”，使民众了解前线战士上阵杀敌、英勇奋战的事迹，鼓励民众投军从戎。[①] 龙泉县兵役宣传事务主要由兵役科、国民兵团官佐和出征军人家属优待委员会干事兼任办理。对于各乡镇长、保甲长、保队附等兵役办理人员，龙泉县通过讲解各项兵役法令普及兵役常识。除举办兵役干部训练班外，自 1938 年始，龙泉县每年多次召集各乡镇长和保甲长举行座谈会，由保甲长们就各项兵役法令或具体兵役办理事务中不明之处提出提问，县长给予解答和指导。县国民兵团成立后，城区东升镇、西平镇和剑池乡三城镇全体乡镇长、保长、队附和甲班长每月底举行兵役座谈会，及时宣传新颁法令，实时了解兵役办理情况。[②] 1943 年，浙江省军管区订立《兵役十问》，饬令各县政府印发，作为保甲长办理兵役执行须知手册，内容为兵役定义、服役条件、免缓役原因等各项基本兵役常识的问答。[③] 龙泉县以《兵役十问》作为保甲长兵役讲习的主要教材，由国民兵团各股股员进行讲解。每日清晨军训结束，升旗仪式完毕后，国民兵团相关人员对城区各乡镇长、保甲长和国民兵就基本兵役常识进行抽问，以保证其能够准确地将兵役知识传达给民众。[④] 同时在全县设立了 34 个兵役询问处，负责有关兵役问题的咨询，并利用国民月会、保民大会向民众讲解兵役法令。[⑤]

壮丁调查和统计是征兵程序的第一项工作，也是征兵工作的前提。此项工作的展开主要由各县政府督同区、乡、镇公所和保甲长负责办理。依据 1936 年 7 月颁布的《兵役及龄男子调查规则》，现役及龄壮丁年满 20 岁由家长于每年 4 月 1 ~ 10 日填具现役及龄呈报书，经保甲长署名登记后，呈报乡、镇公所。呈报内容包括本籍地、现在住地、姓名及别号、出生年月日、与家长关系、职业、学识程度和特有技能。[⑥] 保甲长根据户籍登记信息核查

---

① 《第二期抗战兵役宣传纲要》，国民政府军事委员会政治部编，1939 年 7 月，第 25 页。

② 《龙泉县三十三年度一至六月份示范工作实施报告》，《兵役示范卷》，龙泉市档案馆藏，档案号 14 - 4 - 85；《龙泉县城区乡镇保甲长座谈会记录》，龙泉市档案馆藏，档案号 11 - 2 - 6。

③ 《转发兵役十问仰遵照由》，《训令公函卷》，龙泉市档案馆藏，档案号 10 - 1 - 377。

④ 《为奉电检发兵役宣传资料令饬遵办具报等因谨将办理情形报请鉴核由》，《兵役协会组织通则卷》，龙泉市档案馆藏，档案号 13 - 3 - 123。

⑤ 《办理兵役宣传情形报告书》，《新兵体格检查卷》，龙泉市档案馆藏，档案号 11 - 2 - 97。

⑥ 《兵役及龄男子调查规则》（1936 年 7 月），中央训练团兵役干部训练班编《兵役法规汇编（三）》，中央训练团兵役干部训练班印，1942，第 47 ~ 48 页。

管区内现役及龄壮丁呈报有无遗漏，如发现遗漏责同家长补填呈报，并将事实报告于乡、镇公所；确认无遗漏后，保甲长须在4月15日前报告乡、镇公所。乡、镇公所接到呈报书和保甲长报告后，于4月20日前汇报区公所，由区公所编成本区现役及龄壮丁名簿，在5月10日前呈报县政府。县政府根据户籍簿核对，并派员调查声请免役缓役者情况是否属实。之后，将各区壮丁名簿汇订成该县现役及龄壮丁名簿和统计表，于6月1日前将统计表转报于该团管区司令部。团管区司令部根据各县（市）所报统计表，制成该团管区常备兵现役及龄壮丁统计表，于6月10日前呈报该师管区司令部，并分函汇报省政府。师管区司令部依据团管去司令部所报统计表制成该师管区常备兵现役及龄壮丁统计表，于6月20日前呈报军政部。各省、市政府根据团管区司令部所报统计表于6月20日前咨报内政部。① 壮丁调查一方面为军政部分配各军管区兵额提供依据，另一方面也为各保甲长实际征集壮丁提供了详细资料，一定程度上能预防壮丁逃避兵役。

不过，保甲长在实际办理壮丁调查和造具壮丁名册时，常常会有遗漏壮丁姓名、未登记入册的现象发生。1938年1月，龙泉上东乡第四保保长李发善召集保内李赞等4个甲长根据户籍册造具壮丁名册，由其口读，各甲长代写。后经区署核对发现名册不符，于3月27日召开保民大会时发现漏列国民兵役及龄壮丁30余名，现役及龄壮丁10余名。② 在1939年浙江省第九区第一次县政工作座谈会上，龙泉县长唐巽泽曾指出，壮丁调查中出现的问题：一是谎报年龄，尤其在18岁、20岁、45岁等涉及役龄的年龄；二是保甲长徇私舞弊。③

壮丁调查的同时，各常备师各团对应征集新兵人数进行统计，于每年6月10日前呈报师长，由师长连同师直属部队所需人数于6月20日前转呈军政部。军政部依据各部队呈报情况分别配给兵额，分令各师管区司令部办理。师管区司令部依照各团管区现役及龄壮丁统计表，根据壮丁比例分配各

---

① 《兵役及龄男子调查规则》（1936年7月），中央训练团兵役干部训练班编《兵役法规汇编（三）》，中央训练团兵役干部训练班印，1942，第39～40页。

② 《检察官控诉保长李发善漏写壮丁名字舞弊兵役案》，《龙泉司法档案》，龙泉市档案馆藏，档案号3－1－2070。

③ 《浙江省第九区第一次县政工作座谈会记录》，《专署行政工作座谈会卷》，龙泉市档案馆藏，档案号10－1－41。

团管区兵额，于7月10日前令知团管区司令，分报省政府、军政部、内政部备案。团管区司令部遵照师管区核定征集人数，依各县壮丁人数按比例分配各县应征兵额。各县接到团管区司令部分配的征集人数后，召集各区乡、镇长开会，实施征集。①

各县征兵工作正式启动后，首先进行的是适龄壮丁的体格检查工作，由团管区征兵事务所军医和相关人员办理。团管区征兵事务所制定开设日程后，于6月20日前令知各县长，由各县长将体检地点、日期转知各区、乡、镇长，制作适龄壮丁身体检查通知书，转发至各保甲长通知壮丁本人。体格检查项目包括身高、体重、胸围、视力、听力、发育状况等，由检查人员根据标准判定合格与否，同时以体格情况划分等位，登记于壮丁名簿。② 适龄壮丁体检一般自7月上旬开始，至8月下旬办理完毕，由征兵事务所会同县政府填造各县检抽合格壮丁名簿，不合格者附同身体检查表送呈团管区司令部备查。③ 其次是抽签。经体检合格的适龄壮丁作为应征集候补兵，在征集区临时组设的抽签事务所进行抽签。抽签一般于11月上旬开始，同月20日前完毕。抽签时，团管区征兵官会同地方公团代表及区、乡、镇长进行监督，并召集每区乡镇壮丁代表2人参加抽签，并从中推选总代表4~8人。中签者将于12月征送入营。入营时，由团管区司令部造具新兵入营名册，派遣职员于入营集合新兵点检验，将名册连同壮丁名簿，交给部队长或新兵受领员。④

自1936年实施征兵制起，龙泉县1936年拨交中央兵额75人，1937年拨交300人。自1938年起，龙泉县开始奉令依配额征集适龄壮丁，至1944年龙泉县历年奉配兵额和拨交兵额大增。

---

① 《陆军征募事务暂行规则》（1936年8月），中央训练团兵役干部训练班编《兵役法规汇编（三）》，中央训练团兵役干部训练班印，1942，第3~4页。

② 《陆军新兵身体检查规则》（1935年3月）；《陆军应征募壮丁身体检查及新兵检定规则》（1936年6月16日），中央训练团兵役干部训练班编《兵役法规汇编（三）》，中央训练团兵役干部训练班印，1942，第71~113页。

③ 《陆军征募事务暂行规则》（1936年8月），中央训练团兵役干部训练班编《兵役法规汇编（三）》，中央训练团兵役干部训练班印，1942，第5~6页。

④ 《陆军征募事务暂行规则》（1936年8月），中央训练团兵役干部训练班编《兵役法规汇编（三）》，中央训练团兵役干部训练班印，1942，第12~13页。

表 8－3　龙泉县 1938～1944 年征拨概况

年　份	年征额		实拨数		壮丁数
	中　央	地　方	中　央	地　方	
1938	957		866		27915
1939	945	230	1438		27103
1940	1224	366	1207		29327
1941	910	305	1067	189	23225
1942	934	300	809	57	22597
1943	1300	280	1035	284	23290
1944	1536	300	1673	8	23520
合　计	7806	1781	8470	538	

资料来源：《为据送实交壮丁职业统计表祈核转等情电复遵照由》，《杂卷》，龙泉市档案馆藏，档案号 0－2－94。[①]

从表 8－3 可见，龙泉县实际拨交中央兵额情况欠额和超额现象交替出现，总体上超额完成中央配额，而地方年征额欠额现象较为严重，只有 1943 年超额 4 人。1944 年，浙江省丽云师管区年征额 20340 名，实拨 18953 名，占年额 91%，在全省五个师管区中征额完成最多、征兵成绩最为优秀。[②]该年，龙泉县亦为丽云师管区征兵成绩最优四县之一，国民兵团和县政府相关办理和协办兵役人员得到师管区的嘉奖。[③]

三　保甲长与兵役舞弊

征兵制度的实施为抗战提供了大量兵员，但在实施过程中壮丁逃避兵役和各兵役办理人员舞弊的现象时常出现，造成恶劣影响。究其原因，一方面是征兵制度在设置和实施上存在缺陷与漏洞；另一方面则与壮丁的逃役、乡

① 1936 年、1937 年龙泉县尚未奉年配额，1938 年龙泉县配额并无中央与地方之分。据 1945 年龙泉县对历年征送交壮丁职业统计，1941 实际拨交壮丁 1300 名，上表遗漏 44 名；1944 年实际拨交壮丁 1671 名，上表多列 10 名。

② 《奉令知卅三年度本省各师区司令部办理征兵成绩核定奖惩等因转饬知照由》，《奖惩卷》，龙泉市档案馆藏，档案号 14－4－62。

③ 《电请嘉奖本团征募股长刘省三等七员以资鼓励而明赏罚由》，《奖惩卷》，龙泉市档案馆藏，档案号 14－4－62。

镇保甲长的舞弊有关。龙泉县各保甲长、乡镇长等兵役人员舞弊兵役行为主要有强征未及龄壮丁和包庇藏匿应征壮丁等现象。

抗战时期，中央的指标下达给地方，配给每年需要征集的壮丁数额。然而，征集之后，往往会出现逃丁，也会因虐待而死。在这种情况下，为了完成指标，负责征集壮丁的乡镇保长就可能采取强拉壮丁的方式来完成缺额。另外，一些富绅子弟不愿应征，通过收买乡镇保甲长的方式逃避兵役，乡镇保甲长获得私利后也往往会违法强征。这些被强征的壮丁多不在应征之列，或系单丁独子，或系本该免役、缓役之人。如龙泉县福泽乡第三保保民张石养年事已高，不能从事劳作，家庭生计全靠其独子张根负担，家境贫寒。不料保长却强迫其独子张根入营。[①] 对于强征现象，时任金衢管区征募科科长何滨说，各县地主、土豪劣绅子弟少有征送入伍，入营者多半为贫苦的农民，或为生活之故顶替地主子弟服兵役，或强被征送入伍者不在少数。[②] 据统计，1940 乡镇保甲长在征兵中被控强征者 11 件。[③] 1944 年 1 月，龙泉县福泽乡督征员张粹夫和第五保保长曾世棠率领武装士兵 7、8 人，闯入浙江大学龙泉校区仓库，强拉校役马忠诚、杨永吉，又闯入厨房，兜捕厨工徐阿兴、潘芳郁、华泉源，又沿途兜捕行人。分校金主任（拟仓库主任）聚集员工和学生数百人，强行夺回。浙大龙泉分校以督征员张粹夫率领武装士兵闯入本校逮人，目无国纪，妨害教育，要求县政府“迅予彻究”。此案一直呈报至浙江省军管区，最终却不了了之。[④]

对于征兵中的强征问题，1944 年时人曾给驻龙泉县调查员黄剑青写信反映：“因最近各乡奉令征调每保志愿军二名，实际则变为每保捕捉壮丁二名。操守不坚之乡保长，便借此为发财机会，遣派特务班四出捕捉壮丁，价卖与各保抵志愿军名额，不出资者则为逃兵、截号壮丁、漏签壮

① 《为福泽乡第三保保长曾世连舞弊兵役应征而不征不应征而征非法强征独子入营请求拘案严办以儆不法由》，《安仁区乡保长被控卷》，龙泉市档案局藏，档案号 11－2－158。

② 何滨：《国民党金衢师管区办理兵役回忆》，浙江省政协文史资料委员会编《浙江文史资料选辑》（第 4 辑），浙江人民出版社，1962，第 142～144 页。

③ 《龙泉县饬查未复控告案件清单》，《上级机关饬查案卷》，龙泉市档案馆藏，档案号 10－1－24。

④ 龙泉县档案局编《龙泉民国档案辑要》，中国档案出版社，2010，第 179 页。

丁。此项恐怖现象，以福源、天平、安仁、金田乡镇为最厉害。”[①] 1945 年，龙泉县八都区竹垟乡第十保保长叶可礼、保队附张吉华于 3 月 1 日夜间，带同自卫队和甲长至该保练神生家中，声称要将练神生之侄练树林征送服兵役。练神生以练树林年仅 17 岁尚未及龄与保长理论无效，与练树林一同被棕绳捆缚押送至乡公所。练神生后由邻居保出，共关押二日。因其侄练树林被解送至国民兵团并押往新兵征集所，练神生于公历 3 月 20 日向龙泉县地方法院提起诉讼，并声称保长叶可礼、保队附张吉华曾向其索要法币 1 万元以免征其侄。经县地方法院审讯后，保长叶可礼、保队附张吉华由检察官于 3 月 31 日提起公诉。起诉书中言明，练树林之兄练美旺轮征逃亡，依令由其兄弟抵征。因练树林尚未达到兵役及龄年龄，保长叶可礼、保队附张吉华虽有督征员批准，其征集未及龄壮丁并关押之行为确犯有妨害兵役和妨害人身自由罪。[②] 4 月 21 日，龙泉县国民兵团根据竹垟乡乡长报告致函龙泉县地方法院，阐明保长叶可礼、保队附张吉华因壮丁练美旺轮征逃丁，遂将其弟练树林抵征，系奉军政部命令规定；并言明练树林年为 19 岁，为国民兵役及龄壮丁，辩称保长叶可礼等人因不清楚国民兵役及龄年龄和常备兵现役及龄年龄而征集练树林，请求法院从轻处置。5 月 12 日，龙泉县地方法院经再次审讯后，判处叶可礼、张吉华妨害兵役部分无罪，妨害自由部分处罚金四百五十元；练树林被强征一事归为督征员之过错。[③] 从此案中可见，民众对于保甲长等兵役人员强征等舞弊行为，虽处于弱势一方，但依法可提起诉讼，运用法律手段维护自身合法权益，一定程度上遏制了保甲长等的舞弊兵役行为。然而，在审判过程中，法院的取证多以县国民兵团的调查汇报作为依据，而督征员妨害兵役法之行为因无人提起告诉而暂搁不提。县国民兵团一方面需要清查兵役弊端，使征兵得以公平、顺利开展，另一方面又需依赖各乡镇长、保甲长切实办理事务，对于保甲长无意之过错或依命行事者往往也不会过分严惩。

---

① 龙泉县档案局编《龙泉民国档案辑要》，中国档案出版社，2010，第 183 页。

② 《练神生告叶可礼张吉华贪污私擅强征未及龄壮丁一案》，龙泉司法档案，龙泉市档案馆藏，档案号 3－1－10763。

③ 《练神生告叶可礼张吉华贪污私擅强征未及龄壮丁一案》，龙泉司法档案，龙泉市档案馆藏，档案号 3－1－10763。

藏匿包庇应征壮丁是乡镇保甲长在征兵中徇私舞弊最常见的行为。时任余姚县天沄乡乡长许汝康回忆说，各乡镇办理兵役时多有贪污舞弊、借端勒索、上下勾结等情事，得益者多为官绅、地主等有钱有势之辈。有钱有势的中签壮丁通过乡镇保长，用稻谷等收买当地流氓或外籍壮丁顶替自己姓名应征，每名约稻谷 800 ~ 1000 斤，经手人从中抽取一定手续费；或有私向保甲长进行贿赂，提前征送中签而未到期壮丁，从而延缓已到期之应征壮丁服役期限；或有贿赂负责体检的医生，谬说患有肺结核、肾脏病等免于征集；或有地主富农壮丁家属通过户籍干事，私自修改年龄以避免兵役。[①] 不少富家子弟不愿从军，往往试图通过买丁顶替自己服兵役，而买丁顶替服役如没有保甲长等基层兵役人员的协助是无法实现的。1941 年 3 月 15 日，龙泉县梧垟乡第八保第一甲甲长郑继隆与该保陈金根、吴明其一起护送应征壮丁郑继养到县验收。行至中途，壮丁郑继养贿买另一壮丁项春福冒名顶替；而郑继隆、陈金根、吴明其 3 人因收受贿赂对其违反兵役法行为视而不见。经龙泉县政府察悉后，项春福、郑继隆、陈金根和吴明其 4 人交由县地方法院审理。4 月 30 日，壮丁项春福因顶替兵役处有期徒刑 4 个月，郑继隆、陈金根、吴明其因帮助使人顶替兵役判处有期徒刑 2 月、缓刑 3 年。[②]

1945 年 2 月，龙泉县西平镇第十保保长邓剑三因便利应征壮丁蓝章德逃避兵役为县地方法院检察官提起公诉。壮丁蓝章德至 1945 年 1 月住西平镇第十保第十甲二户已逾三年，该保长邓剑三却令其不报户口；之后，该保第六甲壮丁郭林生，为 1943 年度次中签 12 号壮丁，在签号轮及后向西平镇公所检举蓝章德为漏签壮丁。蓝章德由保长邓剑三派保队附蔡世犬、郭林生和特务班成员 4 人于 2 月 27 日征送至镇公所，转送县国民兵团，后病死于国民兵团。此事经检察官提起公诉后，县地方法院审理后以保长邓剑三明知蓝章德为漏签壮丁，却不尽早加入兵役签号或征集，便利应服兵役之壮丁逃避兵役，依《妨害兵役治罪条例》第四条第一项处以有期徒刑五年。[③] 此案中，该保保长邓剑三为知

① 许汝康：《黑幕重重话征兵》，浙江省政协文史资料委员会编《浙江文史资料选辑》（第 4 辑），浙江人民出版社，1962，第 159 ~ 160 页。

② 《项春福等顶替兵役一案》，《龙泉司法档案》，龙泉市档案馆藏，档案号 3 – 1 – 1913。

③ 《邓剑三办理兵役便利应服兵役壮丁逃逸一案》，《龙泉司法档案》，龙泉市档案馆藏，档案号 3 – 1 – 2766。

法犯法，疏忽壮丁户籍登记，明知为截号壮丁却不予征送；虽无从可知其是否从中获利，但足见其办理兵役之不尽职责。民权乡保长季良熙明知保内壮丁季妹腊为逃避兵役未参加国民兵役总抽签，应先行征送服役，却保送季妹腊加入班长训练班以躲避兵役，并向其索取 20 元。季妹腊入班训练，结束后仍未予以缓役。保长季良熙将自己之签号借于季妹腊，季妹腊携同班长训练班证书逃往庆元县。后经乡民向云和团管区告发后，由县地方法院检察官提起公诉。[①] 此件中，保长季良熙受贿而包庇漏签壮丁季妹腊逃避兵役行为亦为知法犯法，不仅利用职权为漏签壮丁设法伪造缓役原因，更协助其逃往他县以逃避兵役。1943 年浙江省全省行政会议于衢县举行，会议特别提出各乡镇保甲长隐匿逃兵、逃丁，并诱迫顶替中签壮丁出征的现象，责令各县加强监察，予以命令禁止；而各乡镇保甲长为部队发现有隐匿诱迫情事，得函知当地政府依法严惩。[②] 从中亦可见，兵役顶替现象之严重。

以钱财贿买壮丁，欺上瞒下逃避服兵役之义务。买卖壮丁、使人顶替服兵役或替人服兵役，一方面扰乱征兵秩序，破坏兵役办理，有违三平原则；另一方面，顶替之壮丁尚未经过体格检验等程序，无法确保素质。1938 年 6 月 6 日，军政部接陆军十八师报告后训令各省军管区，指出适龄壮丁出钱买人顶替、逃避兵役，不仅违反法令，并且影响军队素质，办理兵役人员应切实注意取缔，对违法之壮丁依法严惩。[③]

在 1940 年浙江全省兵役会议上，浙江省主席黄绍竑指出地方各县市在兵役办理中弊病较多，保甲长乱拉壮丁充数、敷衍豪绅、徇情庇纵亲戚规避兵役的现象时有发生，甚至有县市扣留应征壮丁征集费不发，使乡镇长、保甲长或壮丁自费的现象。[④] 针对兵役的舞弊现象，国民政府曾出台一系列政策，力图加以防范和纠正。1940 年 6 月 18 日，国民政府公布《陆军兵役惩罚条

---

① 《季樟礼告季妹腊季良熙等违反兵役一案》，《龙泉司法档案》，龙泉市档案馆藏，档案号 3－1－3080。

② 《区行政会议提议严禁保甲长私匿逃兵诱迫顶替壮丁出征一案令仰遵照》，《兵役释令卷》，龙泉市档案馆藏，档案号 10－1－98。

③ 《令各专员县长准军管区司令部函以奉令饬属取缔适龄壮丁买人顶替一案请查照等由仰遵照由》，《浙江省政府公报》第 3090 期，1938 年 7 月 11 日，第 8～9 页。

④ 《黄主席讲浙江兵役的一般检讨》，《浙江省地方行政干部训练团团刊》第七期，1940，第 2～10 页。

例》，详细列举了应服兵役壮丁和兵役办理人员应受惩罚的13项行为。应服兵役壮丁的逃役惩罚分为禁闭、劳役、加训和申诫，办理兵役人员的舞弊惩罚分为撤职、停职、记过、罚薪和申诫。[①] 同年6月29日，国民政府颁布《妨害兵役治罪条例》24条，该治罪条例更加全面地列举了各项具体妨害兵役行为，并明确规定了各项妨害兵役行为所判定之惩罚，相比之前的惩罚条例更加具有威慑力。例如对于应服兵役壮丁，隐匿不报者，处以3年以下有期徒刑或拘役；编造现役及龄壮丁名簿，故意做不实记录者，处7年以下有期徒刑；办理兵役人员要求期约或收受贿赂，或其他不正利益者，处7年以上有期徒刑。[②]

对妨害兵役行为进行法律惩治的同时，对相应努力办理兵役人员、依法服兵役且恪守军纪的壮丁以及为兵役事务出力的社会各界人员进行嘉奖。1940年3月13日，国民政府军事委员会公布《陆军兵役奖励办法》，详列各项应奖励事项，如兵役人员办理兵役公正认真使兵民悦服、办理出征军人家属优待迅速；应征壮丁品行端正、恪守军风；应行免缓役而自动投军者亦得以奖励；各界慷慨捐助出征军人家属，党员、公务员自动服役，为民众表率，等等。[③] 应行奖励人员可接受嘉奖、记功、奖金和奖章等奖励。此外，为推进各县积极办理征兵，军政部推行各级兵役机关成绩考核体系，对于兵役宣传、壮丁的调查、体检、抽签、征拨、从军家属的优待等方面规定详细标准，其中是否如期如数征拨壮丁数是一项重要的考核标准，且较为直观。[④] 由各县对各乡镇进行切实监督和考核，并于各县之间进行兵役成绩竞赛，根据实际情况予以功过奖惩。

1943年浙江省各县办理兵役成绩评定后，各县国民兵团团长、兵役科长依兵役成绩予以功过评定。其中江山、平阳兵役科长办理兵役努力异常，一

---

① 《陆军兵役惩罚条例》（1940年6月18日），中央训练团兵役干部训练班编《兵役法规汇编（一）》，中央训练团兵役干部训练班印，1942，第131～132页。

② 《妨害兵役治罪条例》（1940年6月29日），中央训练团兵役干部训练班编《兵役法规汇编（一）》，中央训练团兵役干部训练班印，1942，第132～133页。

③ 《陆军兵役奖励办法》（1940年3月13日），中央训练团兵役干部训练班编《兵役法规汇编（一）》，中央训练团兵役干部训练班印，1942，第137～138页。

④ 《各级兵役机关成绩竞赛考核办法》，《各级兵役机关成绩竞赛办法卷》，龙泉市档案馆藏，档案号10－1－213。

切役政设施均能积极计划改进，记大功一次；仙居、临海兵役科长征兵努力，役政设施亦能改进，记功一次；黄岩、富阳、龙游、衢县兵役科长，征兵努力，传令嘉奖；景宁、临安、建德、新登、温岭、瑞安等兵役科长征兵不力，各予申诫一次；於潜兵役科长征兵不力，紊乱役政，记大过一次。[①] 兵役奖惩制度对各县进行监督以促进役政的同时，亦给予各管区、各县更大的征兵压力，尤其是役政成绩不理想的县份，由师团管区至各县乡镇保甲，最终的奖惩又落到保甲长身上。1945 年 2 月，丽云师管区对下属各县 1944 年征兵成绩进行役政评定。龙泉、松阳等四县被评为最优。龙泉县政府特向丽云师管区请求对于县国民兵团征募股股长刘省三、督征员张辉夫、督征员陈嘉端、股员马采福、股员潘志坚、督练员施国祯、袁继和七员予以嘉奖。[②] 1945 年 5 月，经丽云师管区批准，国民兵团副团长张琴、征募股长刘省三、县政府秘书黄嘉农和汤荣克共 4 人各记大功一次，督征员张辉夫、股员马采福、股员孙宝善、道泰区区队长骆泉漫、小梅区区队长周醒亚 5 人各记功一次，督征员潘志坚和张力航 2 人传令嘉奖，共计 11 人因办理和协办兵役努力，得以相应奖励。[③]

四　征兵对乡村社会的影响

抗战全面爆发后，国民政府适时调整对内外政策和经济、政治、军事制度，将国家调整到战时状态，动员全国人力、物力、财力投入抗战建国的大事业中。全国后方军民对抗战的支持和前线士兵的浴血奋战、奋勇杀敌是维持抗战并最终取得胜利的重要原因。据统计，从 1937 年至 1945 年，国民政府共配赋征兵额 16072080 名，全国实征募壮丁人数为 13922859 名，完成配赋额为 86.63%。[④] 抗战时期，国民政府征集了将近 1400 万的壮丁，正是这些

① 《为三十二年各县兵役科长办理兵役成绩一案评定实施奖惩令仰知照由》，《一般考绩奖惩卷》，龙泉市档案馆藏，档案号 10－1－114。

② 《电请嘉奖本团征募股长刘省三等七员以资鼓励而明赏罚由》，《奖惩卷》，龙泉市档案馆藏，档案号 14－4－62。

③ 《龙泉县国民兵团命令附逃丁通缉表一份》，《杂卷》，龙泉市档案馆藏，档案号 0－2－99。

④ 兵役部役政月刊社编《抗战八年来兵役行政工作总报告》，兵役部役政月刊社印，1945，第 46～47 页。

壮丁为战时兵源的补充提供了坚实保障。而国民政府在抗战时期之所以能够征集如此庞大数量的壮丁，其重要原因在于征兵制度的推行。征兵制的推行为抗战提供了大量现役适龄壮丁和后备国民兵，能够及时补充战争有生力量，弥补战场上大量兵员伤亡造成的兵员不足。据统计，自 1937 年至 1945 年，先后实际补充到各部队新兵人数共计有 12232973 名。① 如此庞大数量的新兵，主要来自于国统区。作为浙江抗战的大后方，龙泉县是抗战时期征兵制度推行较为彻底的县份。1945 年 8 月，龙泉县被评为浙江省征兵模范县。② 自 1937 年至 1945 年，龙泉县先后被征集壮丁 9591 人。③ 杭嘉湖和宁绍地区先后沦陷之后，龙泉县征集壮丁人数急剧上升。自 1941 年起，龙泉县的现役及龄壮丁和国民兵役及龄壮丁数（即 18 ~ 45 岁）急剧下降，而其征集壮丁数量却大幅度增长。自 1938 年至 1944 年，龙泉县平均壮丁总人数 25000 人左右，而每年平均征集壮丁入营达到 1233 人。④ 毫无疑问，抗日战争是一场全面民族的抗战，没有广大人民的支持与参加，抗日战争要取得胜利是不可能的。而广大人民对抗日战争的支持，表现得最为直接的就是人力和物力的支持。征兵制度的推行，不仅使广大民众能够直接参加抗日战争，而且确保了抗战时期兵源的补充，为打败日军提供了最有力的保障。

抗战时期的征兵，不仅为抗日战争的兵源提供了保障，而且也成为政府动员广大民众参加和支持抗战的重要方式。近代以来，中国长期处于军阀混战时期，社会动荡不安，人民饱受战争的之苦，“好男不当兵”的观念深入普通民众，青年子弟往往不愿从军。然而，抗日战争是一场全民族的战争，有别于以往的军阀混战。国家在征兵的同时对民众进行了爱国主义和民族主义的教育。国民政府在征兵之前，进行了广泛的宣传，使广大民众受到了爱国主义和民族主义的教育。政府通过机关、学校、民间团体等各种形式向广大民众揭露日本帝国主义的残暴罪行，号召民众起来保家

① 《抗战八年来兵役行政工作总报告》，兵役部役政月刊社印，1945，第 53 页。

② 龙泉市档案局编《龙泉民国档案辑要》，中国档案出版社，2010，第 181 页。

③ 《丽云师管区龙泉县历年征拨概况表》，《各项表数卷》，龙泉市档案馆藏，档案号 14 - 4 - 50。

④ 《为据送实交壮丁职业统计表祈核转等情电复遵照由》，《杂卷》，龙泉市档案馆藏，档案号 0 - 2 - 94。

卫国，使普通民众逐步了解到抗日战争是一场全民族的抗战，从军抗战不仅是国民的光荣义务，也是国民报效祖国，爱国爱家的伟大责任。1937 年 12 月 14 日，南京沦陷。12 月 24 日，杭州沦陷。1938 年 2 月浙江省政府决定，每年 12 月 14 日和 12 月 24 日为纪念日，要求全省民众“不要忘记了首都沦陷的耻辱”“不要忘记了省会沦陷的耻辱”“不要忘记了敌人屠杀我们的同胞”“要誓死把日本鬼子赶出中国”。[①] 1940 年 11 月，龙泉县召开各级民众保卫大浙江运动，提出“全省同胞起来，保卫大浙江”“杀尽日本鬼子”“打到日本帝国主义”等口号，将抗日救国的思想灌输到了民众中。这种宣传使得民众对抗战的意义有了更加深刻的认识，日益形成“军人第一”“从军为荣”的思想观念和社会风气。各地都曾涌现壮丁踊跃报名参军抗战场景，1939 年《大公报》继登载“永安、宁化壮丁争服兵役之事实”后，又刊出“进贤壮丁邹竹恩以独子而自动投充志愿兵之消息”。[②] 毫无疑问，抗日战争时期的征兵宣传，是一场声势浩大、深入基层社会和广大民众的爱国主义和民族主义的教育运动，它使普通的民众子弟、富裕家庭子弟、公务人员子弟和青年学生都愿意参加抽签或自动入营或投考军校。[③] 虽然在征兵过程中，有少数人逃避兵役，但大部分家庭还是支持其子弟投身抗战，保家卫国的。1940 年，龙泉县查川乡第二保周际唐先生，亲自将自己儿子送入军营，参加抗战。1944 年，徐渊若县长称赞他“深明大义”“倡导乡里，实堪表率”。[④]

在征兵过程中，广大壮丁和新兵初步有了国家观念和民族意识，并在对日作战中进一步受到了血与火的洗礼。因而他们中的大部分将士都具有强烈的爱国主义情绪和民族主义的思想，他们知道为何而战，为谁而战。龙泉县金石乡第四保季叶两个儿子先后参加抗战，为国捐躯，长子季马入伍陆军第 52 师，参加上海八一三淞沪会战，英勇牺牲。次子季祥应征入伍浙江保安团第四团，在浙江灵山战役中阵亡。龙泉县道太乡廖新铭主动抽签应征，声

---

① 《不可忘却的日子》，龙泉市档案馆编印《龙泉：浙江抗战大后方》，2008，第 12 页。

② 《短评·壮丁争服兵役》，《大公报》1939 年 2 月 26 日，第 4 版。

③ 《为电呈本（卅三）年一二月份副团长简报表祈核备由》，《龙泉县国民兵团卷》，龙泉市档案馆藏，档案号 0-2-8。

④ 《抗战阵亡将士纪念碑》，龙泉市档案馆编印《龙泉：浙江抗战大后方》，2008，第 223 页。

称："我若应征入伍，一定大杀鬼子"，后入陆军第19师57团，于1944年7月在湖南战场阵亡，时年37岁。[①] 据初步统计，在八年抗战中，龙泉县为抗战输送近万名的新兵，其中有资料可查的共有227名将士为国捐躯。他们来自龙泉县的各个乡镇保，而阵亡的地点也分布在上海、浙江、江西、安徽、江苏、湖南、湖北、广西等各个省份。他们中有官至中校团长、少校营长者，但绝大部分是普通士兵。[②] 他们为中国的民族解放运动做出了应有的贡献。

毫无疑问，长时间频繁的、大规模的壮丁征调也给乡村社会带来了巨大的冲击。大量青年壮丁征集入伍造成了乡村社会大量劳动力的缺失，乡村社会秩序遭受破坏，生产生活遭到严重的冲击。而因征兵带来的免役、缓役纳金和摊派则进一步增加了民众的负担。首先，频繁和大量的壮丁征调，严重影响了乡村的经济发展和普通民众生活与生存。抗战时期，龙泉县较之沦陷区较为安全，没有大规模遭受战火的冲击与摧残，但是龙泉县的征兵配额却相对较大。适龄壮丁应征入伍造成龙泉县生产尤其是农业生产的破坏，造成人民生活困苦。龙泉县从事农业生产户数最多，大约占据80%以上。[③] 农业生产是多数龙泉县民众生计来源和生活依靠。龙泉县以山地、丘陵居多，平原面积较少，大量山民依靠山林、山场、竹木买卖和种菇采菇为生。适龄青年被征集入伍造成了劳动力的缺失，其中尤以农民居多；对于许多农户家庭而言，青壮劳动力的缺失即失去了一家生计的来源。

对乡村社会而言，劳动力大量流失使得民众生活负担加重。征兵后，家里壮丁被征送后无法维持家庭生计，田地无人耕种。很多地方犁田的、插秧的、上粪的、除草的、割稻的、挑运的常见老汉、妇女或者儿童。[④] 其实，除了征兵之外，政府还征用军事劳役。1944年，龙泉县军事征用各种劳力48380名，1945年军事征用各种劳力24727名。[⑤] 在乡村青壮年劳动力减少的同时，政府对乡村征粮、征税却又日益繁重，从而进一步加剧了乡村社会

---

① 《抗战阵亡将士纪念碑》，《龙泉：浙江抗战大后方》，第223页。

② 《龙泉县抗战将士阵亡名录》，龙泉市档案局编《龙泉民国档案辑要》，中国档案出版社，2010，第293～310页。

③ 《龙泉县历年分类户口表》，《县户口异动报表卷》，龙泉市档案馆藏，档案号10－1－288。

④ 陈瀚生：《解放前的中国农村》（二），中国展望出版社，1987，第380页。

⑤ 《龙泉县战时民力耗用统计表》，《战时民力统制卷》，龙泉市档案馆藏，档案号10－1－88。

普通民众生活的贫困，有的甚至无以生存。1944 年 7 月，龙泉县福泽乡向县府报告，"居民十室九空，欲米无钱，饥贫交迫，借贷无门。掘草根采树皮和粮而食者，日有所闻"。屏南乡则呈报，全乡有 582 名无粮充饥者。①

战时征兵加重了民众的负担，无论是一般家庭还是征属家庭无一不受到冲击。征兵名额往往是层层分配，直至各保。除去免役、缓役的壮丁外，实施抽签。而免役和缓役的壮丁必须每年缴纳一定的费用，作为优待军属费。1940 年，浙江省规定"本省为树立军役救济制度并宽筹优待经费起见，办理免役缓役纳金。免役缓役者由县于审查后转请团管区印发证书并对于认为依法案可许免役缓役者先给予核准通知载明应纳金额地点及期限，令其遵缴"，缴纳金额免役 20 ~ 40 元，缓役 4 ~ 20 元，根据不同情形缴纳不等数额。② 免役、缓役纳金无疑增加了民众的负担。

表 8 – 4　浙江省免役缓役纳金标准（1940 年）

依据法案条款	条款摘要	类别	金额(元)
《修正兵役施行法暂行条例》第 27 条第 2 款	受特任职务者	免役	40
第 30 条第 1 款	依国家官制受简任官职者	缓役	40
第 30 条第 2 款	有正当事业在国外旅行未能回国者	缓役	40
第 29 条第 1 款	于家庭为独子者	免役	20
第 30 条第 1 款	依国家官制受荐任委任官职者	缓役	20
第 30 条第 4 款	主任官公事务者	缓役	20
第 32 条第 1 款	被选为国家或地方之议员或代表在任期内者	停役	20
第 32 条第 4 款	受荐任职务者	停役	20
第 30 条第 3 款	身体疾病不堪行动在数月中无康复之望者	缓役	8
第 30 条第 4 款	现任小学教师以上教师经登记合格者	缓役	4
第 30 条第 5 款	因刑事嫌疑在追诉中尚未判决者	缓役	8
第 30 条第 6 款	同胞半数现役在营者（单数时减 1 人计算）	缓役	8

① 龙泉市档案局编《龙泉民国档案辑要》，中国档案出版社，2010，第 154 页。
② 《浙江省 1940 年征收免役缓役纳金办法》，浙江省档案馆藏，档案号 L033 – 001 – 0605。

续表

依据法案条款	条款摘要	类别	金额(元)
第 31 条	父兄俱无或父兄年老若被征为现役兵则其家庭不能维持最低生活者	缓役	8
第 33 条	国籍有疑者	缓役	8
第 14 条	中等以上学校学生在学中之缓召者，公费生、免费生、各种救济生及师范生免纳金	缓役	8
行政院令	华侨归国居留期间未满 2 年者	缓役	8

资料来源：《浙江省 1940 年征收免役缓役纳金办法》，浙江省档案馆藏，档案号 L033－001－0605。

除正常征兵之外，政府常常因战事紧急情形进行临时征兵。各保为解决临时新增的名额，常常会花钱雇佣志愿兵，雇用经费则由各保民众分摊。到抗战后期，买卖壮丁的雇佣费水涨船高，达到了数万元不等。部分保长趁机浑水摸鱼，尽量多摊多派，挨家挨户征收，民众无一能够幸免。①

战时兵役的繁重往往使民众不堪重负，而乡镇保甲长在征兵过程中的舞弊进一步激化了民众对兵役的不满。在实际操作中，贪污、强征等办理不公现象层出不穷。据统计，1940 年龙泉县乡镇保长被控案有 28 件，其中舞弊案达 15 件。在上述统计中，保长舞弊案 5 件，区长舞弊案 3 件，乡镇长舞弊案 7 件。在舞弊案中，与征兵有关者多达 11 件。② 在这些兵役舞弊案中，最容易激起民愤的是强拉壮丁。因为这些被强拉去的壮丁多不在应征之列，或系单丁独子，或系本该免、缓役之人。保长违反兵役法规强征独子，应征而不征，不应征而征的行为深为贫苦百姓痛恶。1944 年，龙泉县岱垟乡经各保长和乡镇公所核准，符合免缓役条件壮丁共计 188 人。然而，县国民兵团最终核准缓役者只有 27 人。③ 及龄壮丁应征入伍，保家卫国，本为光荣职责。然而，由于征兵过程中的种种弊端，极大挫伤了民众的抗日爱国热情，民众甚至将《兵役法》称为“兵疫法”。抗战时期，民众为了保家卫国、争取抗战胜利，往往能以民族大义、国家利益为重，忍受贫困、动荡、家人分

① 龙泉市档案局编《龙泉民国档案辑要》，中国档案出版社，2010，第 179 页。

② 《龙泉县饬查未复控告案件清单》，《上级机关饬查案卷》，龙泉市档案馆藏，档案号 10－1－24。

③ 《1944 年国民兵团对岱垟乡缓征召壮丁申请核准名册》，《缓征召卷》，龙泉市档案馆藏，档案号 14－4－35。

离的痛苦。至抗战胜利后，不少民众对政府的征兵实施武力反抗，龙泉县抗征事件屡屡发生。1948 年 1 月，龙泉县福源乡第 7 保应征壮丁叶金水邀请左右邻居武力抗征，两次将前来征兵的保长、保队附和警士击退，并用刀刺伤保队附。[①] 住龙乡壮丁江火根左手持棍右手持刀，将乡队附头部及胸部数处打成重伤，扬言“若征我，我就把他杀死再说”。[②] 此等事例，不胜枚举。

---

① 龙泉市档案局编《龙泉民国档案辑要》，中国档案出版社，2010，第 180 页。

② 《为本乡第六保应征壮丁江火根拒征用刀杀害乡队附邱金根仰祈依法究办由》，《妨害兵役卷》，龙泉市档案馆藏，档案号 11 - 2 - 140。

第九章　合作与冲突：乡镇保长、政府与民众

乡镇保长作为乡村社会的领袖，上承国命，下达民众，是政府和民众之间联系的重要纽带，其地位自然极为重要。然而，在国民政府时期，乡镇保长的声誉却又极为不佳，常常被视为土豪劣绅。在浙江就流传这样的民谣："乡长作威作福，保长买田起屋，甲长忙忙碌碌，百姓挖灶刨镬。"[①]不可否认，有不少乡镇保长的确是垄断乡曲、把持乡政、贪污腐败，但从民国龙泉档案来看，仍有许多乡镇保长能够兢兢业业，尽心尽职，一面与上级政府沟通，一面与基层民众协调，尽可能地既完成政府布置的任务，又尽最大能力维护本乡镇保的利益。其实，就是这些恶劣的乡镇保长，也并非是完全可以为非作歹，他们在一定程度上仍受到法律和民意的监督和约束。整体而言，乡镇保长、政府与民众三者之间既合作又冲突，互为交替。

一　资格、监督与激励

国民政府利用保甲制度在基层社会推行地方自治，目的在于增强政府对基层社会控制的同时，建设乡村社会，培养基层民主，为宪政奠立基础。为了实现这一目标，政府在制度上进行了设计，严格地限定乡镇保长的资格，以期在乡村社会培养新式的干部。从 1935 年浙江省编组保甲，推行保甲制度起，龙泉县对乡镇保长的资格先后经历了多次修改，由最初保境安民的地方自卫到新县制时的地方自治再到战后的宪政，乡镇保长的资格不断地在提高，以满足时代和社会发展需要。从制度建设的角度来看，乡镇保长资格的

① 朱秋枫编《浙江民间歌谣》，浙江人民出版社，1981，第 102 页。

完善与提高，不仅有利益于改善乡镇保长的素质，淘汰那些为非作歹的土豪劣绅，也有利于政府选拔当地优秀的人才来担任乡镇保长。从政府的立场来看，通过限定乡镇保甲长的人选资格，有利于将乡镇保长的任命权控制在政府之手，使乡镇保长能够听命于政府。

在资格上限制乡镇保长之外，政府也利用民众对乡镇保长进行监督。新县制推行之后，政府逐步在乡镇、保设立了乡镇民大会和保民大会，选举了乡镇民代表和县参议员。乡镇民大会、保民大会作为民意机构，不仅具有选举罢免乡镇保长的权力，而且对乡镇保长还具有监督权，使乡镇保长不能为所欲为。乡镇民代表对本乡镇地方事务具有讨论、建议、监督和决议的权力。可以说，乡镇民代表会和保民大会是自治保甲与传统保甲制度相区别的重要标志，对于监督乡镇保长，实行基层民主具有积极的意义。例如，1945 年 2 月，龙泉县龙溪乡民代表会呈函县长，声称该乡“乡长杨作仁工作松懈，废弛乡务，能力薄弱”，经乡民大会“临时会议，决议罢免该乡长职务”，呈请县长察核。[①] 1947 年 8 月 12 日，道太乡的乡民大会代表联名向龙泉县长控告乡长陈东贪污舞弊，妨害选举，要求县长予以惩戒。[②]

除民意机构和民意代表的监督之外，政府也给予普通民众检举和告发乡镇保长的机会。1941 年，浙江省公布了《民众控诉递呈办法》和《修正控诉公务员须知》，强调“乡镇自治人员系从事公务之人员，在诉愿法上视为公务员，人民控告乡镇自治人员适应于《修正控诉公务员须知》之规定办理”[③]。1944 年 12 月，行政院曾颁布惩治贪污办法四项，要求各省县厉行检举贪污，并得视案情轻重，不拘匿名具名，有保无保，予以行查受理。[④] 1947 年 10 月，浙江省政府训令，认为“诉愿为救济不法行为之良制”，要

---

① 《龙泉县三溪乡乡民代表会呈》，《乡伪造事实诬告卷》，龙泉市档案馆藏，档案号：10－1－481。

② 《龙泉县道太乡民代表会代电》，《道太乡参议员乡民代表卷》，龙泉市档案馆藏，档案号：10－1－198。

③ 《浙江省民政厅训令民二字第 3540 号》，《公务自治人员被控法规卷》，龙泉市档案馆藏，档案号：10－1－18。

④ 《浙江省政府训令府人字第 6821 号》，《公务自治人员被控法规卷》，龙泉市档案馆藏，档案号：10－1－18。

求各县重视民众诉愿，其处理务须“力求迅速”。[1] 可见，政府为了防止公务人员和乡镇保长等自治人员的违法乱纪，制定各种法规和办法，利用民众予以监督。

在制度上确保乡镇保长听命政府，防止乡镇保长不法的同时，政府也对乡镇保长建立了激励机制，在利益上给予适当的关照。例如，《修正浙江省保甲章程》就规定：保甲人员有下列情事之一者，除依保甲规约从优赏恤外，由县长分别奖励，成绩卓著者由县长呈请民政厅保安处会呈省政府核奖：①侦悉匪徒来侵之企图报告迅速因而保全地方者。②破获匪党重要机关或擒获著名匪徒讯实惩办者。③搜获匪党秘运或埋藏之枪械子弹或捕剿时当场夺获者。④遇盗匪抢劫即时捕获者。⑤遇匪党聚众扰乱能尽力抵御克保安全者。⑥区域内无匪党踪迹者。⑦协助军警或邻保邻甲捕获匪党者。⑧密报匪党窝藏处所因而捕获讯明属实者。⑨救火御灾异常出力者。⑩特别捐助保甲经费者。⑪各项保甲事务办理认真成绩优异足为他区模范者。⑫其他成绩与前列各项情节相当者。[2] 这些激励机制，从某种程度是对乡镇保长的一种精神和物资的保障，从而鼓励乡镇保长在执行任务中能够尽心尽职。抗战时期，政府也规定免服乡镇保甲长公役，可以缓服兵役，并规定乡镇保甲长在任期内享受如下之待遇：①其子女在当地小学校肄业者，得免收学费；②得酌情减免临时捐税；③其直系亲属在当地公立医院免收费治疗。[3] 1942 年，龙泉县政府对协助抗战表现突出的住龙乡乡长张俊来、小梅镇镇长毛伯华、查川镇镇长周瑞文、安仁镇镇长柳键、金田乡乡长刘大海记功一次。[4] 安仁镇第一保长饶敦诏、第八保长项先发、第九保长项日明、第十一保长项应通、第十四保长连陈信、第十五保长连森林等人因协助抢运公私财物表现突出，分别给予记功或奖状。[5] 1945 年，道太、安仁两区长因催征自治户捐备

---

① 《浙江省政府训令府密字第 14918 号》，《公务自治人员被控法规卷》，龙泉市档案馆藏，档案号：10－1－18

② 《修正浙江省保甲章程》，《浙江省办理保甲案》，中国第二历史档案馆藏，档案号：12－2－1549。

③ 《内政部颁行保甲长待遇办法》，《申报》1939 年 5 月 18 日，第二张第六版。

④ 《本年应变工作各乡镇长之奖惩事项》，《应变人员奖惩》，龙泉市档案馆藏，档案号：10－1－164。

⑤ 《呈报各级应变人员成绩》，《应变人员奖惩》，龙泉市档案馆藏，档案号：10－1－164。

极努力，成绩卓著，收效颇观，准予传令嘉奖。[①] 1946年，龙泉县奉令进行全县清乡活动。清乡活动结束后，龙泉县政府为了激励清乡工作人员，将节余的清乡经费全部发给清乡人员。查清乡经费自1945年8~10月共收125万元整，除支出109.2万元外，尚有15.8万元，是项节余之款，拟分发各清乡工作得力人员，以示奖勉。其中"福泽乡乡长张强、屏南乡乡长毛存楷、兰渠乡乡长谢真、安仁镇镇长叶诚、宝溪乡乡长金石、富源乡乡长周仁生等对于策动民众检举散兵游勇莠民以及调查民枪逃兵逃丁等工作处置均甚得力，呈报表册亦能如期呈核，殊为可贵，拟请酌发奖金，以示激励。桐溪乡乡长汤文凤、龙溪乡乡长刘明斌、龙南乡乡长叶肇基等对于清乡工作，办理不力，事前既无筹划，迨督导人员到达后又复如故，似有推诿事务，规避责任，调查事项又无成绩，殊属不合，应请明令申诫，以儆效尤"[②]。可见，政府对于乡镇保长除了在资格上予以限定之外，更多的还是依赖激励机制。

二　有选择的合作与规避

乡镇保长大都是当地乡村的社会精英，他们往往具有一定的知识、社会经验和办事能力。与传统士绅不同的是，他们来自乡村，但却受命于政府。他们虽然处在国家权力的末端，官职低微，但却是国家一切政令下达的终点站，职责重大。他们代表政府在基层执行政策，是政府政令决策的执行者。完成政府布置的任务既是乡镇保长的职责，也是其实现自身价值，提升身份地位和影响力的重要途径。因此，从制度层面上来说，乡镇保长与政府实际上是一体的，利益也是一致的。然而，乡镇保长又来自乡村本身，而且在新县制推行之后，乡镇保长还必须由乡镇民大会和保民大会选举产生，必须接受乡镇民代表和保民的监督。因此，在实际上，乡镇保长又是乡村社会的一部分，必须代表并维护乡村社会的利益，否则必将遭受乡村社会的谴责。对

① 《为道太安仁两区长催征自治户捐成绩卓著请准予传令嘉奖由》，《一般考绩奖惩卷》，龙泉市档案馆藏，档案号：10-1-114。

② 《龙泉县民政科长兼清乡委员会总务组长沈景文致县长签呈》，《办理清乡奖励卷》，龙泉市档案馆藏，档案号：10-1-483。

于乡镇保长的尴尬处境，胡庆钧称之为“两种权力夹缝下的地位”[①]：当官民利益一致时，乡镇保长往往可以应付裕如，当官民利益冲突严重时，乡镇保长必将左右为难。对此，有学者认为在这种进退维谷的两难处境中，他们面临着两种选择：一是顾及和保护乡土民众利益，保持自己在村民心目中的声望和地位，拒绝充当政府的“扒手”；二是彻底投身于政府的怀抱而不顾及村民利益，并从国家对村民榨取资源的过程中徇私舞弊，揩油自肥。[②] 毫无疑问，部分乡镇保长会做出上述两种选择。然而，大部分乡镇保长采取的是有选择的合作和规避。

因为乡镇保长行使的职权，既依赖于政府赋予的合法性权力，又依赖于乡村社会的支持和拥护。如果完全充当政府的“扒手”，甚至中饱私囊，揩油自肥，必将难以为继，并最终将遭到乡民的谴责和控诉，被乡村社会所抛弃。例如，1947 年 1 月 18 日，安仁镇第四保缓征壮丁张金根、张森源、张先余、沈光桃、沈汉祥、项作操、项作全、董福长、李董根等 12 人，以及安仁镇民代表沈柳芳、李仁山联名向县长控诉该保保长项作定“平时不务正业，自施用妙计接任保长后，遂大施敲诈。去年十月间，本县办理壮丁缓征召申请时，各申请人依限申请将申请书送交保长亲自拿去，讵该保长乃随处倡言声称，除此保长既无办公费可领，又无乡镇公粮，每一申请壮丁，送保长国币多则一两万元少则七八千元，或在保长家佣工一二日，否则不予受理，不加审查。奈民等家有贫有富，参差不齐，而保长乃贪心无厌，欲壑难填，结果将全保缓征召申请书故意不报，不通知乡民代表开会审查，签具意见，致民等确具缓征召原因，被其褫夺，似此公然舞弊，乘机敲诈，于法殊有不合，为此联名恳求钧长迅将保长项作定拘案惩办”。1 月 21 日，龙泉县长在控诉书中批阅，“交军事科讯明核办”。[③] 可见，一旦乡镇保长严重损害乡民利益，不但会被乡民所控诉，而且也会被政府所抛弃。1946 年 10 月，浙江省政府曾训令各县“乡镇保长等自治人员负有执行县政府委办事项及办

① 胡庆钧：《两种权力夹缝中的保长》，载吴晗等编《皇权与绅权》，上海观察社，1948，第 138 页。

② 王奇生：《战前中国的区乡行政：以江苏省为中心》，《民国档案》2006 年第 1 期，第 76 页。

③ 《为保长违背职务故意指陷祈拘案惩办以惩不法由》，《安仁区乡保长被控卷》，龙泉市档案馆藏，档案号：11－2－158。

理本乡镇保甲自治事项之双重责任，执行委办事务如有违法渎职情事时，该管县政府自可予以行政处分，将其撤职或免职，即其办理自治事项如确有违背法令，妨碍地方公益时，县政府自亦应有立于监督地位予以纠正或处分之权”。①

同样，如拒绝与政府合作，完全站在乡村社会的一边，其结果必将遭到政府的严惩，甚至身家性命不保。毫无疑问，乡镇保长是地方自治的领导者，是乡民经过法定程序选举产生的，与广大乡民是知根知底的老乡，也是乡民办理乡村事务所依赖的对象。因此大多数乡镇保长会站在乡民的角度来为他们办事。如兴办国民教育，修路搭桥，植树造林，兴修水利等。在维护乡民的利益的同时，也提升自己在乡民中的形象。但是，他们很少敢拒绝与政府合作。只有极少数的乡镇保长因为体恤乡民生活困苦艰难，兵役赋税之重而抗不征丁，拒绝征收赋谷，敷衍政令。从龙泉档案中可以看出，这些拒绝与政府合作的乡镇保长最终也因此被政府控告并受到相应的惩处。1947 年 7 月 29 日，龙泉县金田乡公所呈报县政府军事科，指责该乡第二、第四保长在征兵过程中玩忽役政，声称：“查本乡奉令办理三十五年度紧急征兵，除第一、五两保已送到取据备查外。其余第三、六、七、八保业由各保长填具壮丁交接证明书，将壮丁交由第三保第四甲甲长季水祥，第六保保队附陈立功，第七保第三甲甲长夏桥佑，第八保第三甲甲长张学煜先后具领结送县。第二、四两保保长周朝宝、陈振养抗不征兵，玩忽兵役法令，殊属不法已极。为特备文呈报，仰祈鉴核准予将该保甲长附等传案移送究办，以利役政。”② 1947 年 8 月 7 日，龙溪乡乡长翁嘉宾呈文县政府军事科，指责该乡第三保保长刘营反抗征兵：“查龙溪乡各保征兵均能积极办理，业已达成任务，所难征者惟第三保保长刘营受恶势力之包围，擅离职守，窜嘱所属各甲长避不见面，致该保征兵无法征集。该保长刘营平时非但贻误政令，且对此次征兵受当地土劣之威胁，大肆宣传破坏役政，殊属目无法纪。若不拘传到案严办，势必役政前途何堪设想。请钧长察核，俯予移送司法，严厉究办而

① 《乡镇保甲长违法渎职得由县政府等明行政处分等由令仰遵照由》，《减少乡镇保长控告防止办法卷》，龙泉市档案馆藏，档案号：10－1－528。

② 《为呈报本乡第二、四保保长等玩忽役征请传案移送究办由》，《安仁区乡保长被控卷》，龙泉市档案馆藏，档案号：11－2－158。

维役政。”8 月 21 日，刘营被军事科移交法院惩办。[①]

聪明的乡镇保长，会尽可能地避免这两种结局的出现。有选择的合作和规避则是其最佳选择。当面临国家的税收、征兵等强制性任务时，大部分乡镇保长不是一味地听从与执行，而是先与上级政府进行沟通协调，充分发挥自己的影响力维护本乡镇和本保的利益，力将征收的数额和分配的名额减少到最低。然后，才召集本乡镇、本保的地方乡绅，或者召开乡镇民大会和保民大会，讨论征收办法，充分发挥自身的威望，在本乡镇或本保内进行合理的分配，使大多数保民得以接受。例如，1943 年 2 月 10 日，民权乡公所召开第一次乡务会议，主要讨论事项是特务班主食及副食费的分派问题。经会议讨论决定：特务班全年主食米由全乡各保分担，并根据实际情况将全乡各保分成甲、乙、丙、丁四等。甲等第五保年派主食米 1600 斤；乙等第三保年派主食米 1305 斤、第六保 1305 斤、第七保 1280 斤；丙等第一保年派主食米 1100 斤、第二保 1200 斤；丁等第四保年派 950 斤。副食费则按保平均摊派，每保年派 347 元。各保应缴该项经费，限 3 月 10 日前缴解。[②] 1944 年 9 月 27 日，福源乡召集乡民代表保长联席会议，讨论收征公益储蓄捐。县政府共分配富源乡 335000 元任务，要求以储蓄的形式摊派。除由县政府直接向富户劝储 61000 元外，尚余 274000 元，须由乡公所公派给各户。经讨论决定，指派富户邱马通、吴维芬、邱寿堂储蓄 15000 元，其余数量由各保评定富户等级，按级劝储，由各保保长公平分配储蓄。[③] 可见，在涉及乡民基本利益，尤其是经费摊派、壮丁的征收方面，虽然会出现舞弊的情形，但整体而言，还是公开的。

三　舞弊、殴打与控告

乡镇保甲人员处于国家行权体系的末梢，承担着重要的行政管理职能，

① 《龙溪乡乡长翁嘉宾签呈》，《安仁区乡保长被控卷》，龙泉市档案馆藏，档案号：11－2－158。

② 《民权乡公所三十二年第一次乡务会议记录》，《保长会议卷》，龙泉市档案馆藏，档案号：10－1－184。

③ 《龙泉县福源乡召集乡民代表保长联席会议记录》，《福源乡参议员乡民代表卷》，龙泉市档案馆藏，档案号：10－1－193。

但却不是国家行政体系中的公务人员，他们往往没有薪水或仅能领取极少的补贴，这些补贴又大多源于各级行政部门对基层社会的摊派。在待遇微薄的同时，他们的工作任务却又极为繁重，包括编查保甲、清查户口、维护治安、征兵征税、兴办教育、修筑公路、兴修水利等各项事务。乡镇保长在办理上述事项中，掌握一定的权力，具有舞弊的机会。

舞弊是乡镇保长在执行任务中最常见的弊端。据统计，自 1940 年至 1942 年龙泉县乡镇保长被控案有 28 件，其中舞弊案达 15 件。在上述统计中，保长舞弊案 5 件，区长舞弊案 3 件，乡镇长舞弊案 7 件。在舞弊案中，与征兵有关者最多达 11 件。[①] 在抗战后期和解放战争时期，这种情况尤为明显。从民国龙泉档案目录中可以看出，1944～1948 年龙泉县有关兵役舞弊的案件多达 80 余件。如瀑云乡第四保雷马远，系本保第六甲雷仁连氏之长子。该氏共有二子，长子雷马远，次子雷马福。长子雷马远因行为不良于 1942 年潜逃。抗战胜利后，曾返回本保，以重贿串通造册人员，改雷马远之名为兴长成。至 1946 年下半年，各乡奉命办理五户连坐，又重贿串通造册调查人员，改其名为兴马远，后经侦查，结果兴马远者即本保第六甲之雷马远。其所以改换名姓，皆因其弟为及龄壮丁。借此可妄报为独子。[②] 在执行任务时，少数乡镇保长利用政府赋予自己的权力，从中捞取好处。如福泽乡第二保保长收受该保壮丁张水妹千斤谷的贿赂后，劝逼第四甲原任甲长辞职，让张水妹充任甲长，以逃避兵役。而张水妹已及壮丁年龄，家又有兄弟 5 人，其父也仅有 40 岁，是义不容辞的壮丁人选，但是该保长受贿后并包庇他。[③]

民国时期，由于政局动荡，战乱不断，政府过度地向乡村社会征收赋税、兵役，使乡民的负担日益严重，民众对政府的“勒索”行为日益不满。而乡镇保长在执行职务中出现的舞弊和贪污行为，往往造成极其恶劣的影响，更加激化了官民之间的矛盾。在不断高涨的官民冲突中，乡镇保长殴打、谩骂乡民也时有发生。同样，乡镇保长在执行任务的过程中，也

---

① 《龙泉县饬查未复控告案件清单》，《上级机关饬查案卷》，龙泉市档案馆藏，档案号：10－1－24。

② 《为卸任保长吴先盛舞弊兵役呈请钧府核饬传吴先盛到案由》，《处理在乡军人滋事案件》，龙泉市档案馆藏，档案号：11－2－145。

③ 《为保长包庇壮丁舞弊兵役请查明法办以维役征由》，《减少乡镇保长控告防止办法卷》，龙泉市档案馆藏，档案号：10－1－528。

会遇到违法乱纪的乡民，他们删改户口册，伪造图记，甚至对乡镇保长进行谩骂、殴打、诬告。两者之间的诉讼屡见不鲜，冲突不断。1939年5月11日，查川镇辅导员金灿然在第四保召开保民大会时，与该保吴德旺发生冲突。“昨天到第四保去开保民大会的时候，突有该保莠民吴德旺来势汹汹，无理要求通过其子缓役，查其有四子，三子均已及龄，家道亦称小康，绝无免缓条件，经职依法呈予解释，讵该民受某土劣之指使，有意来场扰乱秩序，不但不服劝释，反而破口辱骂职等，整个大会为之扰乱。职当时怒至极顶，当场赏以耳光。其子等即摩拳擦掌，势极凶暴，职等为避免冲突，当时予以回避，散会后即报告区署，不料该莠民蓄意破坏政府法令及政府工作，竟漏夜至城向法院起诉，似此无理扰乱，若不予以严处，本府人员肆遭打击，自后工作将不堪设想，不复有开展之希望。”[①] 1940年3月20日，安仁区福泽乡乡长曾世饬呈报县长，声称“该乡第十二保住民李马华之妻违缴该保甲会议决议案所摊派之款，且殴打政工队队员陆志端等人，请求派警拘案严惩”。[②]

乡镇保长与乡民发生冲突时，乡民也会采取法律手段维护自身权益。战后，乡镇保长被控案件日益增多。自1945年至1949年，乡镇保长被控案达到149件。案件以贪污、舞弊、兵役案为主，如“福泽乡六保民人周柳福等呈控保长周义训舞弊兵役检举事实四点”，“双平乡第十三保住民项成呈控告保长收容逃避壮丁充当保内职员，请求迅予将该保长提案惩办并予派员将该逃避壮丁征送入营”，“三溪乡第四保长邱有顺受贿放纵走应征壮丁”，“小梅镇陈一凤密告第一保保长刘永钊办兵不公”，“黄鹤乡民妇曹管珠呈控保长搞诈未遂不法强征”，“梧垟乡民徐李富控保长黄春泉强征致毙徐李正”。[③]值得注意的是，在这些控告案中，也有不少是乡民对乡镇保长的诬陷案。如1947年2月9日，龙泉县福源乡邱克养、邱克平等人联名控告副乡长潘存珗、副保长潘厚高二人。声称“潘存珗、潘厚高叔侄二人凭乡公所的势力，

---

① 《为奉复查川镇莠民吴德旺扰乱会场殴打公务人员等情鉴核由》，《殴打案卷》，龙泉市档案馆藏，档案号：10－1－527。

② 《龙泉县政府训令民字第116号》，《殴打案卷》，龙泉市档案馆藏，档案号：10－1－527。

③ 详情见龙泉民国档案，档案号：14－4－55、14－4－78、14－4－86、14－4－88、13－3－120。

无论到各保各村，叔侄二人一起同行，各身带一支长枪横行乡里，到处征银。1947 年 5 月间，在第六保沙潭地方，向当地一甲长吴将妹索贿，其家贫无钱给他，连家内养着一只小猪也被他二人捉去要做工钱。10 月间，办理缓召请书，若某人无钱给他，即把其人的申请书抽出，不得转呈县政府查验，即使是独生子，也不得申请。1947 年底，正值征兵之时，各乡镇可以二保并成一个保，保内可以凑钱雇佣某人充役。福源乡乡民甚少，本应少征兵役，但潘氏叔侄每至各保，大肆捉逃兵，以致第一、二、三、四等保，每保捉去五六个”。经县军事科派员核查，“并无此项事实”，实际上是“因讼事仇隙而捏造诬告”。①

表 9－1 龙泉县饬查未复控告案件清单（1940～1942 年）

年份	被控诉人姓名	被控诉人职务	案由
1940	张师汉	保　长	诈财舞弊
	吴永林	保　长	收匿壮丁舞弊兵役
	黄思辕	乡　长	舞弊兵役
	林孝左	区　长	渎职舞弊
	□永林	保　长	渎职诈财
	李必成	乡　长	贪污渎职
	沈寿贤	镇　长	侵吞公款
1941	王正清	乡　长	舞弊兵役
	徐兆琪	保　长	舞弊兵役
	俞洪澜	镇　长	舞弊兵役
	王郁斋	保　长	舞弊兵役
	张壬□	保　长	兵役舞弊贿赂
	俞志晟	乡　长	贪污渎职
	吴永林	保　长	渎职诈财
	黄卓彦	区　长	舞弊兵役
	叶子兰	乡　长	侵占公款舞弊
	姜允宣	乡　长	舞弊贪污贩卖毒盐
	徐　璠	乡　长	舞弊兵役侵吞公款

① 《奉复本乡乡队附潘存珧等并无渎职情事祈予免惩由》，《安仁区乡保长被控案》，龙泉市档案馆藏，档案号：11－2－158。

续表

年份	被控诉人姓名	被控诉人职务	案由
1942	余志晟	乡　长	贪污渎职
	黄卓成	区　长	舞弊兵役贪污渎职
	徐　璠	乡　长	舞弊兵役侵吞公款
	黄文兰	乡　长	侵吞公款
	姜允宣	乡　长	侵吞公款
	李　豪	乡　长	舞弊贪污贩卖毒盐
	吴永林	保　长	渎职诈财
	丁启完	保　长	藉公害民
	侵吞公款	蓝三铭	镇长
	横行不法	颜　宝	乡长

资料来源：《龙泉县饬查未复控告案件清单》，《上级机关饬查案卷》，档案号：10－1－24。

为了防止乡镇保长在执行任务时舞弊、贪污受贿，减少乡民对乡镇保长的控告，1945 年 6 月浙江省第九行政都察院兼保安司令公署曾训令各县：提出防止办法四项：①乡镇经费及公粮划归乡镇财产委员会经管，绝对禁止乡镇长直接经手收支。每隔三个月，行政财产保管会必须将乡镇公所行政经费事业经费及代收代征款项并乡镇公粮收支情形列册，检举送交乡镇民代表会实查，通过后交由乡镇公所呈报县政府；②征集壮丁应一律由国民兵团按照年次截号顺序签发征集票，绝对禁止乡镇保长自由征送壮丁，一经征集到乡即应由行政公所于 24 小时内优礼转送国民兵团，不得借任何理由擅自释放，如有违法强征或私行释放情事，均以妨害兵役论罪；③乡镇民代表会应确实负起代表民事责任，尽量发挥民主精神，如人民对乡镇公所征兵征粮派款派夫等有怀疑，均可延开乡镇民代表会，面请乡镇长公开答复，答复后如仍有不当应即由会议定改正县法交由乡镇长执行，若乡镇长有拒绝答复或将政令搁置不行者得由乡镇民代表会主席报请县政府核办，不得动用私人或代表会议出诸控告。致复至于乡镇民代表如有不能代表民意者得由选出保之保民提出能免案于保民大会；④各县过去对本署交办控案，多有未能彻底认真查办，其有蒙混搪塞或竟搁置不理者，因之人民有沉冤不白而间有豺狼成性之不肖行政工作人员，遂将逍遥法外。盖肆无忌惮言之殊觉痛恨，须知今年为法纪年，各该县长日应振起精神，力行法治以期无愧于民。今后对本署交办事件饬必选派公正廉员，切实调查，依法处理，倘有徇私情事，一经察觉，该原调查人员因应以渎职从重论罪，即该管县长应当连带严受失察处分。[①]

政府虽然对乡镇保长的职责和行为在制度上做了各种规定和约束，但由于乡镇保长是政府政策的执行者，如不是乡镇保长过于肆意妄为，政府对于乡民的控告案往往采取大事化小，小事化了的态度，不少被控案件都不能及时回复处理，甚至故意拖延。

四　逃离与辞职

战争时期，政府为了吸取资源，不断地向基层社会征收财力物力。作为政府政策的执行者，乡镇保长成为被逼成为政府的替罪羊，遭到乡民的怨恨。在两难的境地中，乡镇保长们会有不同的选择。有的会选择性地与政府合作，少数恶劣的乡镇保长则乘机中饱私囊，贪污舞弊，也有少数人拒绝与政府合作，此外还有一些乡镇保长往往是力不从心，穷于应付，最后选择逃离与辞职。龙泉县每年都有乡镇保长要求辞职，甚至有当选之后不愿就职。1945 年之后，这种情况尤为突出。从民国龙泉文书目录中可看到有大量的辞职案件，从 1942 年到 1949 年全县有记录的乡镇长辞职案 120 件，保长辞职案 453 件。

表 9－2　龙泉乡镇保长呈请辞职案（1942～1949 年）

年　份	乡镇长辞职案	保长辞职案	年　份	乡镇长辞职案	保长辞职案
1942	1	2	1946	19	91
1943	2	4	1947	35	163
1944	10	20	1948	20	110
1945	27	43	1949	6	20

资料来源：表格统计数字来源于民国龙泉县档案文献目录的检索。

1940 年，龙泉县对全县乡镇保甲进行归并，全县共有 34 个乡镇，349 保。1946 年再次归并为 28 个乡镇，317 保。从乡镇保长辞职的案件数来看，

① 《减少保长控告案特别提示防止办法四项》，《减少乡镇保长控告防止办法卷》，龙泉市档案馆藏，档案号：10－1－528。

1942～1944 年属于比较正常的变动，但自 1945 年开始，乡镇保长辞职的案件急剧上升，1947 年乡镇长呈请辞职的案件高达 35 件，而全县只有 28 个乡镇，保长呈请辞职的案件 163 件，而全县只有 317 保，这种情形明显属于不正常的人事更动。为什么会有这么多乡镇保长要求辞职呢？根据档案资料的记载，他们要求辞职的理由基本可以概括为身体因素、知识能力、家庭经济状况、迁居它地、身兼多职等方面。

表 9－3　龙泉县三溪乡保长呈请辞职情况

姓　　名	所在乡保	辞职原因
李继标	三溪乡第一保	①选举未到法定人数；②一身不能兼两职（现任乡民代表）；③身患肺病
伍思甫	三溪乡第一保	患病请辞
郭哲绵	三溪乡第二保	①任代办所代办人，无力兼任；②家境贫寒，平时务农，数职兼身；③学识能力薄弱
胡永寿	三溪乡第二保	因病请辞。
项上标	三溪乡第三保	①世居山僻，务农为业；②少未读书，目不识丁；③家境贫寒如洗，全赖日工生活谋食；④往来外出，久不在家
江宏钧	三溪乡第四保	家境贫寒兼无学识
邱华林	三溪乡第四保	①年轻识浅，能力绵薄，年龄并未符达合格充任保长；②户居山谷，道距乡公所计程二十里，往返不便，对于公务未能应急赶办；③本保住户散漫，分居七村，远近十有余里，保长当置选保中点为宜；④家寒苦贫，朝暮觅济，谋食外乡
吴加才	三溪乡第五保	家境贫寒，生活困迫
杨长魏	三溪乡第六保	①目不识丁；②办理保务贻误撤职在案
江国骏	三溪乡第六保	①妻亡父年迈，以肩挑帮工度日，家务乏人料理；②上级办公人员来保，无法应付及招待；③入赘他乡，无力兼顾
陈为环	三溪乡第六保	能力薄弱
陈为瑗	三溪乡第六保	①患病；②任期已满

资料来源：《龙泉县三溪乡保自治人员任免卷》，档案号：10－1－448。

表 9-4　龙泉县部分乡镇长呈请辞职情况

姓名	所在乡镇	呈请辞职理由
陈　东	道太乡公所	任期已满，请求辞职
叶庆云	瀑云乡公所	家庭穷困，经济困难
吴景周	瀑云乡公所	年老力衰，不能胜任
杨长海	三溪乡公所	因患肺疾就医无效且病日益加重； 副乡长李元抡违命不予代理； 乡务停滞
叶仁文	茶丰乡公所	因病三次呈请辞职
王邦彦	住龙乡公所	非才浅学，不堪再任
刘祖英	龙溪乡公所	能力薄弱，不能胜任
曾凤德	剑湖乡公所	患病未瘉
汤　鹏	剑湖乡公所	患病未瘉
金三疏	宝溪乡公所	为家务束累，乡境恶劣，能力薄弱，万难再任
柳　健	安仁镇公所	因病呈请辞职
刘　鲸	安仁镇公所	因病呈请辞职
刘祈三	天平乡公所	久病不瘉
郑玉琨	金石乡公所	胃病，蒙冤
吴益铭	八都镇公所	学识经验欠缺，久劳成疾
蔡文谟	小梅镇公所	患病体力衰弱

资料来源：由龙泉县各乡镇保自治人员任免卷综合统计。

由于乡镇保长的人选必须具备一定的资格，而乡镇保内人才匮乏，符合条件的人选并不多，因而乡镇保长的辞呈递交之后，往往不会轻易批准，大部分是要经过再三呈递，才有可能被批准的。乡镇保长们为了能够被批准，不得不掩盖他们真正辞职的原因，编造各种更具说服力的理由，力陈各种主客观理由。以三溪乡第四保保长邱华林为例，他原任三溪乡第四保保长，因调整保域，奉令改选后，又被选为第三保保长。因为他家庭经济不好，为养家糊口，不得不决定出外乡工作。为此，他在当选第三保保长后，决定辞职，并在辞呈中力陈自己“年轻识浅，能力绵薄”，“户居山谷，道距乡公所计程二十里，往返不便”等原因。然而，其辞呈不被批准。自 1946 年 1 月 9 日第一次递交申请起，他先后多次要求辞职，每次均不准。其重要原因在于他的辞职理由不够充分。直到 1948 年 11 月 21 日，他在辞呈中强调

“家寒苦贫，朝暮觅济，谋食外乡”时，乡长蒋英才呈请县长后同意其辞职。①

其实，很多乡镇保长辞职的真正原因有三：一是经济因素，二是身体因素，三是处境艰难。至于所谓的才识浅薄、能力不足、贻误保务则完全是托词。比如邱华林，他不仅已担任保长两年七个月，而且还担任过八都乡总干事，其能力肯定不弱。② 保长之所以辞职，大部分还是迫于生活的压力。保长大都是年富力强的壮劳力，是一家之顶梁柱，一家大小全靠其养活。然而，保长却是无给职，其经济收入并不来源于保长这一职位本身，即保长并不能通过执行保长职权获得经济效益，除非其通过非法手段而获得灰色收入，如贪污受贿等。因此，保长的合法经济收入主要还是源于其当选前的职业，如务农经商等。然而，保长每天不光要面对保内大大小小各项杂务，还要处理上级下达的公文政令，接待上级巡查的人员，事无巨细，几乎都要躬亲。如此纷繁的保务，他们根本没有时间去兼顾旧业，家庭生活必受影响。三溪乡第七保杨举高在呈请辞职时，一面说自己终身未受教育，目不识丁，害怕贻误保务，一面则称家徒四壁，朝不保夕，一旦担任保长年迈父母及幼年弟妹，必将坐饿待毙。贻误公务为不忠，刻薄父母为不孝。在忠孝难全之际，还是以家为先。③ 其理由看似冠冕堂皇，或言之过极，其实是既合情又合理。很显然，杨举高声称自己目不识丁是假，家庭穷困则是真。保长如没有最基本的生活保障，怎么可能有余力和心思去为保民服务，所以杨的辞呈很快得到批准。其实，即使是殷实之户，在担任保长较长时间后，无坐以待毙之患，也会有坐吃山空之忧，毕竟家里没了经济收入，家道再殷实，遗产再丰厚，也有穷尽之时。生存与保务之间的两难，导致很多保长以生计为由而纷纷辞职。黄鹤乡第二保保长方关仁在辞呈中声称：“担任保长九载，口食因公赔垫一光，家庭之间毫无遗产，弱妻幼女，非其一人耕作不可”，因

① 《为据情转请辞职祈鉴核》，《三溪乡改选乡保长卷》，龙泉市档案馆藏，档案号：10－1－448。

② 《为第四保当选保长邱华林另就他业转请准予收回成命祈核示由》，《三溪乡改选乡保长卷》，龙泉市档案馆藏，档案号：10－1－449。

③ 《为家境贫寒未受教育难以充任保长恳请免委准予令饬乡保长另选贤能接充免误公务由》，《三溪乡改选乡保长卷》，龙泉市档案馆藏，档案号：10－1－449。

此其一再呈请辞职。[①]除了经济和身体因素外，乡镇保长的处境艰难也是一大原因。尤其在战争时期，政府不得不加大对乡村社会的控制和盘剥，各种劳役、兵役和苛捐杂税，使乡民对政府极度不满。乡镇保长首当其冲，成为政府的替罪羊，民有怒而泄其身。与此同时，乡镇保长又因执行不力受到政府的惩处。在政府与民众之间，乡镇保长进退两难。宝溪乡乡长金三疏和三溪乡乡长蒋英在他们的辞职原由中均提到“乡境恶劣”“为环境所迫”。[②] 在恶劣的环境中，他们往往穷于应付，最后被迫选择了逃离和辞职。

① 《为案经多久未蒙委示一再呈请鉴核迅赐发给委令以便信任接充由》，《黄鹤乡保自治人员任免卷》，龙泉市档案馆藏，档案号：10－1－454。

② 《为乡境恶劣能力薄弱万难再任》，《宝溪乡乡保长卷》，档案号：10－1－579；《为环境所迫迁回原籍呈请准予辞职由》，《三溪乡乡保长卷》，龙泉市档案馆藏，档案号：10－1－449。

结语　乡村社会治理的困惑

20 世纪上半叶，正处于传统向现代转型时期，国家、政府与社会之间的关系发生了巨大的变动，一方面政府为增强对社会的控制，吸取更多的社会资源，不断地将国家权力深入基层；另一方面为扩大社会资源的来源，政府又一改以往在基层社会不作为的传统，以各种行政手段调动民众参与国家建设。这种关系至国民政府时期表现得尤为突出。国民政府建立后，先在统治区域推行地方自治，后又转而实施保甲，将保甲纳入地方自治，作为统治和管理基层社会的政权组织。国民政府将保甲纳入地方自治，既是其整合和控制地方社会，吸取地方资源的利益诉求，亦为其寻求基层政治突破的一种积极尝试。然而，保甲的实施，虽然在一定程度上增强了政府对社会的控制，提高了政府吸取地方社会资源的能力，但却因人才、经费、民众智识，以及政府政策等因素的影响，而未能真正充分调动基层民众参与国家建设的积极性，也未能达到改善基层民众生存环境的愿望，反而因乡镇保长落入土豪劣绅之手，成为扰民苛政，使本来已相当脆弱的生存环境更加恶劣，加剧了政府与乡村社会之间的疏离与对立。

一　经费的缺乏与摊派

“办理保甲虽然要注意到组织的完善，人才的适宜，而经费的筹措，也是一个很重要的问题。凡办公必需的费用，如各种表册和各种宣传刊物的印刷，以及门牌用具的购置，都不能不有相当的款项。”① 俗话说，巧妇难为无米之炊，经费缺乏使保甲难有作为，甚至连基本运作都难以维持。根据

① 《浙江保甲运动丛刊》，中国国民党浙江省执行委员会宣传部，1931，第 24 页。

1935 年颁布的《修正剿匪区内各县编查保甲户口条例》的规定，保甲经费以地方原有公款及财源拨充，在无公款及财源，或有而不足之地方，得向保甲内住民征集之，以统筹统支为原则。保甲开办费，完全由地方负担，但几经变乱之区域，确属无从筹措者，得由县库补助。保甲职员，均为无给职，但须得给予最低之生活费。壮丁队协助军警抵御土匪时，必要之给养，得先就保甲经费余款挪用，不足时，得经保甲会议决定，向本保内殷实住户及商家募捐支用。[①] 同年，颁布的《修正剿匪区内各县保甲经费收支规程》则对保甲经费的使用做了详细的规定，保甲经费每保每月以 5 元为限，用于保长办公处纸张、笔墨、灯火及其他必需品，保甲会议、壮丁集合训练时之茶水，保长甲长及派人因公出外之费用，应分摊在联保公费中，联保公费由各保分摊，应摊之数，由各保长召开会议决定，呈请区署转呈县政府核定。[②]

依照 1935 年的《浙江省整理保甲计划大纲》的规定，各县保甲所需各项经费，均以不增加人民负担为原则，就地方原有之县区乡镇自治费支给，不足者由县地方各款节余项下动支。各县保甲所需各项经费主要包括①印刷表册及刊发图记等；②保甲编组委员会月支薪水 25～40 元，公费旅费10～25 元，书记薪水 12～18 元，勤事工食 8～10 元；③乡镇公所月支公费 5～12 元；④保办公处开办费 2～4 元，月支公费 2～4 元。[③] 1937 年，浙江省又颁布《各县保甲经费筹集及监核应行注意事项》，规定乡镇公所办公费，每月 2～18 元，由县政府核定具体标准。保长联合办公费每月2～16 元。不能加入保长联合办公处的保，可以设保长办公处，经费每月1～4 元。此外，户口异动表、人事登记清册等各种表册的印刷费，乡镇保甲长及公民训练经费等，每保 5～15 元。[④] 然而，由于保甲经费是由原有自治经费拨付，而原有自治经费本身为数有限，在未举办保甲之时，有仅敷区公所经费之用，有连区公所经费亦不敷分配者。举办保甲之后，原有自治经费既因裁撤杂捐而削

① 《修正剿匪区内各县编查保甲户口条例》（1935 年 7 月 19 日），中国第二历史档案馆编《中华民国史档案资料汇编》第五辑，第一编政治（一），江苏古籍出版社，1998，第 117～125 页。

② 《修正剿匪区内各县保甲经费收支规程》，《湖北省政府公报》第 145 期，1935 年 10 月 28 日，第 16～17 页。

③ 《浙江省整理保甲计划大纲》，《保甲制度》，龙泉市档案馆藏，档案号：临－2－111。

④ 《县各级组织纲要浙江第一年实施报告》，浙江省档案馆藏，档案号：L030－000－0057。

减，又新增乡镇公所经费和保办公经费，其艰难困境之状，可想而知。正因如此，各县乡镇保甲经费的支出基本上是按照最低标准执行的。“区区之数，亦仅敷办公之用，而乡镇保长事务繁多，苟欲尽职无忝，势将无暇顾及经营私人生活，枵腹从公，事奚能久!”[①] 事实上，连最低标准大多也未能按月发给。[②]

抗战爆发后，由于乡镇保甲长的职责更加繁重，浙江省政府决定适当提高乡镇保甲经费，并于1938年6月颁布了《浙江省各县乡镇保甲经费筹集办法》，训令各县乡镇努力筹集充实保甲经费。办法规定，各县乡镇保甲经费分行政经费和事业经费两类：行政经费主要包括乡镇公所办公费、职员薪给津贴、乡镇长公费、保办公处经费等，由县与其他款统收统支，列入地方预算，其来源如下：①自治户捐。②县乡积谷仓兼营农仓业务之纯利。③各区原有公产公款之孳息。④其他。乡镇保甲之事业经费主要包括乡镇保甲教育事业之扩充、水利道路之兴修、造林垦荒、地方自卫经费等，由各乡镇保每年编造预算连同事业计划呈县核定，除县款补助外，由县严密监督各乡镇保分筹支用，其来源如下：①各乡镇保原有公产公款之孳息。②提用各乡镇保庙会祠社财产之收益。③各乡镇保公营事业之纯益。④各乡镇保合作社之盈利。⑤其他。自治户捐以保甲户次为征收对象，自治户捐按月或分期征收，最低每月1角或每年1元，最高每月不得超过3元。事业经费由各乡镇保每年召开乡镇保甲长会议或保民大会议定总数及筹集办法。[③] 1938年12月13日，浙江省政府规定废除自治户捐，按照田赋、普通营业税标准代收自治经费，存入省库，由省统一按照各县乡镇保数统筹分配乡镇保甲经费。并将乡镇经费标准分为三种：15保以上之乡镇为甲种乡镇，其乡镇经费每月30~58元；8~14保的乡镇为乙种乡镇，其乡镇经费每月25~48元；7保以下的乡镇为丙种乡镇，其乡镇经费为每月20~38元。保办公处经费每月1~6元。[④] 至此，乡镇保甲行政经费才得以相对固定，也确保了乡镇保甲

---

① 李晋芳：《保甲运用问题之商榷》，《保甲半月刊》第8期，1935，第6页。

② 《县各级组织纲要浙江省实施总报告》，浙江省档案馆藏，档案号：L030-000-0058。

③ 《令饬遵照浙江省各县乡镇保甲经费筹集办法宽筹乡镇保甲经费》，《浙江省各县乡镇保甲经费筹集办法卷》，龙泉市档案馆藏，档案号：16-6-19。

④ 《县各级组织纲要浙江第一年实施报告》，浙江省档案馆藏，档案号：L030-000-0057。

行政经费的稳定性，但乡镇保甲事业经费大部分仍须依赖于乡镇保自筹。

新县制实施后，浙江省政府根据《县各级组织纲要》的规定，对乡镇保的编制及经费进行了充实，并于1940年12月28日颁布了《浙江省各县乡镇编制及经费支给标准》和《浙江省保办公处编制及经费支给标准》。标准规定，自1941年度起，将全省乡镇分两种：甲种乡镇为11～15保，设乡镇长1人，副乡镇长1～2人，股主任4人，分别由副乡镇长、中心国民学校校长、国民兵队队附、合作社社长分别兼任，干事4人，由副乡镇长、中心学校教员兼任，经费不充裕的县份，仅设专任干事1人，事务员1～2人，乡镇丁1～2人，每月经费80～200元；乙种乡镇为6～10保，除设乡镇长1人，副乡镇长1～2人外，设二股，股主任由副乡镇长、中心国民学校校长兼任，并设事务员、乡镇丁各1人，每月经费60～110元。保办公处除设保长、副保长外，增设干事1人，由副保长或保中心国民学校校长教员择一兼任，保办公处经费为每月1～6元，保长月支公费2～4元，干事津贴月支1～2元。1942年，浙江省再次提高了乡镇保甲经费，甲种乡镇每月经费400～600元，乙种乡镇每月经费280～460元，保每月经费6～16元。①

保甲经费主要来源于政府财政支持与地方的摊派。财政拨付的乡镇保甲经费只能勉强维持保甲机构基本运作，而对于保甲的编组、户口清查、人事登记、乡镇保甲长训练、地方建设等各项所需事业经费则需要向民众摊派征收。1937年，龙泉县重新编组保甲、编钉门牌、复查全县户口，所需经费520元，由省政府在抗战经费中拨发。而城区户口及编钉门牌所需费用135元则由各户分摊，即由门牌更换或修理的住户，按每户收取修理费二元五角的标准征收。② 1939年，龙泉县道泰区举办甲长训练，并订立了《龙泉县道泰区战时甲长集中训练方案》。方案规定："甲长在受训期之膳食费，由各该甲长自行带备，但须绝对采取集团生活，军事、政治教官一律支领原薪。惟系聘请者，得酌给最低生活费，训练班办公费用及一切开支，以每甲五角为

① 《县各级组织纲要浙江省实施总报告》，浙江省档案馆藏，档案号：L030－000－0058。

② 《为重编复查全县户口经费预算书请》，《编钉门牌卷》，龙泉市档案馆藏，档案号：10－1－420。

原则，由各乡向当地商户一次筹集，缴交区署。”[①] 1943 年 5 月，龙南乡奉令办理户口编查，各编查员集中乡公所，转抄册表、伙食经费，经乡务会议决定，每户摊派国币一元。面对日渐严重的摊派现象，浙江省政府主席黄绍竑 1944 年曾训令各县，要求乡镇保甲人员应将各项费用应全部列入预算，严禁自行摊派。受训之乡镇保甲人员所需费用应编入乡镇经费预算，统筹支给。受训人员副食费及杂费两项该规定在各乡镇经费内开支，不得临时向人民摊派，以免流弊。[②] 然而，该令在实际的运作中并未得到认真贯彻，各乡镇在筹集保甲经费时仍采取摊派的形式，只是摊派数量与方法要通过乡民代表大会或保长联席会，以相对民主的形式来讨论决议。1944 年 9 月 27 日，龙泉县福源乡召集乡民代表保长联席会议，会议主题就是讨论乡保事业费摊派问题。会议对通过了乡长提交的 1944 年度福源乡保事业预算，共计 164200 元，依照富户等级比例摊派。第一保摊派 20000 元，第二保摊派 15000 元，第三保摊派 12000 元，第四保摊派 16000 元，第五保摊派 12500 元，第六保摊派 20000 元，第七保摊派 8000 元，第八保摊派 12000 元，第九保摊派 20000 元，第十保摊派 12500 元，第十一保摊派 5200 元，第十三保摊派 11000 元，由各保召集保民大会公开摊派，造具名册送乡转县核备。另外，还通过了龙泉县保甲指导处额外另派的经费，决议第一保每月摊派 60 元，第二保每月摊派 50 元，第三保每月摊派 40 元，第四保每月摊派 60 元，第五保每月摊派 40 元，第六保每月摊派 60 元，第七保每月摊派 30 元，第八保每月摊派 40 元，第九保每月摊派 60 元，第十保每月摊派 50 元，第十一保每月摊派 20 元，第十二保每月摊派 40 元，第十三保每月摊派 40 元。保甲经费摊派的数量巨大、种类繁多。无论穷困之一般百姓，还是士绅大户，都无法逃脱摊派的任务。在某种程度上，富户往往承担着更重的摊派任务。

---

① 《龙泉县道泰区战时甲长集中训练方案》，《甲长训练》，龙泉市档案藏，档案号：10-1-521。

② 《事为乡镇保甲人员调训所需副食杂费应在乡镇经费开支不得摊派由》，《甲长训练》，龙泉市档案藏，档案号：10-1-521。

二　待遇低微与中饱私囊

由于保甲经费缺乏，乡镇保甲人员的待遇也普遍较差，甚至不少人员是无给职。依照1935年《修正浙江省保甲章程》之规定，甲长办公处设于甲长之住宅，保长办公处设于该管地方原有之寺庙或公共处所。保长办公处设书记1人，保甲职员均为无给职，但书记得给最低之生活费。依据1930年7月国民政府公布的《修正乡镇自治施行法》的规定，乡镇设乡镇长1人，副乡镇长1人，并设事务员和乡镇丁，其编制与经费以乡镇公所办事通则办理。1937年，浙江省颁布《各县保甲经费筹集及监核应行注意事项》，规定乡镇长、副乡镇长均属无给职，乡镇长月支公费4～12元，副乡镇长无公费，但兼任乡镇其他事务者发给一定津贴。乡镇事务员尽量以教育或其他公共机关教职员兼任，并酌给一定的津贴。但事务繁多之乡镇，确非兼任职员堪以办理者，由县核定，委任专职人员，津贴标准是每人每月自8～24元，兼职人员的津贴标准是每人每月2～8元。乡镇丁工食费每人每月5～10元。1940年浙江省将全省乡镇划分为甲乙丙三种，甲种乡镇的乡镇长月支公费6～12元，事务员月支薪给12～24元，乡镇丁月支工食5～8元；乙种乡镇长月支公费6～10元，事务员月薪10～20元，乡镇丁月支工食4～8元；丙种乡镇长月支公费4～8元，事务员薪给8～16元，乡镇丁月支工食4～8元。保长、副保长、甲长无薪给、无津贴、无公费，书记则可以酌给津贴。①

可见，在法定上，除了乡镇长有公费外，保甲长则毫无经济报酬。保甲长的经济收入并不来源于保甲长这一职位本身，除非其通过非法手段而获得非法收入，如贪污受贿等。因此，保甲长的经济收入主要还是源于其自身的职业，如务农经商等。如此一来，保甲长常常会陷入两难的境地，顾及自己的生计则无暇保务，专治保务则又无法保证家庭生存。乡镇保甲人员的待遇过低，极大地影响了保甲的推行。而这种状况并非浙江独有，实是普遍现象。对此，时人认为乡镇保“虽有办公经费，但区区之数，往往不足纸墨茶

① 《县各级组织纲要浙江第一年实施报告》，浙江省档案馆藏，档案号：L030－000－0057。

水之资，为保长者如不摊派而取之于他，则事不可废，必取自私囊，家境裕者尚可，贫困者则不能支持矣"，"自己耽误工夫而且贴赔银钱，到底做保甲长有什么好处呢？无怪乎大家都不愿意"。[①] 尤其是抗战时期物价飞涨，乡镇保甲人员的待遇已无法维持基本的生活费。这种状况带来了两大恶果：一是乡镇保甲人员不得不利用职权中饱私囊、贪污舞弊；二是有才干有能力的乡镇保甲人员纷纷辞职另谋他途。正因如此，洁身自好，公正人士，视保甲长为畏途，或借口职业不肯兼顾，或畏难偷安意存规避，于是保甲重任反操纵于流氓地痞、土豪劣绅之手。考察各地之乡镇保长，人选欠当者，比比皆是，保甲制度为人民所诟病者，在于此也。[②]

新县制推行后，浙江省一方面进一步充实乡镇保公所编制，增设了股主任、干事，一方面也提高了乡镇保经费的标准。1941 年浙江省将乡镇改为甲乙两种，并再次提高了乡镇人员的待遇，而保长也首次支给公费，每月 2～4 元。1942 年又将乡镇长的公费改为薪给，并再次提高了乡镇人员和保长的薪给和公费。

结表－1　1941 年浙江省甲种乡镇公所编制与经费支出标准

事项	人数（人）	经费类别	月支数额（元）	备注
乡镇长	1	公费	12～24	
副乡镇长	1～2			无给职，如兼其他职务另支给津贴
股主任	4	津贴	8～16	由副乡镇长、中心学校校长、国民兵队队附、合作社社长分别兼任，每人月支津贴 2～4 元，经费不裕县份，股主任不支津贴
干事	4	津贴	20～40	由副乡镇长、中心学校教员兼任，每人月支津贴 5～10 元
事务员	1～2	薪给	18～70	事务员月支 15～35 元
乡镇丁	1～2	工食	15～32	乡镇丁月支 15～16 元
办公费			15～28	
总　计	12～15		80～200	股主任津贴未列入

资料来源：《县各级组织纲要浙江省实施总报告》，浙江省档案馆藏，档案号：L030－000－0058。

① 张剑：《邳县整理保甲办法述要》，《江苏保甲》第 3 卷第 4 期，1937，第 13 页。
② 张纯明：《现行保甲制度之检讨》，《行政研究》第 2 卷第 3 期，1937，第 222 页。

结表－2　1941年浙江省乙种乡镇公所编制与经费支出标准

事项	人数（人）	经费类别	月支数额（元）	备注
乡镇长	1	公费	8～16	
副乡镇长	1～2			无给职，如兼其他职务另支给津贴
股主任	2	津贴	4～8	由副乡镇长、中心学校校长、国民兵队队附、合作社社长分别兼任，每人月支津贴2～4元，经费不裕县份，股主任不支津贴
干事	2	津贴	10～20	由副乡镇长、中心学校教员兼任，每人月支津贴5～10元
事务员	1	薪给	16～30	事务员月支16～30元
乡镇丁	1	工食	14	乡镇丁月支14元
办公费			12～22	
总　计	8～9		60～110	股主任津贴未列入

资料来源：《县各级组织纲要浙江省实施总报告》，浙江省档案馆藏，档案号：L030－000－0058。

结表－3　1942年浙江省甲种乡镇公所编制与经费支出标准

事项	人数（人）	经费类别	月支数额（元）	备注
乡镇长	1	薪给	40～60	
副乡镇长	1～2			无给职，如兼其他职务另支给津贴
股主任	4	津贴	40～60	由副乡镇长、中心学校校长、国民兵队队附、合作社社长分别兼任，每人月支津贴10～15元，经费不裕县份，股主任不支津贴
干事	4	津贴	80～120	由副乡镇长、中心学校教员兼任，每人月支津贴20～30元
事务员	1	薪给	40～60	事务员月支40～60元
书记	1	薪给	90～120	书记月支90～120元
乡镇丁	1	工食	45～75	乡镇丁月支45～75元
办公费			65～105	
总计	13～14		400～600	

资料来源：《县各级组织纲要浙江省实施总报告》，浙江省档案馆藏，档案号：L030－000－0058。

续表-4　1942年浙江省乙种乡镇公所编制与经费支出标准

事项	人数（人）	经费类别	月支数额（元）	备注
乡镇长	1	薪给	30~50	
副乡镇长	1~2人			无给职，如兼其他职务另支给津贴
股主任	2	津贴	20~40	由副乡镇长、中心学校校长、国民兵队队附、合作社社长分别兼任，每人月支津贴10~20元，经费不裕县份，股主任不支津贴
干事	2	津贴	60~100	由副乡镇长、中心学校教员兼任，每人月支津贴30~50元
事务员	1	薪给	30~50	事务员月支30~50元
书记	1	薪给	60~80	书记月支60~80元
乡镇丁	1	工食	30~50	乡镇丁月支30~50元
办公费			50~90	
总计	9~10		280~460	

资料来源：《县各级组织纲要浙江省实施总报告》，浙江省档案馆藏，档案号：L030-000-0058。

在提高乡镇保甲人员薪给和津贴的同时，政府也适当提高了乡镇保甲长的抚恤金额，以鼓励乡镇保甲长在战时积极工作。1942年6月，行政院训令各省："查各地物价高涨，非常时期乡镇保甲长因公伤亡抚恤费额过低，特予以增加，以资补救"，规定：①在办公场所或因公出差遭遇意外事变以致受伤残废或心神丧失不能服务者，乡镇长联保主任得酌给150~300元，保长得酌给120~240元，甲长得酌给90~180元之一次恤伤费。其受伤未达残废或心神丧失者乡镇长、联保主任得酌给60~120元，保长45~90元，甲长30~90元之一次医药费。②在办公场所或因公出差意外事变以致死亡者，乡镇长联保主任得酌给300~600元，保长得酌给240~480元，甲长得酌给180~360元之一次抚恤费。③乡镇公所及保办公处主任佐治人员之伤亡，股主任得比照保长给恤，干事及事务员比照甲长给恤。[①]

总体而言，与战时物价相比，乡镇保甲人员的待遇仍然较低。不少乡镇保长因此走上了贪污舞弊之路。1945年6月9日，浙江省第九区行政督察员

① 《乡镇保甲长抚恤法令》，浙江省档案馆藏，档案号：L030-000-0249。

兼保安司令公署训令龙泉县县长，声称：“本署近来受理人民呈乡镇长及保长案件，日必数起，而其诉控事项，十九皆是侵吞公款、舞弊兵役。为针对时弊，减少控案，乡镇经费及公粮自本年七月份起一律划归乡镇财产委员会经管，绝对禁止乡镇长直接经手收支，每隔三个月，行政财产保管会必须将乡镇公所行政经费、事业经费及代收款项并乡镇公粮收支情形列册，检举送交乡镇民代表会实查，通过后交由乡镇公所呈报县政府核准。一面公告以昭大信，如乡镇长有把持经费，抗不划交，或划交后乡镇财产保管会不照上项手续办理者均以侵占论罪。乡镇民代表会应确实负起代表民众责任，尽量发挥民主精神，如人民对乡镇公所征兵、征粮、派款、派夫等有怀疑，均可赴乡镇民代表会，面请乡镇长公开答复，答复后如仍有不当，应即由会议定改正，交由乡镇长执行。若乡镇长有拒绝答复或将政令搁置不行者，得由乡镇民代表会主席报请县政府核办。”[①] 政府试图阻止乡镇保长中饱私囊，贪污舞弊，但乡镇保长由于待遇过低，无法维持基本生存，只能选择辞职。从 1942 年到 1949 年，龙泉县有记录的乡镇长辞职案达 120 件，保长辞职案达 453 件，而实际的辞职情形要比这个数字大得多。

三 滥用保甲与疲于奔命

20 世纪三四十年代，国民政府重新引入保甲，将保甲融入地方自治，建立一种自上而下、政府主导的基层政治模式。这种模式，一改以往政府在基层社会不作为的传统，试图通过在基层社会培养新式代理人，来建立强有力的控制网络，提高其对乡村社会的控制。与此同时，利用保甲训练民众，推行地方自治，调动乡村民众参与基层政治建设和乡村治理的积极性，并力求“管、教、养、卫”全方位的推进，即通过国家权力的延伸，有效地实施征税征兵、维护治安、清查户口、丈量土地、兴办教育，发展合作，改善乡村民众的生存环境等。保甲被政府视为推行一切政令的万能工具。

事实上，在保甲推行之初，政府对于保甲的运用曾提出不能滥用保甲的

① 《为减少乡镇保长控告案特提示防止办法四项令仰遵照由》，《乡镇保长控告防止办法卷》，龙泉市档案馆藏，档案号：10－1－528。

指示："一是运用须有分别，责令乡镇保甲长所担负之任务，必其能力所能担负者，不可施以过分之强迫；二是运用须有程序，酌量事件之缓急，分别先后，次第举办，不可同时并举，使乡镇保甲长无法应付；三是运用事项须适合环境需要，择其与人民本身切实利害者，使其乐于从事。四是运用事项须顾及乡镇保甲长之身份，以改正从前鄙视地保总甲之观念，不可令其服贱役。"① 然而，各县运用保甲，往往漫无限制，县政府直视保甲为一种万能工具，不察事件之性质，不论事件之大小，不审事件之先后缓急，尽责之于保甲长，于是运用保甲检举烟毒犯、筑路、浚河、植树、积谷、劳动服务、识字教育等，以致保甲长以及壮丁壮妇，莫不疲于奔命。其令乡镇保甲长最感痛苦者，则为责令催征田赋、催征壮丁及办理盗匪案件，如有违延，难免拘押，以致人民视保甲长为畏途。1948 年，龙泉县黄鹤乡第二保保长方关仁呈文至县长徐渊若控诉督征员程世荣殴打。7 月 21 日，督征员程世荣率领自卫队员及警察数人到黄鹤乡督促征兵，并认为当地保甲长征兵不力，竟令警员将当地保甲长囚禁殴打。②

政府滥用保甲，带来了严重的恶果：一方面使乡镇保甲长应付不暇，敷衍塞责。由于"各项事务和政令均责之于保甲长，保甲长苦矣"，"保长工作太多，有时夜间尚须工作，即使保长想从好处做，亦办不到，不得已只求敷衍了事。本人屡次请辞，只是辞不脱，真苦也！"以无权无给之保甲长，责令负担一切实地工作，家境充裕能力较优者已不暇应付，而生计艰难信仰薄弱之保甲长，既因保甲公务烦琐，备受乡民指责，又因法令严密，动辄遭政府申斥，进退维谷。甚至有的县规定，公路旁电线杆、树木毁坏，保甲长须赔偿。"种种困难，非言语所能形容。"③另一方面，政府滥用保甲也使"人民有不胜苛扰之苦"，尤其是征工浚河、筑路、植树等事项，人民感觉漫无限度，不堪烦扰，长此以往，久而生厌，"以致保甲人员不胜烦扰，民众亦疲于应命，所谓安民者，实足以扰民"。④ 毫无疑问，政府大力推行筑路、

① 江苏省民政厅编《江苏省保甲总报告》，1936，第 286 页。

② 《为呈诉程世荣借权抢兵意图贩卖怨恨在心反呈词诬告请求派员当地查明依法究办而免冤抑事》，《员警被控卷》，龙泉市档案馆藏，档案号：11－2－142。

③ 张纯明：《现行保甲制度之检讨》，《行政研究》第 2 卷第 3 期，1937，第 220 页。

④ 姚雪怀：《保甲运用之实例及意见》，《保甲半月刊》第 21 期，1935，第 10 页。

兴修水利、植树造产、禁毒禁烟等各项运动，目的在于改善乡村社会的生存环境。然而，由于这些运动忽视了民众的主体性，完全是由政府主导，利用保甲强制推行，乡村民众对这些运动往往是被动的、冷漠的，在他们看来，这是政府强加于他们的劳役，是被逼无奈的苦差，根本无助于其生活的改善，正如梁漱溟所说，“号称乡村运动而乡村不动”①。

四　理想与现实的两难

毫无疑问，国民政府起初推行地方自治，既是对“总理遗教”的继承，亦是初掌政权的国民党人对理想政治的追求。他们希望通过地方自治，训练民众行使“政权”，为宪政奠定基础。然而，20 世纪 30 年代初的国民政府面临着强大的内外挑战，在地方自治尚未建立时，又被迫把传统的保甲组织引入现代社会，以加强基层控制，提高政府的“剿共”力量，在理想与现实的两难之间，国民政府最终选择了保甲，将自治与自卫分开，先谋自卫之完成，再做自治之推进。以保甲替代地方自治，使国民政府建立起一个自上而下的严密的基层网络，提高了政府的“剿共”自卫力量，但却吞噬了原有的建设与自治功能，违背了“总理遗教”。因而到抗战时期不得不把保甲融入地方自治，以增强抗战力量。国民政府企图把中国传统的保甲制度与西方的民主自治制度结合起来，以加强其对基层社会控制和整合的同时，运用强有力的基层组织，推动农村建设，振兴农村经济，改变农村积贫积弱的现状，以“救济农村”“建设农村”，从而在理想与现实之间架起一座桥梁。

然而，国民政府时期内忧外患，战乱不断，社会长期处于动荡之中。尤其是在抗战时期，日军的侵略，给中国带来了深重灾难。许多大中城市化为废墟，交通和农田水利设施惨遭破坏，三千多万难民流离失所，数以百万计的难民完全断绝生计。自 1937 年至 1945 年间，杭州、嘉善、余杭、萧山等 38 市县为日军侵占盘踞，临安、新登等 30 县先后受日军数次窜扰抢掠，龙泉、庆元、景宁、泰顺、淳安、遂安、仙居等数县虽未受日军扰及，但亦遭

① 梁漱溟：《乡村建设理论》，上海人民出版社，2006，第 369 页。

受日机空袭。[①] 在八年的艰苦抗战中，浙江人民的生命财产以及交通、农工各业损失惨重。首先，日军在浙江各地的烧杀、轰炸，使成千上万的民众惨遭杀害，数十万民房被毁。1943 年 11 月，浙江省政府曾对部分县市抗战以来平民伤亡人数进行统计，其中宣平伤亡 57 人，玉环伤亡 141 人，永康伤亡 673 人，开化伤亡 131 人，诸暨伤亡 7387 人，黄岩伤亡 35 人，龙泉伤亡 15 人，长兴伤亡 4152 人。[②] 其实，这些统计远不能反映被杀害的平民人数。如 1942 年松阳大屠杀，被杀害有姓名可查者 1571 人，被烧民房 1446 所。[③] 1943 年 4 月，日机连续三天对丽水进行大轰炸，共空袭 21 次，出动飞机 90 架，投弹 323 枚，“丽水民众死伤惨重，炸毁房屋尤打破过去六年来山城被炸之记录”[④]。八年中，日机对浙江全省空袭 1156 次，投弹 17483 枚，炸毁、拆毁房屋 731400 间。[⑤] 因日军各种暴行致死的浙江平民数达 20.2 万人，伤残 14.4 万人。[⑥] 其次，日军的野蛮抢掠毁坏，对浙江的农工业生产造成巨大损失。被敌伪抢掠的粮食达 2745 万石，各县禾田因受战事影响，耕作面积损失 2800 万亩，桑园损失 100 万亩，棉花减产 87.3%。战争还造成了大量的难民，他们被迫避难他乡，流离失所，浙江全省难民数达到 175 万余人。[⑦] 战争除了对社会造成巨大破坏外，还消耗了巨大的人力物力。

为了抵御日军的侵略，国民政府不得不大规模地向乡村社会征兵、征丁、征粮，这对本已遭受严重摧残的乡村社会而言无疑是雪上加霜。龙泉县作为抗战的后方，其遭受的损失虽然相对较轻，但战时征兵、征役、征粮的任务极为繁重。1944 年龙泉县全年配额新兵 1563 名，实际征兵数 1673 名，军事征用各种劳力 48380 名。1945 年，配额新兵 1382 名，军事征用各种劳力 24727 名。抗战时期，龙泉被征兵 9674 人，被军事征用的劳力更是达到

---

① 《浙江省善后救济资料调查报告》，浙江省档案馆藏，档案号：L048－2－21。

② 《浙江省各县市抗战以来人口伤亡灾害损失汇报表》，浙江省档案馆藏，档案号：L035－1－60。

③ 楼子方主编《浙江抗日战争史》，杭州大学出版社，1995，第 382 页。

④ 《以复刊答复轰炸》，《东南日报》（丽水版）1943 年 4 月 11 日。

⑤ 《浙江省善后救济资料调查报告》，浙江省档案馆藏，档案号：L048－2－21。

⑥ 袁成毅：《抗战时期浙江平民伤亡问题初探》，《民国档案》2004 年第 1 期。

⑦ 《浙江省善后救济资料调查报告》，浙江省档案馆藏，档案号：L048－2－21。

数十万人次。[①] 在残酷的战时环境下，国民政府面临着两难的境地，一方面战争使农村社会经济破产，人民生活困苦，流离失所，社会动荡不安。因而社会底层的普通民众最基本的利益诉求是求得生存，渴望稳定，迫切地需要政府给予救济，以恢复农村经济，稳定社会秩序；另一方面，残酷的战争又不断地消耗大量的人力、物力，并要给予及时的补充。而这些人力、物力主要来源于乡村的民众。在这两难的境地中，政府通过强有力的保甲组织来实行地方自治，不但无法满足，至少不能直接和快速地满足民众的利益诉求，反而由于筹措和摊派各种经费，以及土豪劣绅对乡村民众的盘剥，一定程度上使民众雪上加霜。保甲不仅未能救济乡村，反而沦为政府榨取地方资源的工具。

① 《龙泉县战时民力耗用统计表》，《战时民力统制卷》，龙泉市档案馆藏，档案号：10－1－88。

主要参考文献

一　档案资料

1. 民国龙泉档案，龙泉市档案馆藏，档案号

0-2-8	0-2-10	0-2-26	0-2-78
0-2-94	0-2-99	3-1-1913	3-1-2070
3-1-2766	3-1-3080	3-1-10763	10-1-18
10-1-24	10-1-41	14-4-62	10-1-88
10-1-98	10-1-114	10-1-156	10-1-164
10-1-184	10-1-185	10-1-191	10-1-192
10-1-193	10-1-198	10-1-213	10-1-288
10-1-377	10-1-395	10-1-423	10-1-448
10-1-449	10-1-453	10-1-454	10-1-456
10-1-481	10-1-483	10-1-521	10-1-524
10-1-527	10-1-528	10-1-535	10-1-560
10-1-576	10-1-579	11-2-6	11-2-97
11-2-136	11-2-140	11-2-145	11-2-158
11-2-169	12-2-5	12-2-1	12-2-22
12-2-15	12-2-1	12-2-25	12-2-31
13-3-120	13-3-123	13-3-408	13-3-432
13-3-433	14-4-35	14-4-50	14-4-55
14-4-62	14-4-78	14-4-85	14-4-86
14-4-88	14-4-159	14-4-201	14-4-204

15 －8 －280　16 －6 －1　16 －6 －19　16 －6 －28
16 －6 －90　16 －6 －232　临 －2 －111　临 －2 －7
临 －1 －12

2. 民国浙江档案，浙江省档案馆藏，档案号

L029 －002 －0026　L030 －000 －0057　L030 －000 －0058
L030 －000 －0249　L031 －001 －0008　L031 －001 －0010
L031 －001 －0027　L031 －001 －0036　L033 －001 －0214
L033 －001 －0603　L033 －001 －0605　L033 －002 －0082
L033 －006 －0001　L033 －006 －0029　L033 －006 －0187
L033 －001 －0821　L035 －001 －0060　L037 －000 －0012
L037 －000 －0050　L041 －000 －0067　L041 －001 －1469
L043 －000 －0005　L048 －002 －0021　L073 －000 －0140
L084 －000 －0002　J023 －008 －001 －037　J103 －001 －016 －011

3. 国民政府内政部档案，中国第二历史档案馆藏，档案号

12 －2 －253　12 －2 －1549　12 －6 －9480　12 －6 －10332
12 －6 －10331

二　文献资料

兵役部役政月刊社编印《抗战八年来兵役行政工作总报告》，1945。

公安部户政管理局编《清朝末期至中华民国户籍管理法规》，群众出版社，1996。

故宫博物院明清档案部编《清末筹备立宪档案史料》，中华书局，1979。

侯坤宏主编《役政史料》（上、下册），台北，“国史馆”，1990。

黄绍竑：《五十回忆》，岳麓书社，1999。

江苏民政厅编《江苏省保甲总报告》，镇江江南印书馆，1936。

孔庆泰选编《国民党政府政治制度档案史料选编》，安徽教育出版社，1994。

立法院编译处编《中华民国法规汇编》，中华书局，1933。

龙泉市档案局、政协龙泉市文史委员会编《龙泉：浙江抗战大后方》，2008。

龙泉市档案局编《龙泉民国档案辑要》，中国档案出版社，2010。

内政部户政司编印《户政法规辑要》，1945。

内政部民政司编印《新县制及地方自治法规汇编》，1944。

内政部统计处编印《保甲统计》，1938。

内政部统计处编《民国十七年各省市户口调查统计报告》，南京京华印书馆，1931。

秦孝仪主编《革命文献》第84辑，台北，中国国民党中央委员会党史委员会编，1980。

秦孝仪主编《中华民国重要史料初编——对日抗战时期》第四编，战时建设（二），台北，中国国民党中央委员会党史委员会，1988。

荣孟源主编《中国国民党历次代表大会及中央全会资料》，光明日报出版社，1985。

孙伟良主编《民初宁波地方自治史料集》，浙江大学出版社，2012。

行政院农村复兴委员会编印《浙江省农村调查》，台北，文海出版社有限公司，1999。

行政院新闻局编《中国合作事业》，行政院新闻局，1948。

训练总监部国民军事教育处编印《兵役法规》，1936。

徐秀丽编《中国近代乡村自治法规选编》，中华书局，2004 。

杨学为、朱仇美、张海鹏等主编《中国考试制度史资料选编》，黄山书社，1992。

于建嵘主编《中国农民问题研究资料汇编》第一卷（1912－1949），中国农业出版社，2007。

詹福瑞主编，殷梦霞、田奇选编《民国人口户籍史料汇编》第13册，国家图书馆出版社，2009。

浙江龙泉县志编撰委员会编《龙泉县志》，汉语大词典出版社，1994。

浙江省边区社会军事训练特种干部训练班：《浙江保甲概要》，1937。

浙江省档案馆、浙江大学历史系合编《浙江革命历史档案选编：抗日战争时期》，浙江人民出版社，1987。

浙江省粮食管理处编《浙江省粮食管理规章汇编》，1940。

浙江省龙泉县委员会文史资料工作委员会编《龙泉文史资料》第6辑，1987。

浙江省民政厅编印《浙江民政月刊》，1928~1931。

浙江省民政厅编印《浙江民政年刊》，1929。

浙江省民政志编纂委员会编《浙江民政志》，中国社会出版社，1994。

浙江省农会编《战时农民运动法规方案汇编》，1939。

浙江省银行经济研究室编《浙江经济年鉴》，1948。

浙江省政府建设厅编《抗战期间浙江省建设事业概括》，1938。

浙江省政府印行《浙江省政概况》，1944。

浙江省政协文史资料委员会编《浙江文史资料选辑》第4辑，浙江人民出版社，1962。

中共浙江省委党史研究室编《浙江战时政治工作队》，当代中国出版社，1999。

中国第二历史档案馆编《中华民国史档案资料汇编》第二辑，江苏古籍出版社，1991。

中国第二历史档案馆编《中华民国史档案资料汇编》第三辑，江苏古籍出版社，1991。

中国第二历史档案馆编《中华民国史档案资料汇编》第五辑，江苏古籍出版社，1997。

中国国民党浙江省执行委员会宣传部编《保甲运动丛刊》，1931。

中国国民党中央委员会党史委员会编《革命文献》第71辑，台北，中国国民党中央委员会党史委员会，1977。

中国国民党中央执行委员会训练委员会编《兵役概论》，中国国民党中央执行委员会训练委员会印，1941。

中央训练团兵役干部训练班编《兵役法规汇编》（一），中央训练团兵役干部训练班印，1942。

中央训练团兵役干部训练班编《兵役法规汇编》（二），中央训练团兵役干部训练班印，1942。

中央训练团兵役干部训练班编《兵役法规汇编》（三），中央训练团兵役干部训练班印，1942。

三 参考书目

陈高佣：《抗战与保甲运动》，商务印书馆，1938。

陈之迈：《中国政府》，商务印书馆，1945。

程懋型：《现行保甲制度》，中华书局，1936。

程方：《中国县政概论》，商务印书馆，1939。

高亨庸：《保甲长之任务》，正中书局，1947。

方扬编著《地方自治新论》，教育图书出版社，1947。

胡次威：《民国县制史》，上海大东书局，1948。

胡次威：《怎样实施新县制》，上海大东书局，1947。

黄强：《中国保甲实验新编》，正中书局，1935。

李宗黄：《地方自治之理论与实践》，正中书局，1940。

李宗黄：《现行保甲制度》，中华书局，1945。

李宗黄：《宪政与地方自治》，正中书局，1944。

李宗黄：《新县制之理论与实际》，中华书局，1945。

毛独时：《新县制的理论与实践》，正中书局，1940。

毛独时：《战时保甲的实施》，上海大众书局，1938。

钱端升：《民国政制史》，商务印书馆，1939。

寿勉成、郑厚博：《中国合作运动史》，正中书局，1937。

汪通祺：《新县制下的国民教育》，中华书局，1944。

闻钧天：《中国保甲制度》，商务印书馆，1935。

吴晗、费孝通：《皇权与绅权》，上海观察社，1948。

叶木青：《中国保甲制度之发展与运用》，世界书局，1936。

周中一：《保甲研究》，独立出版社，1947。

周中一编《整编保甲须知》，商务印书馆，1944。

白贵一：《20世纪30年代南京国民政府县自治研究》，知识产权出版社，2009。

曹成建：《地方自治与县政改革》，四川人民出版社，2006。

曾绍东：《南京国民政府地方自治研究——以后苏区时代的赣南为中心

(1939－1949)》，中国社会科学出版社，2012。

〔美〕杜赞奇：《文化、权力与国家：1900－1942 年的华北农村》，王福明译，江苏人民出版社，1996。

方新德：《国民政府时期浙江县政研究》，浙江大学出版社，2012。

费孝通：《江村经济》，上海人民出版社，2007。

费孝通：《乡土中国》，人民出版社，2008。

丰萧：《权力与制衡：浙江省嘉兴地区乡镇自治研究》，商务印书馆，2014。

郝锦花：《新旧学制更易与乡村社会变迁》，人民出版社，2009。

黄宗智：《华北的小农经济与社会变迁》，中华书局，2000。

黄宗智：《长江三角洲的小农家庭与乡村发展》，中华书局，1991。

金普森、陈剩勇主编《浙江通史》，浙江人民出版社，2005。

李德芳：《民国乡村自治问题研究》，人民出版社，2001。

〔美〕李怀印：《华北村治——晚清和民国时期的国家与乡村》，岁有生译，中华书局，2008。

马小泉：《国家与社会：清末地方自治与宪政改革》，河南大学出版社，2001。

潘光哲等选编《地方自治、选举与反对党》，台北，稻乡出版社，2003。

冉绵惠、李慧宇：《民国时期保甲制度研究》，四川大学出版社，2005。

冉绵惠：《国民时期四川保甲制度与基层政治》，社会学科文献出版社，2010。

阮毅成：《地方自治与新县制》，台北，联经出版事业公司，1978。

阮毅成：《八十忆述》，台北，联经出版事业公司，1984。

邵祖德、张彬：《浙江教育简志》，浙江人民出版社，1988。

王科：《控制与发展：南京国民政府建立初期的乡村治理变革——以江宁自治实验县为中心（1933－1937）》，中国社会科学出版社，2010。

王先明：《变动时代的乡绅：乡绅与乡村社会结构变迁（1901－1945)》，人民出版社，2009。

魏光奇：《官治与自治——20 世纪上半期的中国县制》，商务印书馆，2004。

夏卫东：《民国时期浙江户政与人口调查》，中国社会科学出版社，2011。

徐秀丽、王先明主编《中国近代乡村的危机与重建：革命、改良及其他》，社会科学文献出版社，2013。

于建嵘：《岳村政治——转型期中国乡村政治结构的变迁》，商务印书馆，2004。

袁成毅：《民国浙江政局研究（1927－1949）》，中国社会科学出版社，2007。

张彬等：《浙江教育发展史》，杭州出版社，2008。

张彬主编《浙江教育史》，浙江教育出版社，2006。

张根福、岳钦韬：《抗战时期浙江省社会变迁研究》，上海人民出版社，2009。

张根福：《抗战时期浙江省人口迁移与社会影响》，上海三联书店，2001。

张鸣：《乡村社会权力和文化结构的变迁（1903－1953）》，广西人民出版社，2001。

赵秀玲：《中国乡里制度》，社会科学文献出版社，1998。

郑大华：《民国乡村建设运动》，社会科学文献出版社，2000。

周联合：《自治与官治——南京国民政府的县自治法研究》，广东人民出版社，2006。

周松青：《上海地方自治研究（1905－1927）》，上海社会科学院出版社，2005。

朱德新：《二十世纪三四十年代河南冀东保甲制度研究》，中国社会科学出版社，1994。

朱俊瑞：《民国浙江乡镇组织变迁研究：以新县制为中心的分析》，中国社会科学出版社，2007。

朱秋枫编《浙江民间歌谣》，浙江人民出版社，1981。

四　参考论文

百炼:《普通召开保民大会保卫浙东》,《浙江潮》第98期,1940。

陈柏心:《地方自治推行问题》,《地方自治》第2卷第1、2期合刊,1936。

陈达:《对保民大会工作的意见》,《浙江潮》第100期,1940。

程方:《新县制的几个特点和几个问题》,《新政治》第4卷第1期,1940。

东陵:《龙泉县保民大会实施经过》,《大风》(金华)第95期,1939。

高清岳:《论新县制之基层组织》,《新政治》第6卷第1期,1941。

何平:《论浙江的保民大会》,《浙江潮》第90期,1939。

侯厚宗:《武进保甲之组织训练与运用》,《江苏民政》第1卷第3、4期合刊,1935。

胡次威:《四川省乡镇民代表会首次会议决议案之检讨》,《县政》第3卷第6期,1944。

黄朴心:《乡镇保长民选问题》,《建设研究》第7卷第4期,1942。

黄绍竑:《一年来浙江政治的回顾与前途展望》,《浙江潮》第44期,1939。

黄绍竑:《浙省确立保甲制度之旨趣》,《浙江民政》第5卷第2期,1935

黄绍竑:《政治进攻中对各界几个迫切的期望》,《浙江潮》第39期,1938。

黄石、陈仲明:《八年来浙江合作事业的演进》,《浙江省建设月刊》第9卷第3期,1935。

黄右昌:《新县制之回顾与前瞻》,《新政治》第4卷第2期,1946。

李晰:《中国农村政治结构的研究》,《中国农村》第1卷第10期,1935。

罗迪先:《本省实施国民教育设校计划》,《浙江教育月刊》第3卷第3、4期合刊,1940。

吕师尚：《丹阳县一年来保甲工作之检讨》，《江苏保甲》第3卷第1期，1937。

潘振球：《浙江地方自治之检讨》，《浙江民政》第5卷第1期，1935。

彭百川：《昆山县运用保甲推行自治事业实施方案》，《江苏民政》第1卷第2期，1935。

戚志远：《浙江之粮食增产工作》，《浙江经济》第3卷第2期，1947。

隋玠夫：《新县制基层组织中的三位一体》，《新政治》第4卷第4期，1940。

孙中均：《戡乱建国应巩固基层政权》，《地方自治》第2卷第4期，1948。

唐巽泽：《推进中之浙江省合作事业》，《浙江省建设月刊》第9卷第2期，1935。

汪镕三：《保民大会》，《县政》第3卷第3期，1944。

王蔚佐：《新县制实施以后之保甲制度》，《政治建设》第8卷第1期，1943。

韦保泰：《浙江省办理农业金融之过去与未来》，《浙江省建设月刊》第9卷第3期，1935。

吴顾毓：《中国户籍制度之今昔》，《地方政治》第1卷第4、5期合刊，1939。

徐其惠：《浙江保甲之检讨》，《浙江民政》第5卷第1期，1935。

姚雪怀：《萧县运用保甲办理义教民教经过》，《江苏保甲》第2卷第11期，1936。

叶木青：《现行地方行政及自治制度之认识》，《学校生活》第117期，1935。

余井塘：《江苏办理保甲的经过及其现状》，《保甲半月刊》第4期，1935。

余井塘：《民众教育与保甲》，《江苏保甲》第2卷第11期，1936。

曹成建：《20世纪30年代中前期南京国民政府对地方自治政策的调整》，《四川师范大学学报》（社会科学版）2003年第5期。

曹成建：《20世纪40年代新县制下重庆地方自治的推行及其成效》，

《四川大学学报》2000年第6期。

曹树基：《乡镇自治中的国家意识——1946年嘉兴县乡镇职员“甄别”试卷为中心》，《社会学研究》2002年第5期。

陈美祥：《北伐战争时期的浙江自治运动》，中山大学硕士学位论文，1997。

程郁华：《二十世纪三四十年代乡保行政人员贪污与暴力现象研究——以桐乡、新昌两县30件案件为例》，华东师范大学硕士学位论文，2004。

董建波、李学昌：《1940年代后期江浙农村社会失控的历史思考》，《华东师范大学学报》（哲学社会科学版）2004年第2期。

杜香芹、王先明：《乡绅与乡村权力结构的演变——20世纪三四十年代闽中乡村权力的重构》，《中国农史》2004年第3期。

范国权：《论新县制时期的保甲制度》，《档案与史学》1999年第2期。

冯筱才：《理想与利益——浙江省宪自治运动新探》，《近代史研究》2001年第2期。

郭圣莉：《战后上海的保甲制度及其选举分析》，《南昌大学学报》（人文社科版）2010年第3期。

韩振国：《村选及乡村权力结构的历史走向——抗战时期兴县基层政治的历史考察》，山西大学硕士学位论文，2004。

侯杨方：《民国时期全国人口统计数字的来源》，《历史研究》2000年第4期。

黄志繁：《乡约与保甲：以明代赣南为中心的分析》，《中国社会经济史研究》2002年第2期。

金世忠：《民国保甲制度之研究：以抗战前后的四川省为例（1935～1949）》，台湾大学硕士学位论文，1990。

李伟中：《南京国民政府的保甲制新探——20世纪三四十年代中国乡村制度的变迁》，《社会科学研究》2002年第4期。

隆鸿昊：《抗战时期湖南兵役初探》，《抗日战争研究》2013年第3期。

米红、蒋正华：《民国人口统计调查和资料的研究与评价》，《人口研究》1996年第2期。

米红、李树茁等：《清末民初的两次户口人口调查》，《历史研究》1997

年第1期。

冉绵惠：《近年来国内有关民国时期保甲制度研究的新趋势》，《民国档案》2007年第9期。

容鉴光：《抗战时期的兵役制度》，《近代中国》1987年第60期。

沈成飞：《近十年来民国保甲制度研究述评》，《福建论坛》（人文社会科学版）2003年第6期。

沈成飞：《抗战时期的广东保甲制度研究》，中山大学博士学位论文，2007。

沈松桥：《从自治到保甲：近代河南地方基层政治的演变》，台北《中央研究院近代史研究所集刊》1989年第18期。

沈松桥：《地方精英与国家权力——民国时期的宛西自治》，台北《中央研究院近代史研究所集刊》1989年第21期。

沈晓敏：《处常与应变：民国时期的浙江省议会（1912－1926）》，中山大学博士学位论文，2000。

石建国：《抗战时期国民政府的壮丁征兵制度探析——以河西走廊为中心的考察》，《军事历史研究》2002年第2期。

孙海泉：《论清代从里甲到保甲的演变》，《中国史研究》1994年第2期。

唐佳娟：《抗战时期国统区的粮荒与地方政府的因应——以浙江省为例》，杭州师范大学硕士学位论文，2013。

陶水木：《浙江省宪自治运动述论》，《杭州大学学报》1994年第2期。

王奇生：《国民党基层权力群体研究——以1927－1949年长江流域省份为中心》，华中师范大学历史研究所博士学位论文，1997。

王奇生：《战前中国的区乡行政——以江苏省为中心》，《民国档案》2006年第1期。

王霞：《民国时期浙江保甲制度研究》，杭州师范大学硕士学位论文，2012。

魏华伟：《国民政府时期河南保长的群体分析——以1932－1949年辉县、汝南县为重点》，华中师范大学硕士学位论文，2004。

武乾：《南京国民政府时期的保甲制度与自治》，《法商研究》2001年第

6 期。

徐腊梅：《国民政府时期保甲制度在江西的推行及其影响》，《南昌大学学报》（人文社科版）2008 年第 4 期。

徐乃力：《抗战时期国军兵员的补充与素质的变化》，《抗日战争研究》1992 年第 3 期。

杨焕鹏：《国家视野中的江南基层政治——以杭、嘉、湖地区为中心》，复旦大学博士学位论文，2004。

杨焕鹏：《三青团参与政治及其与浙江各地方政治势力关系》，《史学月刊》2004 年第 3 期。

杨焕鹏：《战后乡镇自治运动中的保甲制度——以嘉兴县为例》，《中国农史》2004 年第 3 期。

姚秀兰：《论中国近代户政管理法律制度》，《政治与法律》2005 年第 3 期

尹红群：《民国时期的地方政权与地方财政（1927 - 1945）——以浙江为例》，浙江大学博士学位论文，2005。

张根福：《抗战时期浙江省政府南迁对国统区农业生产的影响》，《浙江师大学报》（社会科学版）2001 年第 5 期。

张皓：《民国时期乡村自治推行之前因后果》，《史学月刊》2003 年第 5 期。

张群：《广东新县制下乡（镇）村基层政权建设（1940 - 1945）》暨南大学硕士学位论文，2003。

张燕萍：《抗战时期民国政府兵员动员评述》，《抗日战争研究》2008 年第 4 期。

张益明：《南京国民党政权的乡村机构之演变》，《南京大学学报》1987 年第 1 期。

朱德新：《民国保甲制度研究述评》，《安徽史学》1996 年第 1 期。

朱汉国、王印焕：《民国时期华北乡村的捐税负担及其社会影响》，《河北大学学报》（哲学社会科学版）2002 年第 4 期。

中国第二历史档案馆编《各省实施新县制推行地方自治成绩总检讨》，《民国档案》2005 年第 3 期。

人名索引

一　省县官员

二　乡镇长

三　保甲长

四　民意机关代表

五　国民学校校长

六　保民、壮丁与烈士

七 其他人员

后　记

龙泉是抗战时期浙江省少数未曾被日军占领的县市之一。龙泉市档案馆现存民国时期的档案文献，不仅数量庞大，而且系统完整。2009 年，浙江大学历史系与龙泉市档案馆合作整理民国龙泉司法档案。起初，我也参与了该档案的整理，并以“民国时期的保甲与乡村社会治理——以龙泉档案为中心的分析”为题申请了教育部人文社会科学研究青年基金项目。之后，该研究又获得浙江省社科规划项目的支持。在随后的几年，我带领课题组成员李红梅、蔡禹龙、钟健、张素云、杨小丽一起查阅、整理资料，相互研讨，共同完成了书稿的写作。其中，肖如平负责全书的规划，并撰写了绪论、第一章、第六章、第七章、第九章、结语、参考文献，以及对全书的修改与通稿。蔡禹龙撰写了第三章、第五章的初稿，钟健撰写了第四章的初稿，张素云撰写了第二章的初稿，杨小丽撰写了第八章的初稿，李红梅负责了部分资料的整理，参与了第九章的写作。

书稿得以完成与出版，一是要感谢浙江大学历史系的陈红民教授、梁敬明教授、杜正贞副教授、吴铮强副教授，以及中国人民大学的包伟民教授、浙江省龙泉市档案局局长朱志伟先生、副局长邬必锋先生等人在课题组查阅资料和写作的过程中给予的支持和帮助；二是要感谢浙江大学历史系给予的经费支持。

我们水平有限，书中肯定有不少谬误，请方家批评指正，以便将来修正。

肖如平

2016 年 12 月

图书在版编目（CIP）数据

民国时期的保甲与乡村社会治理：以浙江龙泉县为中心的分析／肖如平等著. -- 北京：社会科学文献出版社，2017.6（2018.7 重印）

ISBN 978-7-5201-0733-4

Ⅰ.①民… Ⅱ.①肖… Ⅲ.①保甲制度-研究-龙泉县-民国②农村-社会管理-研究-龙泉县-民国 Ⅳ.①D693.62

中国版本图书馆 CIP 数据核字（2017）第 088077 号

民国时期的保甲与乡村社会治理
——以浙江龙泉县为中心的分析

著　　者／肖如平 等

出 版 人／谢寿光
项目统筹／吴　超
责任编辑／范明礼

出　　版／社会科学文献出版社·人文分社（010）59367215
地址：北京市北三环中路甲 29 号院华龙大厦　邮编：100029
网址：www.ssap.com.cn
发　　行／市场营销中心（010）59367081　59367018
印　　装／三河市尚艺印装有限公司

规　　格／开 本：787mm × 1092mm　1/16
印 张：17.25　字 数：279 千字
版　　次／2017 年 6 月第 1 版　2018 年 7 月第 2 次印刷
书　　号／ISBN 978-7-5201-0733-4
定　　价／89.00 元